国家社科基金项目（13BGL094）

休闲研究专著系列

中国城市休闲方式研究
——上海、武汉、成都的考察

THE WAY OF URBAN LEISURE IN CHINA:
A SURVER OF SHANGHAI WUHAN AND CHENGDU

楼嘉军 刘 松 徐爱萍 马红涛 著

上海交通大学出版社
SHANGHAI JIAO TONG UNIVERSITY PRESS

内容提要

    休闲，正在成为我国居民的生活常态。本书主要从休闲方式的角度切入，选择长江流域的上海、武汉和成都三个城市为研究案例点。通过市场抽样调查的方法，比较系统地考察了城市居民从事休闲活动的形式和方式，并且结合居民休闲方式的影响因素以及满意度两个方面的内容进行了深入分析。本次研究涉及了三个城市在 2004 年与 2014 年的两次调查，通过翔实的数据、细致的分析与客观的比较，大致勾勒出进入新世纪以来三个城市居民休闲方式的变化轨迹、发展特点以及演变趋势。围绕城市居民休闲方式开展跟踪 10 年的相关研究在国内并不多见，本研究因而在一定程度上为全面认识与系统研究改革开放以来我国城市居民休闲方式的发展与变化，提供了重要的参考依据。

    本书可以用于高等院校旅游、休闲、会展以及社会学等专业师生的参考教材，也适合作为文化旅游和城市公共服务管理部门的决策参考文献，以及文化、娱乐、旅游等相关产业与行业发展的参考用书。

图书在版编目(CIP)数据

中国城市休闲方式研究：上海、武汉、成都的考察/
楼嘉军等著．—上海：上海交通大学出版社，2019
ISBN 978 - 7 - 313 - 20422 - 6

Ⅰ．①中…　Ⅱ．①楼…　Ⅲ．①城市—闲暇社会学—研
究—中国　Ⅳ．①D669.3

中国版本图书馆 CIP 数据核字(2019)第 035499 号

中国城市休闲方式研究

著　　者：楼嘉军等
出版发行：上海交通大学出版社　　　　地　　址：上海市番禺路 951 号
邮政编码：200030　　　　　　　　　　电　　话：021 - 64071208
印　　制：上海春秋印刷厂　　　　　　经　　销：全国新华书店
开　　本：710 mm×1000 mm　1/16　印　　张：13.75
字　　数：230 千字
版　　次：2019 年 2 月第 1 版　　　　　印　　次：2019 年 2 月第 1 次印刷
书　　号：ISBN 978 - 7 - 313 - 20422 - 6/ D
定　　价：58.00 元

丛 书 编 委 会

学术顾问
吴必虎（北京大学）
潘立勇（浙江大学）
张捷（南京大学）
王琪延（中国人民大学）
冯学钢（华东师范大学）

主编
楼嘉军

编委
沈祖祥（复旦大学）
吴承照（同济大学）
吴邦涛（上海交通大学）
张文建（上海师范大学）
陈建勤（上海大学）
姚昆遗（上海对外贸易大学）

序　言

　　一般认为,有关休闲的理论自古希腊时起就已初步成型,至今已逾数千年。然而,作为一门相对独立的学科,休闲学科的发展历史并不很长,至今也就百余年的时间。由于休闲现象的复杂性,致使百余年来研究休闲的理论和方法总是处于不断的探索与完善之中,但从其演变的基本轨迹可以看出,休闲学科的发展勾勒了如下的发展和演变轨迹:由依附到独立,由单一学科到多学科,乃至由多学科到跨学科的发展过程。

　　休闲学科作为一个以跨学科为基础和特色的学科体系,一方面,在它发展的过程中,不间断地对相关的学科进行整合,并聚集于休闲学科的周围;另一方面,在休闲学科的发展过程中,在休闲学科与其他相关学科之间形成了围绕休闲学的多个分支学科,诸如休闲社会学、休闲心理学和休闲经济学等。此外,还需指出的是,由于休闲活动的常态性和广泛性,导致以休闲为研究对象的休闲学科除了以其他学科为依托之外,还与社会经济领域的相关产业,如与交通、商业、餐饮、会展等行业也都发生紧密联系,进而成为推动休闲学科发展的外部产业支撑因素。

　　根据国际经验,一个国家或地区在人均 GDP(国内生产总值)达到 3 000~5 000 美元发展阶段以后,就将步入这样一个时期,即在居民生活方式、城市功能和产业结构等方面相继形成休闲化特点的一个发展时期,或谓之休闲时代。正是基于这样的大背景,近年来我国社会经济持续健康发展和人们生活水平不断提高,极大地促进了居民休闲活动的蓬勃发展、休闲服务产业的兴旺发达与休闲理论研究的不断深入。与此相适应,国内一些研究机构、高校和出版社适时推出

　　了多种形式的休闲研究丛书。这些丛书的出版已经产生广泛的学术影响，并将在推动我国休闲研究理论深化和休闲实践发展方面继续发挥比较重要的作用。"他山之石，可以攻玉。"于是，在上海交通大学出版社的协助下，结合我们自身特点，拟定了"休闲研究系列"的出版计划。

　　整个"休闲研究系列"包括休闲学教材系列、休闲研究著作系列与休闲研究报告(年度)等三部分内容。根据计划，研究系列的相关内容自2012年起陆续编辑出版。

　　我国正在迈向休闲时代，我国的休闲学科体系也处于不断完善之中。希望"休闲研究系列"的出版能够为我国休闲时代建设与休闲学科体系的完善尽微薄之力。

楼嘉军

前　言

　　进入新世纪以来,社会经济的快速发展和家庭收入水平的不断提高,导致休闲逐渐成为城市居民生活的重要组成部分。休闲的本质也逐渐被广大民众了解和认可,特别是关于休闲对个人发展以及休闲消费对社会经济的重要性,也形成了比较普遍的社会共识。相比于过去,以看电视、参加旅游活动为主的休闲方式如今已逐渐被更加多元的休闲方式所代替,进而不断满足人们放松、愉悦、教育、自我发展等多方面的休闲需要。休闲方式的直观形态是休闲活动及其利用方式,但并不等同于休闲活动。休闲方式更体现主体的能动性和目的性,表达对休闲活动选择的倾向和偏好。休闲活动则是休闲方式的客体,是休闲方式的具体表现形式。

　　2004年,在承担华东师范大学人文社会科学预研究课题"城市休闲娱乐及其影响研究"的基础上,为了能够比较准确地了解城市居民参加休闲活动的基本状况,把握相关的演变特征,课题组决定同时开展城市居民休闲方式的市场调研活动。因为当时,不少大中城市已经处于人均GDP 3 000~5 000美元的发展阶段,根据国际经验,这一阶段是城市居民休闲生活进行调整的重要时期,影响城市居民休闲生活方式选择和休闲生活质量的因素也必然随之发生演变。所以及时准确地把握影响居民休闲生活因素类别和影响程度,对于提升居民休闲生活质量,完善城市休闲设施结构,优化休闲产品结构,都将具有现实的指导意义。

　　本项研究选择上海、武汉和成都三地作为研究样本收集地主要是基于以下几方面考虑。第一,从宏观角度讲,长江流域是我国重要的经济带,由西向东横贯我国东中西部三大地区。上海、武汉和成都分别位于长江流域的下游、中游和上游地区,对三地进行研究,有利于从宏观上把握整个长江流域城市居民休闲方式的基本特征和演变趋势。第二,从城市区位讲,长江流域横跨我国东中西部三大地带,而上海、武汉和成都分别又是本流域东中西部三大城市群的中心城市,由于区位条件和社会经济发展水平的差异,三地居民的休闲方式必定会相应产生一定的区别。对三地居民休闲行为进行比较和研究,有助于认识这种相似性和差异性特征是如何在三地居民休闲方式中得到体现的。第三,从文化环境讲,三地在历史上分属吴越文化、荆楚文化和巴蜀文化的影响范围,在长期的历史发展中形成了各自独特和完整的文化体系,这或多或少对各自城市居民休闲方式的选择产生不同的导向作用。因此对三地进行比较研究,对我国当前不同区域、不同经济发展阶段城市居民休闲方式的比较研究具有现实的借鉴意义。

在此基础上形成的《上海、武汉和成都居民休闲方式及其影响因素》的研究报告于2006年完成。后来由于集中主要精力研究城市休闲化问题以及其他种种原因,研究报告被搁置,并未及时出版。当然,在此前后,我也利用调研获得的丰富资料,指导研究生相继完成了《上海市民休闲方式研究》(2005)、《长江流域城市居民休闲方式及影响因素研究》(2006)、《成都、武汉居民休闲活动满意度研究》(2006)、《城市居民休闲方式选择的性别差异研究》(2007)等多篇硕士研究生毕业论文,并在相关期刊上发表《武汉市民休闲方式选择倾向及特征研究》(《旅游学刊》2006.1)、《城市居民休闲活动满意度的性别差异研究》(《华东经济管理》2007.11)、《城市居民休闲活动满意度研究——上海、武汉和成都的比较分析》(《华东经济管理》2008.4)等论文。

2014年,在主持国家社会科学基金项目"我国城市休闲化的指标体系、质量测度与提升路径研究"的同时,我决定继续开展有关城市居民休闲方式的调研工作。一方面,希望能够围绕城市居民休闲方式的调研,与2004年的研究工作进行衔接;另一方面,也是想通过新的市场调研活动,能够探寻近10年来,我国城市居民休闲方式的演变特点与发展规律,在理论和实践上为我国休闲研究做出应有贡献,也可以为相关管理部门的政策制定提供依据。

本书是在2004年与2014年两次市场调研的基础上完成的。2004年在旅游系邱扶东副教授、王晓云副教授等老师的帮助与配合下,我与课题组的岳培宇、金倩、王丽梅、侯新东与辜应康等研究生一起,经过反复讨论,形成了有关居民休闲方式调查问卷,并完成了三个城市的调研工作。2014年,在旅游系邱扶东副教授、王晓云副教授和孙晓东副教授等老师的帮助下,课题组针对2004年以后居民休闲方式发展的具体状况进行了分析,决定2014年市场问卷的基本格式与基本内容与2004年保持一致,仅仅做了一些微调。由李丽梅、刘松、徐爱萍、马红涛、刘润、李婷、马芮、黄佳丽和刘震等博士生与硕士生共同完成了相关的调研与统计工作。

本书主要分为以下几部分内容,第一和第二章是引言与文献部分,第三至第五章分别围绕上海、武汉和成都三个城市居民休闲方式的调研数据进行分析与阐述,第六章是关于三个城市居民休闲方式的比较,第七章是研究结论与展望。通过跨度 10 年的两次调查,可以清晰发现三地居民在平时、周末以及长假三个不同时段内,围绕休闲伙伴、活动形式、场所类型等进行选择的倾向展现出不断演变的发展轨迹,形成的基本特征就是休闲活动越来越丰富,选择方式越来越多样,自我满足越来越重要。

本书撰写分工如下:第一和第二章主要由楼嘉军、刘松完成;第三章由马红涛完成;第四章由徐爱萍完成;第五章由刘松完成;第六和第七章由楼嘉军、刘松完成。

本书得以顺利完成,与以上各位老师和研究生同学 10 多年来的努力工作和尽力配合密不可分。作为课题负责人,在此我谨向他们表示诚挚的敬意与真诚的感谢。同时,还要感谢上海交通大学出版社的倪华老师对书的审校与出版工作付出的心血。需要说明的是,由于本书分析与阐述的材料涉及到跨越 10 年的两次市场调查,数据采集与数据处理工作量比较大,加上我们研究能力的局限性,书中存在的不足之处,敬请学者与读者批评指正。

楼嘉军

2018 年 12 月 10 日

目　录

第一章 引 言

第一节 研究背景和意义

一、研究背景

20世纪以来，随着世界各国经济的发展，人们的生活条件得到显著改善，休闲活动开始广泛涉及社会生活的各个方面，几乎囊括了现代社会人们自由安排、享用休闲时间的全部活动，以及由这些活动而引起的所有的社会、经济、文化现象和关系。在西方社会，自20世纪八九十年代开始，伴随工业国家对人们休闲生活关注度的不断提高，科学合理而又多样化的休闲生活既已出现。学者们普遍认为，欧美发达国家或已于2015年前后步入休闲社会。这反映出西方发达国家的人们已拥有了较高的休闲水平和休闲生活质量。进入21世纪，我国的社会经济得以迅猛发展，人均GDP不断实现新突破，法定假期累计拥有量占到全年时间的1/3左右。这为国民休闲生活的更多可能选择提供了基础和保障，休闲亦逐渐成为我国国民一种重要的生活方式。同时，《国民旅游休闲纲要（2013—2020）》的发布，以及2015年国家"十三五"规划全面建成小康社会宏伟目标的提出，又为国民休闲生活方式的进一步拓展创造了政策条件。在此背景下，加强休闲生活方式研究，调查中国近年来休闲方式的演变，洞悉国民休闲生活状况，考察休闲方式选择的影响因素以及满意度，从而引导国民休闲方式的正确选择，以期提升生活满意度、主观幸福感和休闲生活质量，成为摆在政府和学界面前的重要课题。

伴随中国城市化的快速推进，通过城市人口自然增长、农村人口进城和就地转化，以及高校毕业生进军城市工作等途径，城市居民逐渐成为我国人口的主要组成部分。国家统计局发布的2015年国民经济运行情况数据显示，从城乡结构看，城市常住人口为77 116万人，乡村常住人口为60 346万人，城市人口已占到总人口比重的56.1%。同时，在城市化过程中，城市基础设施和公共服务设施不断完善,人们的生产方式、生活方式以及价值观念因而发生相应转变,其中休闲生活方式的养成即是突出表现之一。需要说明的是,中国的乡村由于其特有的历史和文化衍化背景,在不同的区域和地方保存有独特的休闲传统。然而考虑到现实状况下城市休闲方式对乡村产生着较大影响,城市生活方式和价值观念不断向乡村扩散,因而无论是从休闲主体的规模还是休闲空间的大小来看,城市休闲仍然需要得到较大的关注。基于此,本书内容主要以城市居民为调查对象,研究其休闲方式的变迁、休闲活动选择的影响因素,以及休闲满意度等问题,试图对城市居民休闲方式演变进行探讨。

二、研究意义

中国疆域辽阔,一般来说可以分为东部、中部和西部三大区域[①]。长江流域横跨了中国东、中、西三大区域共计 19 个省、市、自治区,是世界第三大流域,而上海、武汉和成都 3 个城市是分别位于长江下、中、上游地区,且分别代表着东中西部三大城市群以及三种文化传统的中心城市。特别需要指出的是,目前中国处于社会经济转型的关键时期,伴随物质生活水平的极大提高,人们的价值观念和生活方式也在发生天翻地覆的变化,这在休闲生活领域或许能够得到比较明显的体现。因此,本研究分别选取 2004 年和 2014 年作为时间断面,对上海、武汉和成都城市居民的休闲方式展开调查研究。这在一方面可以纵向考察上述 3 个城市居民 10 年间休闲方式的变迁状况,另一方面可以横向比较分析 3 个代表性城市居民休闲方式的差异,从而寻找中国城市居民休闲方式变迁的规律性特征,并通过城市间的相互借鉴,为最终提升居民的休闲生活质量提供指导和参考,具有重要的现实意义。

概括来说,通过对上海、武汉和成都城市居民休闲生活方式的实证研究,考察不同区域、不同经济发展阶段城市居民的休闲状况,研究城市居民休闲方式的变迁和差异,旨在达到以下四个研究目的。

第一,分析城市居民休闲方式的一般规律及其差异性。本研究对上海、武汉和成都 3 个城市居民的休闲方式及其影响因素进行解析,首要的目的在于揭示丰富多样的休闲活动所反映的不同群体休闲方式的一般规律和差异性,进而从物质文明层面思考城市休闲发展的方向与路径,同时从精神文明层面思考城市

---

① 东部地区:北京、天津、河北、辽宁、上海、江苏、浙江、福建、山东、广东和海南,共 11 个省(市);中部地区:山西、吉林、黑龙江、安徽、江西、河南、湖北、湖南,共 8 个省;西部地区:四川、重庆、贵州、云南、西藏、陕西、甘肃、青海、宁夏、新疆、广西、内蒙古,共 12 个省(市、自治区)。

居民休闲意识的树立与科学休闲观的培养。

第二,探究不同区域城市居民休闲方式的变迁及其差异性。本研究针对上海、武汉和成都城市居民的休闲生活方式,分别在 2004 年和 2014 年进行追踪式调查,可以掌握和分析 3 个城市居民休闲方式的变迁,以此反映中国城市居民休闲生活状况的发展趋势,同时亦能够了解城市休闲发展的区域差异特征。

第三,研究城市居民休闲方式选择以及休闲满意度的影响因素,继而全面把握地域环境和文化差异与城市居民休闲特征和城市休闲性格之间的内在关系,以探究城市休闲发展的深层目标与终极方向。一方面,从内部因素来看,城市居民既受到传统道德观念的影响和约束,也受到日常生活工作压力的限制,对休闲的追求还不够主动和开放;另一方面,从外部环境来看,城市本身的发展以及社会舆论对于居民休闲的支持和引导还有待提升,城市休闲环境与休闲氛围还有待进一步营造和优化。

第四,拓展丰富城市居民休闲方式内涵的途径。休闲是促进人的全面发展的必然选择,城市居民在工作和家庭任务之外的休闲方式将使其身心得到进一步的深刻解放,进而促进社会变革的极大发展。因此,在有关城市休闲的理论研究、产业发展、设施完善、观念培养、氛围营造等各方面,都要根据现实状况和人们的需求不断充实,从而提升城市居民休闲方式的内涵,使城市休闲文明得以全面发展。

第二节　研究内容与研究思路

一、研究内容

休闲逐步成为我国城市居民重要的生活主题,在此背景下,本研究以上海、武汉和成都为实证案例,选择城市居民休闲方式、活动选择的影响因素及其满意度作为研究对象。通过横向和纵向的比较分析,主要探讨以下四个方面的问题。

第一,纵向比较分析城市居民休闲方式的现实状况。本文以实证调查为基础,从休闲方式选择的角度切入,旨在切实深入地掌握国内不同发展水平下典型城市居民休闲方式的现实状况,并从中深入挖掘其真实需求,进而探究现代城市居民休闲生活从现实状态到理想目标的距离与途径。更为重要的是,通过跨度 10 年的纵向比较,可以使我们了解到 3 个典型城市居民休闲方式的变迁。

第二,纵向比较分析城市居民休闲方式选择的影响因素。在休闲方式选择现状反映的基础上,本研究针对城市居民休闲方式选择的影响因素进行了统计分析和纵向比较,以此观察影响因素在时间趋势上的变化,同时进一步探究城市居民休闲生活的深层需求,为提高城市居民休闲生活质量的途径思考提供深层依据。

第三,纵向比较分析城市居民休闲活动满意度状况以及对城市休闲状况的评价。通过观察城市居民休闲活动满意度的变化,可以把握休闲生活质量的整体面貌。同时,结合城市休闲状况的评价,能够使我们明晰影响城市居民休闲满意度的主要方面,从而采取针对性的措施,改善和提升城市居民的休闲生活质量。

第四,横向比较分析上海、武汉和成都城市居民的休闲生活方式。基于上述3个城市居民休闲方式、活动选择影响因素以及休闲满意度的调查统计结果,分别在2004年和2014年两个时间断面,横向比较3个城市居民的休闲方式、影响因素以及满意度状况,在分析城市差异性的同时,最终找出城市居民休闲生活方式的一般规律性,进而凸现休闲方式与城市文明发展之间的密切联系,并试图从中解读城市居民休闲方式的深层特征及其文化内涵,探寻城市休闲的共性与个性的发展方向。

二、研究方法

第一,采用社会学问卷调查方法。在把握宏观层面城市休闲发展总体趋势的基础上,注意研究和分析微观层面具体的居民休闲方式、休闲活动选择影响因素及其满意度。将宏观理论的指导和发展关系的概括与微观层面的详述和材料相结合来完成论证。

第二,运用定量分析和定性分析相结合的方法。城市居民休闲生活的表象是可以衡量和计算的,数据和图表比定性分析更能一目了然地说明问题,更能反映不同城市居民的休闲状况发展所达到的程度。因此,本研究将在很大程度上借助于定量研究的方法,以问卷调查的客观数据为依据,对城市居民休闲生活的现状进行客观表述,在叙述的基础上进行分析,在分析的基础上进行概括和提炼,以期深入反映不同地域城市居民休闲方式的本质特征。

第三,运用比较分析的方法。一方面,本研究涉及文化传统各具特色的三个区域中心城市。因此在分析总体规律时,通过横向比较的方法,辩证地总结不同城市和地域的居民在休闲方式选择中体现出来的态度和需求。另一方面,本研究基于2004年和2014年跨度为10年的两次问卷调查,10年间城市社会经济发生了巨大的变化,因而居民的休闲生活方式必然随之发生演变。通过城市休闲生活方式的纵向比较,能够将城市居民休闲生活的诸层面立体地呈现出来,同时也能够对城市休闲经济、休闲功能进行全面的观照。

　　鉴于本书的研究主题,以及采用以上的分析和研究方法,要求本书的研究重心尽可能下移,不是停留在对城市居民休闲方式选择的表面现象进行一般的简单描述,而是从休闲与人、休闲与城市的互动关系中,以丰富的调查数据为依据,分析上海、武汉和成都城市居民休闲方式的具体形态,近距离观察城市休闲真实的发展经历和普通居民真实的休闲倾向。通过将研究目标重心的放低,力图接近不同地域城市休闲发展的本质规律。为了达到这一研究目的,本书还运用社会学、心理学和城市社会学等学科理论,对城市居民休闲方式及影响因素的分析从感性认识上升到理性认识,透过现象看本质,以增加对城市休闲发展的成熟度和完善度的挖掘,加强说服力。

三、研究思路

　　本研究从休闲方式、休闲满意度等相关文献出发,基于生活方式和休闲社会学等理论成果,分别以 2004 年和 2014 年为研究的时间断面,并以长江流域下游、中游、上游的中心城市上海、武汉和成都作为研究的核心空间,紧紧围绕休闲方式问题展开实证研究,比较分析 3 个城市居民的休闲方式选择倾向,包括同伴选择、休闲活动、休闲场所、休闲时间和休闲消费,休闲活动选择的影响因素及其满意度,从而针对城市居民休闲生活质量的提升途径,以及都市文明和地方特色的现代城市休闲的融合发展提出建议。研究的技术路线,如图 1-1 所示。

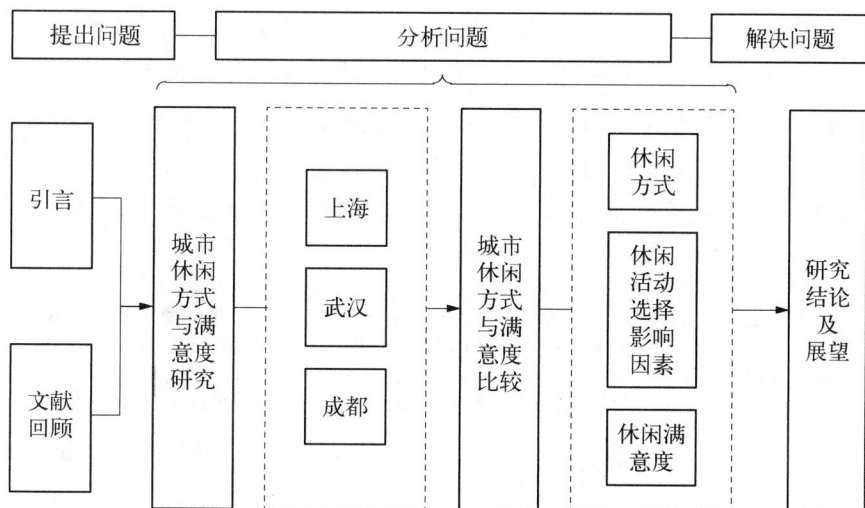

图 1-1　研究技术路线图

四、概念界定

本研究涉及的基本概念主要包括：休闲、休闲方式、休闲动机、休闲同伴、休闲活动、休闲时间、休闲场所、休闲花费、休闲决策、休闲满意度等。

（一）休闲

国内外众多学者的研究论著，都对休闲的概念进行了多层次的探讨和研究。在分析休闲的定义时，斯多克戴尔（Stockdale）提出了有关休闲概念认识的三大要点：一是在一定时间内，个体可自由支配选择的心理活动或状态；二是在客观上，休闲与工作相对立，是非工作时间或闲暇时间的感受；三是主观上，休闲活动强调发生时本质上的观念，其呈现的意义在于个人信念与知觉系统，因此可能发生在任何时间与任何场合①。目前，有关国内外休闲的定义数不胜数，以下只是从时间、活动、劳动、心态、生活和特征等角度出发，梳理一下有关休闲比较有代表性的论述。

基于时间的定义。赫伯特（Herbert）认为，休闲是个体自主做出选择、自愿参加活动的时间②。

基于活动的定义。世界休闲组织（World Leisure Org.）指出，"所谓休闲就是人们在完成工作和其他任务之后，在自由支配的时间内所进行的活动，是以补偿性活动为基础的活动③"。

基于劳动的定义。勒科尔·比西埃（Le Corbusier）认为，"休闲这个词决不反映一种不应提倡的惰性，而是一种付出劳动的巨大努力，一种发挥个人主动性、想象力和创造性的劳动；一种既不能出售也不能盈利的忘我的劳动④"。

基于心态的定义。皮柏（Pieper）强调，"休闲乃是一种心智上和精神上的态度——它并不只是外在因素的结果，它也不是休闲时刻、假日、周末或假期的必然结果。它首先乃是一种心态，是心灵的一种状态⑤"。

基于发展的定义。梁颖以为，休闲是"有计划地暂时停止日常工作，以

① STOCKDALE J. What is Leisure? An Empirical Analysis of the Concept of Leisure and the Role of Leisure in People's Lives[M]. London：The Sports Council，1985.//［英］C.米歇尔·霍尔，斯蒂芬·J.佩奇.旅游休闲地理学——环境·地点·空间[M].周昌军等译.北京：旅游教育出版社,2007：4.

② HERBERT D. T. Work and leisure：Exploring a relationship[J]. Area，1988，20（3）：241 - 252.//［英］C.米歇尔·霍尔，斯蒂芬·J.佩奇.旅游休闲地理学——环境·地点·空间[M].周昌军，等，译.北京：旅游教育出版社,2007：4.

③ 世界休闲组织.休闲宪章[EB/OL]. http://wenku.baidu.com/view/3230545c804d2b160b4ec019.html.

④ ［瑞士］若泽·塞依杜.旅游接待的今天和明天[M].冯百才，等，译.北京：旅游教育出版社,1990：28.

⑤ ［德］约瑟夫·皮柏.节庆、休闲与文化[M].黄藿，译.北京：生活·读书·新知三联书店,1991：116.

刻意安排参加各种与本职工作完全不同或毫无关系的活动来摆脱日常工作、劳动带来的各种精神压力,并利用这些活动与日常工作之间的极大差异性来恢复消耗的体力和精神,弥补智力磨损,获得新的知识和新的灵感,增强创造力①"。

基于生活的定义。杰弗瑞·戈比(Geoffrey Godbey)认为,"休闲是从文化环境和物质环境的外在压力中解脱出来的一种相对自由的生活,它使个体能以自己所喜爱的、本能地感到有价值的方式,在内心之爱的驱动下行为,并为信仰提供一个基础②"。

基于方式的定义。皮格拉姆(Pigram)提出,简单地说,休闲实质上就是人们对待和利用闲暇时间的方式③。

基于特征的定义。杜马兹迪埃(Dumazedier)指出,所谓休闲,就是个人从工作岗位、家庭、社会义务中解脱出来,为了休息,为了消遣,或为了培养与谋生无关的智能,以及为了自发地参加社会活动和自由发挥创造力,是随心所欲的总称④。

从以上论述中我们可以发现,对休闲定义的角度是非常多元化的,不同的角度会形成相应的概念,而且一个具体的概念不可能涵盖休闲所包含的所有内容,所以既要学会观察一个个具体定义之间的差别,又要努力识别形成概念之间差异的原因,这样就可能比较科学和完整地认识休闲概念,并理解休闲所包含的相关内容。

总之,基于以上对相关概念的分析,我们可以得出这样的结论,所谓休闲是个人自由时间、自由活动、自主状态和自我发展合理组合的总称。当然,正确认识休闲的科学内涵应把握以下几个要点:第一,休闲是人们对可自由支配时间的合理安排与有效使用;第二,休闲时间和休闲活动虽然与人们所从事的日常工作毫无关系,但与"既不能出售也不能盈利的忘我的劳动"⑤并不冲突,从某种意义上讲,这种忘我的劳动恰恰是休闲的重要形式;第三,休闲既是人们对生活理

---

① 梁颖.娱乐设施经营管理[M].杭州:浙江摄影出版社,1998:4.

② [美]托马斯·古德尔,杰弗瑞·戈比.人类思想史中的休闲[M].成素梅,等,译.昆明:云南人民出版社,2000:11.

③ PIGRAM J. Outdoor Recreation and Resource. Management[M]. London: Croom Helm, 1983.//[英]史蒂芬·威廉姆斯.休闲旅游[M].杜靖川,等,译.昆明:云南大学出版社,2006:4.

④ DUMAZEDIER J. Toward a Society of Leisure, Trans by S. McClure[M]. New York: The Free press, 1967, 16-17.

⑤ [瑞士]若泽·塞依杜.旅游接待的今天和明天[M].冯百才,等,译.北京:旅游教育出版社,1990:28.

想和价值理念的一种理性诉求,也是一种行为实践;第四,休闲活动成为人们自我发展和自我完善的一种具体形式;第五,合适就是最好的休闲形式。

(二) 休闲方式

所谓休闲方式则是指"人们在日常闲暇时间里从事的能够满足愉悦、安逸、刺激等心理和生理需求活动的方法和形式[①]"。休闲方式的直观形态是休闲活动及其利用方式,但并不等同于休闲活动。休闲方式更体现主体的能动性和目的性,表达对休闲活动选择的倾向和偏好。休闲活动是休闲方式的客体,是休闲方式的具体表现形式。最近几年,社会经济的快速发展和家庭收入的不断递增,导致休闲已经成为城市居民生活的主要构成部分。休闲的本质也逐渐被广大民众了解,特别是休闲对个人发展以及休闲消费对社会经济的重要性得到了人们较高的认可。相比于过去以看电视、参加旅游活动为主的休闲方式,现如今已逐渐被多元化的休闲方式代替。应该说,经济、科技以及社会文化的变迁将不断地更新休闲方式,各种形式、各种主题、各种内容的休闲方式伴随商业化和市场运作的深入将被大量开发,满足人们放松、愉悦、教育、自我发展等方面的需要。

(三) 休闲动机

所谓休闲动机,是指在休闲需要的激发下,引导和整合个人休闲活动,并导致该休闲活动指向某一目标的内在心理过程与个体行为[②]。一方面,休闲动机产生于休闲需要,无论这种需要是主动产生的,还是被迫形成的;另一方面,人们为了满足休闲需要而行动,而休闲动机不仅是产生休闲行为最直接的驱动力,也决定了人们休闲行为的方向性和目标性。概括起来说,首先,人们因主观或客观原因产生了休闲需要,但是如果没有形成相应的休闲动机,那么就不会产生具体的休闲行为,休闲需要也就无法得到真正的满足。其次,休闲的产生与人们的需要密不可分,休闲表现为人们改善或调节心理和生理的一种生活愿望,休闲动机就成为一种内在力量或推力,是形成休闲行为的驱动力。再次,动机的产生是综合因素的结果,从社会学和心理学角度观察,通常与态度、文化、认知和准则相关,因而使人们形成独具特点的动机模式。最后,生活节奏快,工作压力大,以及层出不穷的休闲活动方式,都会对人们的休闲动机产生影响,并体现在人们的休闲行为过程中。

休闲动机是直接驱动人们采取形式多样的休闲行为的内在动力,从而能够

---

① 金情,楼嘉军.武汉市居民休闲方式选择倾向及特征研究[J].旅游学刊,2006(1):40.
② 楼嘉军.休闲学概论[M].上海:华东师范大学出版社,2016:95.

满足人们多样化的休闲需要。正是在不断发展的休闲动机的影响和驱动下,休闲才成为人们生活的重要组成部分。根据动机分类的基本原则,大致可以从以下三方面对休闲动机进行分类。首先,从动机的起源角度看,分为生理动机和社会动机。其次,从动机指向对象的角度看,分为物质动机和精神动机。最后,从诱导动机产生的原因角度看,分为内部动机和外部动机。但在现实中,由于出发点不同,有关休闲动机类型划分存在较大差异。不过,大都包含了上述三方面的内容。

克兰德(Crandall)综合了有关休闲动机研究的相关成果,经过梳理,将休闲动机归纳为 17 个类别,因而比较全面地反映了 20 世纪 80 年代发达国家居民休闲动机构成的基本状况,至今仍然对我们正确把握休闲动机具有重要的指导意义,见表 1-1。

表 1-1 休闲动机的分类

序号	类 别	序号	类 别
1	享受大自然,逃离现代文明	10	认可、身份
2	逃离日常事务和责任	11	社会权力的显示
3	锻炼身体	12	利他主义
4	创造性	13	寻求刺激
5	放松	14	自我实现(反馈、自我提高、能力利用)
6	接触社会	15	成就感、挑战与竞争
7	接触新朋友	16	打发时间,消除无聊
8	接触异性	17	理性审美
9	家庭接触	合计	17 类

资料来源:[英]C.米歇尔·霍尔,斯蒂芬·J.佩奇.旅游休闲地理学——环境·地点·空间[M].周昌军,等,译.北京:旅游教育出版社,2007:44,表 2.1.

(四) 休闲同伴

所谓休闲同伴,简单而言是指一起从事休闲活动的人。人类具有社会属性,人们无论是在工作还是日常活动中,都希望与外界产生联系。休闲活动是个人参与社会活动的一种形式,同伴是人们参与休闲活动的个体与群体关系的体现,休闲同伴选择是休闲活动价值取向的首要因素,找到合适的休闲同伴对放松心情、培养个人兴趣、增进友情、促进家庭和睦等方面具有积极意义。

不同时期的休闲伙伴选择可以反映特定的城市居民在个体和群体的交往中

所持有的文化内涵和价值取向。本研究选项设计代表着个体深层次从个人主义到集体主义的不同程度,家人是与生俱来的社会关系,选择家人代表着受访者具有较强的集体主义观念;选择朋友和同事,因为具有自由选择权,所以代表着次级的个人主义;选择单独出行,代表着强烈的个人主义观念[1]。

(五)休闲活动

休闲活动是指人们在休闲时间内实现休闲目标的具体形式或载体。因此,休闲活动常常被认为是人们身心放松的一个载体,是个体活力恢复的一条渠道,也是人们对内心冲突宣泄的一种形式。同时也为想逃脱日常工作琐事的人们提供了一个积极向上、有益身心体验的舞台[2]。

关于休闲活动的分类可以从多个角度入手。从空间角度讲,可以分为室内休闲活动与室外休闲活动。从活动性质讲,可以将人们在日常生活中从事的各种休闲活动归结为以下几种主要形式,即游憩活动、娱乐活动、游戏活动、旅游活动和体育休闲活动等。从动机角度讲,可以分为以下七种形式,消遣娱乐类、怡情养生类、体育健身类、旅游观光类、社会活动类、教育发展类、消极堕落类,见表1-2。

表1-2 休闲活动分类一览表

活动类别	活动形式	休闲活动项目
消遣娱乐	文化娱乐	电视、上网、唱歌、跳舞、电影、电脑游戏
	吧式消费	酒吧、咖啡馆、茶馆、陶吧、书吧、迪吧、水吧、氧吧等
	闲逛闲聊	散步、逛街、逛商场、当面闲聊、短信闲聊、电话闲聊等
怡情养生	花草宠物	花、草、树、虫、鱼、鸟、兽及其他宠物等
	业余爱好	琴、棋、书、画、茶、酒、牌、摄影、收藏、写作、设计、发明等
	美容装饰	个人性(美发、美容、化妆、饰物佩戴、裁剪制衣等) 家庭性(主要指家庭环境或个人居住环境的精细装修、装饰等)
体育健身	体育健身	太极、跳操、游泳、溜冰、桌球、保龄球、高尔夫球、射箭、跑马以及各种需要健身器材的健身运动等
	刺激型	跳伞、蹦极、攀岩、漂流、潜水、滑草、航模、动力伞、水中狩猎、探险等

---

① 赵莹,柴彦威,Martin Dijst.行为同伴选择的社会文化效应研究——中国北京与荷兰乌特勒支的比较[J].地理科学,2014(08):946-954.
② [英]史蒂芬·威廉姆斯.旅游休闲[M].杜靖川,等,译.昆明:云南大学出版社,2006:2.

续 表

活动类别	活动形式	休闲活动项目
旅游观光	远足/旅游	欣赏和体会异地自然风光、名胜古迹、历史文化遗产、民族风情、境外度假等
	近郊度假	城市绿地、公园（园林）、广场、动物园、植物园、游乐园（水上乐园）、古镇、岛屿、度假村、农家乐、野炊、田野游玩等
社会活动	私人社交	私人聚会、婚礼、生日、毕业、开业、升职、乔迁、获奖等
	节庆赛事	传统节日、纪念日庆典、旅游节、电影节（电视节）、特色文化节、宗教活动、体育赛事等
	社会公益	社会工作、公益活动、志愿者服务等
教育发展	访问/学习	博物馆、纪念馆、展览馆、科技馆、高校、名人故居、烈士陵园、宗教场所、特色历史街区、特色建筑、创意园区等
	休闲教育	学习乐器、声乐、舞蹈、书法、绘画、插花等，以及参加各种非职业性课程
消极堕落	放 纵	破坏公共财物、赌博、吸毒、偷盗、嫖娼

资料来源：根据楼嘉军.娱乐旅游概论［M］.福州：福建人民出版社，2000：13；王雅林，刘耳，徐利亚.城市休闲——上海、天津、哈尔滨城市居民时间分配的考察［M］.北京：社会科学文献出版社，2003：50－51 的有关内容整理制作。

显而易见，现代社会休闲活动内涵丰富、类型众多、特性多元，为现代社会人们在职业劳动和社会必要活动以外，谋求个人兴趣的充分发展，全面提高身体素质，合理完善心理构架，促进人格精神的现代化，乃至促进整个社会群体意识的现代化，提供了必要条件和实施载体。当然，也应看到，随着社会发展和活动形式深化，各种休闲活动之间的边界出现模糊或重叠的趋势。

（六）休闲时间

所谓休闲时间，也称作可自由支配时间，是指人们用于工作的时间，以及满足生理需求和家庭劳动需要等时间之外，人们可自由支配的活动时间[①]。

对休闲时间的认识可以从以下三方面理解。首先，休闲是一个时间概念，可以用时间尺度对人们的休闲活动进行衡量，没有时间也就无所谓休闲。其次，休闲时间是构成人们完整休闲活动的一个制约性条件。一般认为，影响休闲有三类因素，内在制约因素（intrapersonal constraints）、人际关系制约因素（interpersonal constraints）和结构性制约因素（structural

---

① 楼嘉军.休闲学概论［M］.上海：华东师范大学出版社，2016：76.

constraints)①，其中，休闲时间属于结构性制约因素范畴。最后，休闲时间又不是简单意义上的空闲时间，尽管空闲时间也是一个时间概念，然而，在许多时候人们常常将休闲时间等同于空闲时间。

一般认为，空闲时间是相对于工作而言的一个时间概念。阿尔那德(Arnould)认为，空闲时间是指人们"不用于工作和不负任何责任的时间②"，展现了人们暂时脱离工作后的一种生活状态或时间方式，所以空闲时间是与工作时间相对应的。因此，从时间尺度上看，空闲时间要大于休闲时间。西巴斯田(Sebastian)认为，"人人都会拥有空闲时间，但并非人人都能够拥有休闲。空闲时间是一种人人拥有的并可以实现的观念，而休闲却并非是每个人都可以真正达到的人生状态③"。

根据各国劳动法规定，工作之外的休息时间大致分为3种，即工作中的间隙时间、每日的休闲时间和休假。为了说明人们休闲时间的使用特性和规律，这里将各类休闲时间再细分为工作中的间隙休闲时间，每天工作、睡眠和家务活动以后的休闲时间，周末双休日，公共节假日和带薪假期5大部分。

休闲时间是指当工作(包括有酬工作和无酬工作)、生活事务、睡眠和其他基本需求得到满足后个人可以自由利用的时间④。时间是一种稀缺资源，个体或家庭拥有休闲时间的多少是居民能否积极参与休闲活动的前提。城市居民时间分配结构的不同，在一定程度上可以反映出他们生活结构和生活状态的差异，其中休闲时间的占有量则可以直接反映居民的生活质量。

当前生产效率不断提高，带薪休假政策不断规范化，逐渐形成了以公共休假制度、法定假日制度和带薪休假制度为主要内容的多层次的休假制度⑤，为居民从事各种休闲活动提供了必要的时间保障。

（七）休闲场所

休闲场所是居民实现休闲行为的空间载体。城市规划和发展中既要考虑居民的休闲需求，又要考虑配套休闲场所的发展。休闲场所是娱乐休闲活动的空

① ［韩］孙海值，安永冕，曹明焕，李定实.休闲学［M］.朴松爱，等，译.大连：东北财经大学出版社，2005：124.
② ［美］托马斯·古德尔，杰弗瑞·戈比.人类思想史中的休闲［M］.成素梅，等，译.昆明：云南人民出版社，2000：7.
③ ［美］托马斯·古德尔，杰弗瑞·戈比.人类思想史中的休闲［M］.成素梅，等，译.昆明：云南人民出版社，2000：2.
④ 宋瑞.时间、收入、休闲与生活满意度：基于结构方程模型的实证研究［J］.财贸经济，2014，06：100-110.
⑤ 楼嘉军.中国城市休闲发展研究报告（2014）［M］.上海：上海交通大学出版社，2015.

间属性,同时也是休闲服务有形展示的载体,可以帮助居民感受到休闲服务带来的利益[1]。休闲场所通常具有公共性、开放性和休闲性的特点,与居民之间存在着一种特殊的依赖关系——休闲场所的可持续发展依赖于城市居民"重游行为"的休闲活动,而居民也依赖于休闲场所的设施和服务使身心得到放松[2]。理论上来说,休闲场所的选择应该与休闲时间的长短、休闲方式的选择具有对应性和同步性,即不同时间情境下进行不同休闲方式的休闲场所存在差异且有规律可循。

(八) 休闲花费

休闲花费是指居民在进行休闲活动时的经济开销。人们在进行休闲活动时,除了需要充足的时间,还需要依赖于一定的产品、设施和服务,这必然会产生休闲花费。大众休闲时代的到来推动了休闲产业的发展,人们从过往单纯地以物质为主导的消费逐步转移为以满足休闲娱乐等精神满足的脱物化消费,因此,娱乐因素更多地渗透到居民购物、餐饮及其他日常生活中[3],使生活与休闲紧密相连,也促使居民休闲消费增长,朝多元化方向发展。需要指出的是,休闲花费的多少一定程度上受到休闲活动和休闲场所等选择的限制。

(九) 休闲满意度

满意是一种心理状态。休闲满意是指居民休闲需求被满足后产生的心理愉悦感与满足感,揭示的是居民参加休闲活动的事前期望与结束休闲活动后的实际感受之间的一种相对关系。所谓休闲满意度则是指衡量居民休闲需求得到心理满足程度的一种指标,其数值高低在一定意义上反映了居民在参加休闲活动后所获得的心理满足感的大小[4]。通过休闲满意度的分析,可以使我们了解个体是否从他们参与的休闲活动中获得了期望的效益,考察休闲活动是否满足了他们的需要,判断和预测他们是否乐意参与这些活动,或者使他们发展与满意度水平相当的休闲活动,甚至丰富他们对休闲活动的选择。而这里所说的休闲满意度评价,主要包括对休闲活动、家庭休闲生活和城市休闲环境三方面的感知评价。

---

[1] 高燕,郑焱.中西部城市居民娱乐休闲场所选择影响因素比较研究——以长沙市和兰州市为例[J].旅游学刊,2009(12):46-53.
[2] 黄向,保继刚,Wall Geoffrey.场所依赖(place attachment):一种游憩行为现象的研究框架[J].旅游学刊,2006(09):19-24
[3] 楼嘉军.中国城市休闲发展研究报告(2014)[M].上海:上海交通大学出版社,2015:8.
[4] 楼嘉军.论休闲与休闲时代[M].上海:上海交通大学出版社,2015:117.

第三节　问卷设计与抽样过程

一、问卷设计

2004 年,在承担华东师范大学人文社会科学预研究课题"城市休闲娱乐及其影响研究"的基础上,为了能够比较准确地了解城市居民参加休闲活动的基本状况,把握相关的演变特征,2004 年 3 月,华东师范大学旅游系由楼嘉军牵头成立了"长江流域城市居民休闲方式研究"课题组,并选择了上海、武汉和成都三座城市为主要研究对象。在初步拟定的调研提纲的基础上,3～6 月,在课题组负责人楼嘉军的协调下,在旅游系邱扶东副教授、王晓云副教授等老师的帮助与配合下,与课题组的其他成员岳培宇、金倩、王丽梅、侯新东与辜应康等研究生一起,经过反复讨论,形成了有关居民休闲方式调查问卷的初稿。后经多轮讨论,并对市场调研的主要内容和预调研中遇到的问题进行了比较充分的梳理,最终确定了 2004 年《城市居民休闲方式调查问卷》(以下简称《问卷调查》)。《问卷调研》的内容主要由以下五部分内容组成:一是人口学特征信息,包括性别、年龄、收入、文化程度和职业等内容;二是休闲方式,主要包括休闲动机与同伴选择、休闲活动、休闲场所、休闲时间和休闲花费等内容,其中,休闲活动、休闲场所、休闲时间和休闲花费又分为平时、周末和黄金周三个时间段进行调查;三是休闲活动影响因素,主要有休闲方式的趣味性、娱乐性、知识性、休闲设施质量、休闲服务水平等内容;四是休闲满意度,主要包括休闲活动满意度以及对城市休闲状况的总体评价。需要指出的是,在问卷的设计过程中,为了获取居民在不同时段参加休闲活动状态的信息,课题组特意将通常的一个时段的静态选项,细分为多个时段的动态选择,以便能够更接近居民在不同时段参加休闲活动的行为演变轨迹。这也是课题组在进行问卷设计时的一个突破。自然也增加了以后进行研究的难度。

2014 年,在承担国家社会科学基金项目"我国城市休闲化的指标体系、质量测度与提升路径研究"的基础上,作为研究课题的负责人楼嘉军在推进城市休闲化研究工作的同时,提出继续开展有关城市居民休闲方式调研工作的设想。一方面,能够围绕城市居民的休闲方式的调研,与 2004 年的研究工作进行衔接;另一方面,希望通过新的市场问卷的调研,能够探寻近 10 年来,我国城市居民休闲方式的演变特点与发展规律,在理论和实践上为我国休闲研究做出应有贡献,也可以为相关管理部门的政策制定提供依据。

2014年,关于城市居民休闲方式调研课题组由楼嘉军负责,成员包括李丽梅、刘松、徐爱萍、马红涛、刘润、李婷、马芮、黄佳丽和刘震等博士生与硕士生,在旅游系邱扶东副教授、王晓云副教授和孙晓东副教授等老师的配合下,课题组针对近年来居民休闲方式发展的具体实情,讨论以后认为,为了保证2014年关于城市居民休闲方式市场研究工作的延续性,以及方便与2004年调研内容进行对比,决定2014年的市场问卷的基本格式和基本内容与2004年市场问卷版本相似。但是,鉴于将近10年时间的变化,很多新的休闲方式涌现并快速发展,居民休闲内容更为丰富,休闲方式更趋多元,居民的选择手段也更加多样化。因此,课题组决定对2004年的市场问卷进行了适当调整。2014年2～4月,课题组组织了多轮专家讨论,针对问卷的内容、问卷的表达方式以及近10年出现的新的休闲方式进行了修改和补充。例如,在2004年关于城市居民休闲方式市场问卷表格上,有关休闲方式选项中,有一项是"上网、电视和影视娱乐"。当时,这样安排是基于那个年代居民休闲方式的具体现状,由于网络的普及率没有近年来那么高,能够随意进行网上冲浪的人群规模还没有那么庞大,上网作为一种独立的休闲方式影响力远不如电视,所以就把看电视、上网、看电影等合并为一项休闲方式进行选择。令人意想不到的是,10年后,随着信息化时代的到来,上网已经成为一种十分普遍的休闲方式。据不完全统计,在多个群体中,上网的规模与上网的时间,已大大超过看电视这样一种传统的休闲方式。显而易见,看电视、上网在休闲属性和选择人群等方面有着明显的区别。对此,课题组把"看电视、上网、看电影"这一项,一拆为三,成为三个选项。但是在统计时,又将其合并在一起。这样做,既能够观察十年中城市居民看电视与上网两种休闲方式的变化特征,又可以根据相关材料对2004年与2014年的调查数据进行有机比较与合理分析。又如,根据近年来休闲发展的具体状况,课题组在具体的休闲活动中,还增加了"桌游""演唱会""音乐会"等深受广大居民喜爱的休闲活动选项。通过相应的调整,以使问卷调查内容与时代发展的实际相对贴近。此外,在月收入一栏,2004年设计时把8 000元以上,作为高收入的一个分界线。在2014年,根据社会发展的实际情况,我们把8 000元以上这一栏,又拆分为四个选项,即8 000～10 000元、10 000～15 000元、15 000～20 000、20 000元以上。

二、问卷发放

第一,关于2004年的问卷发放工作。在正式确定城市居民休闲方式调查问卷以后,课题组于2004年6月正式启动问卷发放工作,主要选择上海、武汉与成

都作为案例研究城市。2004 年武汉城市居民休闲方式调研工作由金倩负责,成
都城市居民休闲方式调研工作则由岳培宇负责。两个城市的调研工作安排在当
年 7～8 月进行。调研地点主要选择两座城市的娱乐场所、公园、社区、公共图书
馆以及部分企事业单位。在武汉地区发放问卷 250 份,回收有效问卷 242 份,有
效率为 96.8%;成都发放 250 份,回收有效问卷 237 份,有效率为 94.8%。上海
地区的问卷发放工作在 2004 年 9～10 月展开,由岳培宇、金倩、侯新东、王丽梅
和辜应康等负责进行。在上海市内的部分娱乐场所、公园、社区、公共图书馆以
及企事业单位内共发放 300 份,回收有效问卷 287 份,有效率为 95.67%。需要
说明的是,本问卷在发放过程中,主要针对生活或工作在上海、武汉和成都三个
城市城区的居民或常住城区的外来人口。同时尽量避免调查中、小学生等经济
上尚未独立的群体。

第二,关于 2014 年的问卷发放工作。在完成了居民休闲方式市场调查问卷
的微调工作后,课题组开展了市场问卷的发放工作。上海地区的问卷发放工作
由马红涛、刘润等负责,时间在 2014 年 8～10 月,课题组多次分批在工作日、周
末、小长假和黄金周到上海黄浦区、普陀区、虹口区和徐汇区等主要城区的社区、
公园、广场、图书馆、办公楼等地进行问卷调查。共发放问卷 400 份,回收问卷
359 份,回收率为 89.75%,其中有效问卷 309 份,有效率为 86.07%。

2014 年武汉城市居民休闲方式调研工作于当年 8～10 月进行,委托湖北经
济学院的蒋昕老师组织相关大学生实施。共发放问卷 420 份,回收有效问卷
407 份,有效率为 96.9%。2014 年成都城市居民休闲方式调研工作于是年 6～8
月完成,委托西南财经大学岳培宇博士组织相关大学生完成市场调研工作。发
放问卷 420 份,回收 408 份,其中有效问卷 387 份,有效率为 94.9%。

需要指出的是,为了保证研究的延续性,2014 年在三个城市发放问卷的场
所选择与受访者选择的原则与 2004 年大致相同。

三、数据处理

课题组组织相关人员对来自上海、武汉和成都居民休闲方式与满意度的调
查问卷进行汇总分析,所有问卷调查数据均借助目前在社会科学研究中被广泛
应用的数据处理软件包 SPSS 来处理和分析。在对调查数据进行缺失值处理基
础上,主要运用描述性统计、方差分析和因子分析等模块进行数据的统计处理。

首先,在数据的描述性统计方面,主要进行了如下处理操作:一是样本人口
统计学特征分析,包括被调查对象的性别、年龄、月收入、婚姻状况、职业等的占

比情况;二是有关居民休闲方式的特征分析,包括休闲动机、休闲同伴选择、休闲活动倾向、时间分配与场所选择、休闲花费等;三是关于居民休闲活动选择影响因素的重要程度、休闲活动和休闲环境满意的描述性统计处理。

其次,数据的交叉处理分析。为进一步反映居民在休闲活动选择方面的群体差异状况,本研究针对样本人口统计学信息和休闲活动选择相关数据进行了交叉处理及分析,详细说明了居民休闲活动选择在性别、年龄、收入、受教育水平等方面的差异特征。

再次,相关数据的统计检验。在城市居民休闲活动满意度和休闲环境满意度分析中,本文对调查数据进行了相关统计检验,以发现和说明10年间城市居民在休闲满意度方面变化的显著程度。

最后,对数据进行因子分析处理。因子分析的核心思想是降维,它是以相关性为基本原理,用少数几个不可观察的潜在变量因子描述多个能实际观测随机变量之间的关系的一种统计学方法。本研究在居民休闲活动选择的影响因素以及休闲满意度的比较分析过程中,即是运用该方法对调查数据进行了统计处理。

第二章　文献回顾

第一节　休闲生活方式研究进展

休闲生活方式是人们利用闲暇时间从事能够满足休憩、娱乐、社交和价值实现等身心需求的方法和形式，换句话说，它指的是人们选择和从事休闲行为的一种规则，能够决定个体参与某项休闲活动而非其他。然而值得注意的是，与国家对于积极休闲生活方式的大力推动和国民的强烈诉求相比，国内对于休闲生活方式的研究则略显滞后，尚不能为现实发展提供强有力的理论指导和决策参考。不过，国内学者也尝试进行了一些探索性研究，通过对国内研究成果的梳理，发现主要集中于对城市居民休闲方式的特征分析[①]，以及休闲方式与满意度的关系[②]等方面。此外，也有部分学者开展了针对特定群体休闲方式的研究，比如农村居民休闲方式的变迁及其机制[③]、村转居社区新居民休闲方式的前后变化分析[①]等。可以看出，国内对于休闲生活方式的研究仅局限于对休闲活动方式的调查和分析，在研究视野和研究范式上仍显狭窄和单一。鉴于此，本研究主要对国外休闲生活方式相关文献进行回顾和述评，从而汲取相关学术成果和经验，以期为国内研究提供借鉴和参考。

我们在"Web of Science 核心合集数据库"中以"leisure lifestyle""leisure life style"和"leisure & way of life"进行主题（包括标题、摘要、关键词）检索，共检索到论文 109 篇（截至 2016 年 4 月 30 日）。通过对上述文献的分析和总结，从休闲生活方式的概念着手，考察国外有关休闲生活方式的测量、群体差异，以

---

① 金倩,楼嘉军.武汉市居民休闲方式选择倾向及特征研究[J].旅游学刊,2006,21(1)：40 - 43.；赵守谅,陈婷婷.城市休闲方式的若干现象及规划面临的挑战[J].规划研究,2010,34(7)：23 - 27.；赵鹏,刘捷,付玥.北京五类人群休闲方式的比较与分析[J].旅游学刊,2006,21(12)：17 - 21.

② 吴凌菲.基于休闲方式的城市居民休闲满意度研究[J].统计与决策,2013,29(24)：146 - 148.

③ 申广斯.论建国以来农村居民休闲方式变迁及启示[J].学术论坛,2010,20(5)：89 - 93.；邹循豪.农民休闲方式变迁的内容特征及引导机制[J].湖南社会科学,2013,26(1)：112 - 115.

④ 陈传锋,杨晶晶.城市化进程中村转居社区新居民的休闲方式[J].浙江学刊,2007,45(2)：196 - 200.

及休闲生活方式与生活质量的关系等方面的研究成果。

一、休闲生活方式的概念与测量

(一)休闲生活方式的概念

国外关于休闲方式的研究可以追溯到 19 世纪,凡勃伦(1899)提出的"炫耀性消费"[①]可视为当时有闲阶层的主要休闲生活方式之一。然而,国外学者在很长一段时间并未建构起休闲生活方式的概念框架。关于休闲生活方式的真正全面研究大致源起于 20 世纪七八十年代,Kelly(1975)最早将休闲生活方式的属性界定为"个体对于时间、金钱和人力资本等进行最佳利用的规则"[②],这也是国外学者对于休闲生活方式内涵的普遍和一致的认识。之后,学者们试图对休闲生活方式的外延予以圈定,如 Veal(1993)认为,休闲生活方式首先应该包含休闲活动的各种形式[③];Glyptis(1981)强调休闲环境,也就是休闲体验发生的地点[④],对于休闲生活方式的重要性;Mannell 和 Iso-Ahola(1987)更关注休闲动机对休闲生活方式的影响[⑤]。综合以往学者的研究成果,Mannell 和 Kleiber(1997)提出,休闲生活方式是"休闲活动参与和时间利用的总体形式"[⑥],他进一步指出,休闲生活方式系统包含了时间、活动、场景和动机等一系列相互作用的要素,是上述要素综合反映的结果。后续学者也大多沿用这一观点,如Heintzman 和 Mannell(2003)研究休闲生活方式和主观幸福感的关系时,即是从休闲活动参与、休闲动机和休闲时间 3 个层面对休闲生活方式予以考察[⑦]。

(二)休闲生活方式的测量

长期以来,国外学者主要是基于休闲生活方式的概念展开洞察和测量,然而在研究休闲生活方式与其他变量之间关系时,则往往需要构建休闲生活方式的测量量表,以满足在统计技术上的可行性要求。需要指出的是,韩国学者在休闲生活方式量表(Leisure Lifestyle Scale,简称 LLS)的开发和构建方面做出了更

① 凡勃伦.有闲阶级论[M].北京:商务印书馆,2004.
② KELLY J. R. Leisure Styles and Leisure Choices[J]. The Family Coordinator,1975,24(2):185-190.
③ VEAL A. J. The Concept of Lifestyle:A Review[J]. Leisure Studies,1993,12(4):233-252.
④ GLYPTIS S. Leisure Life-styles[J]. Regional Studies,1981,15(5):311-326.
⑤ MANNELL R. C.,& ISO-AHOLA S. E. Psychological Nature of Leisure and Tourism Experience[J]. Annals of Tourism Research,1987,14(3):314-331.
⑥ MANNELL R. C.,& KLEIBER D. A. A Social Psychology of Leisure[M]. State College, PA:Venture,1997:59.
⑦ HEINTZMAN P.,& MANNELL R. C. Spiritual Functions of Leisure and Spiritual Well-Being:Coping with Time Pressure[J]. Leisure Sciences,2003,25(2-3):207-230.

为积极的贡献。Yoon 和 Seo(2007)基于生活价值体系和休闲生活类型,对韩国人的休闲生活方式进行了初步研究,识别了休闲生活方式的 5 个群体,包括面向社区、自我类型、家庭导向、个人稳定型和多样型[①]。Sohn(2009)通过开放式问卷抽取了事先计划的、有效和积极的、内在驱动的、易于接近的、自我发展的和关系中心的 5 种休闲生活方式,进而运用主成分分析开发了包含 7 个维度 65 个题项的休闲生活方式量表[②],7 个维度分别是:理性计划(reasonable planning)、感官追求(sensation seeking)、休闲无助(leisure helplessness)、易于接近(accessibility)、关系中心(relation-centered)、家庭中心(family-centered)和工作中心(work-centered)。

Sohn 的研究大致可以看作是休闲生活方式量表开发的开拓性工作,后续学者对此进行了信效度的评估,并运用此量表展开了实证研究。Sohn(2010)对自行研发的休闲生活方式量表进行了实证检验[③],研究显示,休闲生活方式测量模型拟合程度较好,并且累积方差解释增加、题项数量精简,最终形成了7 个维度 43 个题项的休闲生活方式量表。Sohn(2010)还进行了休闲生活方式量表效标效度的评估[④],然而针对大学生休闲生活方式的检验却发现,休闲无助、家庭中心、感官追求、关系中心、理性计划和工作中心 6 个维度即可解释54.26% 的变异,说明包含这 6 个维度的休闲生活方式量表的有效性更高。Choi、Choi 和 Lee(2014)则基于 Rasch 潜在特质模型对休闲生活方式量表进行了检验[⑤],针对高尔夫玩家的实证结果表明,包含休闲倦怠(leisure lethargy,4 个题项)、家长作风(paternalism,2 个题项)、感官追求(sensation seeking,4 个题项)、关系聚焦(relational focus,4 个题项)、理性计划(rational planning,4 个题项)和工作中心(work-centrism,3 个题项)的 6 维度 21 题项的休闲生活方式量表更为合适。

---

① YOON S.-Y., & SEO S. Y. A Preliminary Study on the Leisure Life Style in Korea: Based on the Life Value System and Leisure Life Type[J]. International Journal of Human Ecology, 2007, 8(1): 109 - 116.

② SOHN Y. M. The Development Study of the Leisure Life Style Scale[J]. Journal of Leisure Studies, 2009, 7(1): 1 - 26.

③ SOHN Y. M. Validation of the Leisure Life Style Scale[J]. The Korean Society of Sports Science, 2010, 19(2): 71 - 82.

④ SOHN Y. M. The Study on the Criterion-related Validity of the Leisure Life Style Scale[J]. Korean Journal of lesure & recreation, 2010, 34(2): 111 - 124.

⑤ CHOI B. A., CHOI J., & LEE J. Validation of Leisure Life Style Scale in Golf Player using Rasch Model[J]. The Korean Society of Sports Science, 2014, 23(1): 61 - 75.

二、休闲生活方式的群体差异

人口统计学方面的差异、社会阶层的不同归属等,一定程度上能够带来休闲生活方式的区别,反映出不同群体在休闲生活方式特点上的特定差异。国外学者从基本的社会统计、基于特定理论的实证分析,到理论假设的提出和验证等方面,进行了严谨而扎实的研究工作。

(一) 人口统计学特征差异研究

年龄、性别、民族/种族、职业、收入等是人口统计学特征的主要变量。部分学者针对特定国家或地区的人群,进行了大规模的抽样调查和统计分析。比如,Kim(2007)针对韩国人休闲活动类型的调查研究发现,运动、桌游、户外活动、艺术、社会活动、放松活动、观赏活动、媒体活动等9种类型的活动是韩国人休闲生活方式的主要内容[1]。闲暇时间利用是休闲生活方式的重要外在表征,然而人们对于闲暇时间的利用并非仅仅体现在积极的、动态的活动组织方面,不运动和久坐行为也属于休闲生活方式的研究范畴。Peltzer 和 Pengpid(2016)针对东盟成员国 13~15 岁学生闲暇时间的不运动和久坐行为展开调查,并对这两种休闲方式的成因进行了探索性分析[2],研究发现,不运动主要是与不能步行或骑自行车上学、不参加体育课、少食蔬菜和缺少保护(同辈、父母或监护人支持)等有关,而久坐行为则与中上收入水平、超重或肥胖、参加体育课、酒精使用、孤独、同辈支持和缺少父母或监护人监管等因素有关。

休闲生活方式的性别差异是国外学者特别关注的研究议题,Sin(2007)研究了 5 天工作制企业员工的休闲行为特征以及休闲环境偏好的性别差异,发现员工工作 5 天后的休闲活动会明显增加,而男性更倾向于参与户外休闲[3]。Kim(2008)调查分析了中年男性的休闲生活方式以及与家庭功能的关系,发现中年男性大多参与有助于健康的运动休闲活动,并且不同的休闲参与活动在家庭凝

---

① KIM H. A Study on Dividing the Leisure Activities into Category and Items for Korean Leisure Lifestyle Survey[J]. Korean Journal of lesure & recreation,2007,31(1):223-234.

② PELTZER K.,PENGPID S. Leisure Time Physical Inactivity and Sedentary Behaviour and Lifestyle Correlates among Students Aged 13-15 in the Association of Southeast Asian Nations (ASEAN) Member States,2007-2013[J]. Journal of Environmental Research and Public Health,2016,13(2):217.

③ SIN H. G. A Study on the Characteristics of Leisure Behavior and Preference for Leisure Environment of the Five-Day Workweek Company Employees According to Gender[J]. Journal of Korean Home Management Association,2007,25(3):107-118.

聚力和家庭规则适应度方面有着明显区别[①]。

值得注意的是,女性休闲生活方式的考察更受国外学者们的重视。Lee(2008)探讨了中国都市女性的休闲认知及休闲生活方式[②],主要结论有:女性最喜欢的休闲方式是休闲娱乐、美容、健身、观光和度假;对媒体相对敏感,报纸、杂志和电视广告是主流的休闲认知方式;购买休闲产品的动机是满足个人口味、游憩娱乐和社会交往的需要;影响购买行为的主要因素包括服务态度、服务设施和个人偏好;服务质量,社会交往需要满足的程度、内容、形式,休闲氛围及价格等影响到休闲参与的满意度;集中性、时尚性、自我关注和多元化是都市女性休闲市场的主要特征。也有学者对女性群体中特定人群的休闲生活方式持有研究兴趣,如 Irving 和 Giles(2011)考察了孩子对单亲妈妈休闲生活方式的影响[③]。他认为,是孩子而非母亲身份限制了单亲妈妈的休闲活动,因此对孩子是如何影响休闲选择和休闲倾向进行分析,进而为单亲妈妈提供更多的休闲机会显得极为重要;Parry 和 Shinew(2004)则研究了不孕对女性休闲生活方式的限制性影响[④],发现休闲消费属性、不孕治疗和社会隔离感能够对休闲参与和休闲满意度产生负向影响。

另外,老年人的休闲生活方式有着既定的特点,Jung(2004)通过对老年人休闲时间利用方式的研究发现,老年人平均每天有 6～34 分钟从事休闲活动,并且主要集中在上午 11～12 点和晚上 8～10 点,休闲活动则主要包括跟熟人在一起、大众媒体娱乐、运动休闲活动及业余爱好等[⑤]。Kang 和 Ko(2009)还考察了休闲环境对休闲活动的影响,以及社会经济属性与休闲生活方式的关系[⑥],结果证实了休闲参与和休闲满意度受到休闲环境质量的极大影响,并且在年龄、收入水平、职业和居住地等方面存在显著差异。

---

① KIM M.-L. The Study on Middle-aged Men's Leisure Life Style and Family Function[J]. Korean Journal of lesure & recreation, 2008, 32(2): 139 - 150.

② LEE S. A Research on Leisure Cognition and Leisure Style of Urban Women in China[J]. Korean Comparative Government Review, 2008, 12(2): 457 - 468.

③ IRVING H. R., GILES A. R. Examining the Child's Impacts on Single Mothers' Leisure[J]. Leisure Studies, 2011, 30(3): 365 - 373.

④ PARRY D. C., SHINEW K. J. The Constraining Impact of Infertility on Women's Leisure Lifestyles[J]. Leisure Sciences, 2004, 26(3): 295 - 308.

⑤ JUNG S.-H. An Analysis of the Using Pattern of Leisure Time for Elderly[J]. Journal of Korean Family Resource Management Association, 2004, 8(1): 101 - 116.

⑥ KANG I., KO H. Local Leisure Identities and Interactions as a Basis for the Promotion and Development of Leisure Activities: the Case of Kyeongju Region[J]. Korean Journal of Tourism Research, 2009, 23(4): 455 - 478.

(二) 社会阶层对休闲生活方式的影响

社会阶层是社会成员按照一定标准划分的地位有所区别的社会群体,一般而言主要是职业、收入和教育等综合反映的结果,同一阶层成员之间在休闲态度和行为模式等方面具有相似性,而不同阶层则呈现出一定的差异特征。国外学者在休闲生活方式的阶层差异方面进行了一定的理论探讨和实证研究,Eijck 和 Mommaas(2004)评估了基于工作部门划分的上中阶层休闲生活方式的区别,然而却发现,休闲生活方式未被单一的、从阳春白雪到下里巴人的外在合法层次所结构化,而是由个人丰富的休闲参与形式所决定[①];Chatzitheochari 和 Arber(2011)采用 2000 年英国时间利用的调查数据,分析了退休人群的休闲追求[②]。研究发现,身体健康、教育水平相对较高、上层人士和中产阶层的男性更倾向于从事第三年龄[③]群体的休闲生活方式。

文化资本理论(Cultural Capital Theory)和杂食性理论(Omnivore Theory)对休闲生活方式的社会阶层差异具有一定的解释力。布尔迪厄(Bourdieu)的文化资本理论建议,为了与下层社会相区分,上层社会更喜欢高档的休闲消费;相反,彼得森(Peterson)的杂食性理论则指出上层社会休闲消费范围更广,也就是说,上层社会既消费高档休闲也从事时尚的休闲方式,而下层社会只消费时尚休闲。Han(2011)实证检验了上述两种理论在现代韩国社会的适用性[④],研究发现,整个上层社会喜欢高档休闲消费,而下层社会更倾向于时尚休闲消费。另外,上层社会不但参与高档消费,而且也积极参与时尚文化欣赏,因此,杂食性理论更适合解释韩国社会阶层的休闲消费特征。

基于结构理论和社会群体的视角,Floyd 和 Shinew(1999)考察了种族接触和社会相互作用背景下,非洲裔美国人和白人休闲偏好的相似性,证实了休闲生活方式存在明显的种族差异[⑤]。然而与基于理论的实证分析不同的是,有的学

---

① EIJCK K., MOMMAAS H. Leisure, Lifestyle, and the New Middle Class[J]. Leisure Sciences, 2004, 26(4): 373 - 392.

② CHATZITHEOCHARI S. ARBER S. Identifying the Third Agers: An Analysis of British Retirees' Leisure Pursuits[J]. Sociological Research Online, 2011, 16(4): 3.

③ 在国外,人们习惯于将人生划分为四个相继的年龄期:儿童及青少年期、职业及谋生期、退休期和依赖期。"第三年龄"指的就是退休期,它是中年和老年之间依然活跃的年龄段。处于这一阶段的人,生活压力较低,家庭负担不重,在发展自身才能和兴趣方面具有较大的可能性和便利条件,因此往往从事一种更为积极的休闲生活方式。

④ HAN B.-S. Differentiation between Social Class Leisure Consumption in Korea: By Focusing on Art and Culture[J]. Journal of Tourism Sciences, 2011, 35(10): 181 - 199.

⑤ FLOYD M. F. SHINEW K. J. Convergence and Divergence in Leisure Style Among Whites and African Americans toward an Interracial Contact Hypothesis[J]. Journal of Leisure Research, 1999, 31(4): 359 - 384.

者还尝试进行了休闲生活方式理论的构建。Burch(2009)勾画了休闲行为研究理论上的可能性,他运用家庭露营的数据检验了补偿(compensatory)和熟悉(familiarity)这两种假设,然而却发现"个人社区"(personal community)能够为休闲生活方式提供更合理的解释①,说明内在社会圈(intimate social circle)是休闲生活方式至关重要的决定因素,这在一定程度上为休闲生活方式研究提供了崭新的概念和理论视角。

三、休闲生活方式与生活质量的关系

一定意义上来讲,生活质量的提升是人类永恒的共同追求。而在当今社会,休闲已然成为人们生活的核心内容之一,因而关注休闲生活方式与生活质量的关系,探讨休闲生活方式如何影响和改善生活质量是学术界无法避开且须直面解决的议题。

(一) 休闲生活方式对人的健康的影响

国外研究发现,休闲生活方式对人们的身体健康有着十分重要的积极影响。Payne 等人(2006)研究了休闲生活方式在维持患有关节炎老年人健康中的角色②,发现休闲生活方式在关节炎严重程度和感知身体健康的关系中发挥干扰作用。其中,休闲活动的类型与感知身体健康呈正相关,也就是说,休闲活动类型越丰富,老年人报告身体健康的情况越好。Cheng 等人(2011)对大学生休闲生活方式与身体健康之间的关系进行了考察③,认为经常从事晨练、运动、度假和健康饮食等休闲活动的人群往往有着更为健康的身体状况。Yang 等人(2012)基于居民的调查数据,同样证实了晨练、旅游、静态游憩和积极活动 4 类休闲生活方式对于健康的正向影响④。

从一般理解来看,身体健康固然重要,而心理或精神健康对于人们的生存状况同样具有深远影响。在国外休闲研究领域,休闲生活方式对于人们心理健康的影响得到了诸多学者的关注。Kirkcaldy 和 Coope(1993)以英国和德国

---

① BURCH W. R. The Social Circles of Leisure: Competing Explanations[J]. Journal of Leisure Research, 2009, 41(3): 313 – 335.

② PAYNE L. L., MOWEN, A. J., Julian, M.-R. The Role of Leisure Style in Maintaining the Health of Older Adults with Arthritis[J]. Journal of Leisure Research, 2006, 38(1): 20 – 45.

③ CHENG J.-S., YANG, M.-C., Ting, P.-H., et al. Leisure, Lifestyle, and Health-related Physical Fitness for College Students[J]. Social Behavior and Personality, 2011, 39(3): 321 – 332.

④ YANG M.-C., CHENG, J.-S., Yu, S.-W. Leisure Lifestyle and Health-related Quality of Life of Taiwanese Adults[J]. Social Behavior and Personality, 2012, 40(2): 301 – 317.

的管理者为研究对象,考察了工作压力和休闲生活方式的关系[1],结果却发现,休闲活动并未在工作压力与心理健康关系中发挥干扰作用。他们进一步指出,文化对于工作—休闲的平衡产生了重要的影响。不同的是,英国管理者往往将休闲生活方式视为工作的延伸(carryover),而德国的管理者则将其视为工作的补偿(compensation)。Han(2011)通过识别缓解青年人抑郁情绪状态的 4 种休闲生活方式,即消极休闲、失范休闲、工作相关的休闲活动以及积极休闲,进而验证了不同休闲生活方式对感知心理健康影响方面的差异[2]。Sohn(2011)则考察了大学生积极、消极和成瘾的休闲生活方式,并且发现心理健康在上述 3 种休闲生活方式中存在显著差异[3]。Mannell 等人(2002)研究了积极休闲生活方式对于心理健康的影响,指出积极的休闲生活方式能够减轻工作载荷的负面影响,这在一定程度上有利于缓解角色压力和促进身心健康[4]。

(二)休闲生活方式对生活质量的影响

生活满意度和主观幸福感是衡量生活质量优劣的极为重要的主观标准,休闲生活方式与生活满意度和主观幸福感的关系研究因而成为国外相关学者研究的重要内容。有学者对休闲生活方式之于生活质量的影响机制展开研究,如 Heintzman 和 Mannell(2003)研究了休闲生活方式对主观幸福感的影响[5],认为休闲生活方式能够发挥其精神功能,如神圣化(sacrilization)、压抑回避(repression avoidance)和地方感(sense of place),从而维持和提高主观幸福感,而上述精神功能亦是改善时间压力对主观幸福感负面影响的有效适应策略。

针对不同群体,对休闲生活方式和生活质量关系进行考察是国外学者常用的研究路径。Nam 和 Kimmeehye(2014)讨论了休闲生活方式、退休准备以及

① KIRKCALDY B. D. COOPER C. L. The Relationship between Work Stress and Leisure Style-British and German Managers[J]. Human Relations,1993,46(5):669-680.
② HAN J.-S. Exploring Leisure Styles to Relieve a Depressed Mood State:Focusing on Young Adults[J]. Journal of Tourism and Leisure Research,2011,23(2):327-344.
③ SOHN Y. M. The Effect of Leisure Lifestyle on Leisure Consumption and Psychological Characteristics among University Students[J]. Korean Journal of lesure & recreation,2011,35(2):33-48.
④ MANNELL R. C.,et al. Older Adults Caring for Older Adults:Physically Active Leisure Lifestyles as a Coping Resource for the Health of Caregivers[J]. Loisir et Société/Society and Leisure,2002,25(2):397-420.
⑤ HEINTZMAN P.,MANNELL R. C. Spiritual Functions of Leisure and Spiritual Well-Being:Coping with Time Pressure[J]. Leisure Sciences,2003,25(2-3):207-230.

配偶的休闲活动对生活满意度的影响[①],结果发现,退休准备和自由时间的安排在休闲生活方式与生活满意度关系中发挥中介作用。Joo 和 Kim(2013)研究了大学生休闲生活方式、休闲满意度和生活满意度的结构关系[②],发现休闲生活方式中的休闲无助、感官追求、理性计划和关系中心显著影响休闲满意度,而休闲满意度在休闲无助、理性计划、家庭中心和关系中心与生活满意度关系中发挥中介作用。Gagliardi 等人(2012)则是基于 5 年的追踪数据,研究了老年人休闲生活方式和满意度的改变[③],结果发现,有组织的和户外的休闲生活方式能够带来更高的满意度,然而受老年人身体健康状况日趋恶化的影响,他们越来越倾向于选择室内休闲为主的生活方式,这在一定程度上对老年人的生活质量产生不利影响,建议通过优化休闲生活方式的选择机制加以缓和。

另外,还有学者针对不同的休闲参与类型,探讨休闲生活方式对于生活质量提升的意义。Han(2009)以水上休闲运动参与者为研究对象,考察了休闲生活方式对畅爽体验和生活满意度的影响[④],指出休闲生活方式的活动类型通过达成畅爽体验,进而影响生活满意度。Kang(2010)验证了不同类型的休闲生活方式,包括身体为主、精神为主和社会文化类休闲活动,对于主观幸福感和生活满意度的正向影响。Yi(2005)则分析了看电视这一大众休闲方式对于人们生活的意义,认为它能够促进家庭关系的和谐,因此大众休闲生活方式可以看作是生活质量提升的基础[⑤]。

四、研究述评

基于对国外休闲生活方式研究文献的回顾和梳理,我们可以看出,国外研究起步较早,成果较多,迄今为止,学者们从概念界定、量表构建到实证检验均进行了大量的探讨和研究。具体表现为以下三点。

第一,早在 20 世纪七八十年代,与西方社会经济发达水平相适应,国外学者

① NAM S., KIMMEEHYE. The Influences of a Leisure Lifestyle, Retirement Preparation, and Leisure Activities with a Spouse on the Life Satisfaction of Baby Boomers[J]. Journal of the Korea Gerontological Society, 2014, 34(1): 183 - 203.

② JOO H.-C., KIM S.-H. The Relationship among Leisure Life Style, Leisure Satisfaction and Life Satisfaction of College Students[J]. Korean society for Wellness, 2013, 8(4): 57 - 72.

③ GAGLIARDI C., et al. Changes in Leisure Styles and Satisfaction of Older People: A Five Years Follow-up[J]. International Journal of Aging & Human Development, 2012, 75(3): 185 - 215.

④ HAN T. Y. Effect of Leisure-Life Style on Flow and Life Satisfaction of Water Leisure Sports Participants[J]. The Korean Society of Sports Science, 2009, 18(4): 549 - 559.

⑤ YI H.-S. The Actual Condition and Meaning of Media Leisure-centering on TV after 5 Days Work-week[J]. Korean Journal of lesure & recreation, 2005, 29(2): 133 - 142.

即开始关注休闲生活方式问题的研究,给出了休闲生活方式的概念。然而长期以来,学者们对休闲生活方式的测量和考察主要是基于其概念展开的,休闲生活方式量表的开发、评估和检验还只是近10年的事情。

第二,休闲生活方式在年龄、性别、民族/种族等人口统计学特征,以及由职业、收入和教育等综合反映的社会阶层方面存在显著差异。国外学者从社会统计调查、基于特定理论的实证分析,到理论假设的提出和验证等方面,均进行了严谨而扎实的研究工作。

第三,休闲生活方式对人的身体、心理或精神健康具有积极和深远的影响,并且与生活满意度和主观幸福感表征的生活质量有着紧密的正向关联,这在不同群体、不同休闲参与类型等方面都得以证实。同时,学者们对休闲生活方式对生活质量的影响机制问题也进行了探索性研究。

不难发现,国外相关研究在研究范式上大多基于社会心理学的单维视角,通过问卷调查予以测量和统计分析,进而研究休闲满意度的影响因素,以及其与生活满意度、生活质量等的关系,这在某种程度上仍然存在一定的研究局限。

第二节 休闲满意度研究进展

西方社会很早就认识到,“休闲是一切事务环绕的中心”(亚里士多德),是人类生活不可或缺的重要内容,因而获得理想的休闲满意度自然成为人类生活的核心目标之一。休闲满意度指的是休闲体验对休闲需要的满足程度,它是休闲社会心理研究的核心概念和变量[①]。在国外休闲研究领域,休闲的体验本质得到学者们的普遍认同,如伊索阿霍拉(Isoahola)认为,休闲从根本上是一种有益于个人健康发展的内心体验[②];奇克森特米哈伊(Csikszentmihalyi)则进一步指出,“休闲能够为人们实现自我、追求高尚的精神生活、获得畅爽(flow)或心醉神迷(ecstasy)的心灵体验提供机会[③]”。正是基于与休闲体验本质存在关联的共同特征,休闲满意度跟休闲需要、休闲动机、休闲态度及休闲限制和协商策略等共同构成了休闲行为研究的社会心理基础,受到休闲学界的高度关注,并一度成为社会科学领域研究的重要议题和学术热点。

① ISOAHOLA S. E. Social Psychological Perspectives on Leisure and Recreation[M]. Springfield: Bannerstone House, 1980.

② ISOAHOLA S. E. Social Psychological Perspectives on Leisure and Recreation[M]. Springfield: Bannerstone House, 1980.

③ CSIKSZENTMIHALYI M. Flow: The Psychology of Optimal Experience[M]. New York: Harper Perennial, 1990.

值得欣喜的是,现如今休闲已成为一种普遍的社会现象,并逐渐转化为人们生活方式的重要组成部分。在国外,欧美发达国家或已于2015年前后步入休闲社会;在我国,《国民旅游休闲纲要(2013—2020)》的颁布实施将极大刺激国民的休闲需求,"大众旅游时代"即将到来。在此背景下,重新审视和开展休闲满意度的研究,探讨休闲对于人们生活质量的影响,无疑具有非常重要的现实意义。综观国内休闲满意度的现有文献①,我们发现,国内学者对于休闲满意度的关注只有10年左右的时间,研究内容主要集中在两个方面。一是城市居民休闲满意度的调查研究。如楼嘉军等从休闲环境和休闲活动两个层面对上海、武汉和成都城市居民的休闲满意度进行了比较分析②;李享等针对北京城市空巢老人群体,研究了其休闲方式和休闲生活的满意情况③;蒋艳通过访谈和问卷调研,分析了杭州市小河直街历史街区居民社区休闲的满意度④。二是休闲满意度的影响机制探析。宋瑞构造了时间、收入、休闲与生活满意度的结构方程模型,研究了休闲活动参与和休闲消费支出对生活满意度的影响⑤;宋子千和蒋艳基于对休闲满意度与休闲生活满意度的概念辨析,以杭州为案例分析了中国城市居民休闲生活满意度状况及其影响机制⑥;宋瑞基于2013年"中国国民休闲状况调查"的数据,分析了休闲动机、休闲活动参与、休闲满意度对生活满意度的影响⑦。

从上述文献可以看出,国内学者对休闲满意度问题的关注度在逐步提高,并进行了一定的调查研究和探索性分析,然而尚未形成一致的研究框架和理论建构。鉴于此,本研究拟对国外休闲满意度文献进行研究述评,汲取相关学术成果和经验,以期为国内研究提供借鉴和参考。我们在"Web of Science核心合集数据库"中以"leisure satisfaction"进行题名检索,共检索到论文45篇(截至2016年2月29日)。进一步,我们还对该45篇文献的参考文献以及施引文献进行了追踪分析。基于上述研究文献,从休闲满意度的概念着手,梳理了休闲满意度量

---

① 此处主要是指中国大陆学者发表于中文期刊的休闲满意度相关文献。由于中国台湾地区研究关注点与国外相对吻合,故将其纳入综述范围。

② 楼嘉军,徐爱萍,岳培宇.城市居民休闲活动满意度研究——上海、武汉和成都的比较分析[J].华东经济管理,2008,22(4):32-38.

③ 李享,宁泽群,马惠娣,等.北京城市空巢老人休闲生活满意度研究——以北京市三大典型社区为例[J].旅游学刊,2010,25(4):76-83.

④ 蒋艳.居民社区休闲满意度及其影响因素研究——以杭州市小河直街历史街区为例[J].旅游学刊,2011,26(6):67-72.

⑤ 宋瑞.时间、收入、休闲与生活满意度:基于结构方程模型的实证研究[J].财贸经济,2014,35(6):100-110.

⑥ 宋子千,蒋艳.城市居民休闲生活满意度及其影响机制:以杭州为例[J].人文地理,2014,29(2):53-60.

⑦ 宋瑞.休闲与生活满意度:基于全国样本的实证分析[J].中国软科学,2014,29(9):55-66.

表的发展及其应用,重点总结了休闲满意度的影响因素,以及休闲满意度与生活满意度和生活质量的关系。

一、休闲满意度的概念与测量

(一) 休闲满意度概念的提出

国外关于休闲满意度的研究至少可以追溯到 20 世纪 70 年代,如哈维奥·莫妮卡(Haavio-Monnika)当时即探讨了男性和女性在家庭、工作、休闲和生活满意度方面的异同[1]。彼尔德和罗吉德(Beard & Raghed)将休闲满意度明确定义为"从事休闲活动和进行休闲选择时形成或获得的一种积极的感知结果[2]"。他们认为,休闲满意度是个体对察觉或未察觉的需要,以及自身休闲体验和境况的满足程度。通过休闲满意度的测量,了解个体是否从他们参与的休闲活动中获得了期望的效益,考察休闲活动是否满足了他们的需要,可以判断和预测他们是否乐意参与这些活动,或者使他们发展与满意度水平相当的休闲活动,甚至增强对休闲活动的选择[3]。可以看出,国外学者眼中的休闲满意度,主要还是基于需要—动机—行为—满足需要逻辑的休闲活动满意度,衡量的是休闲活动和休闲体验满足休闲需要的程度,休闲满意度高的可能结果则是参与者对休闲活动的重复选择。

(二) 休闲满意度量表及其应用

彼尔德和罗吉德(Beard & Raghed)在提出休闲满意度概念的同时,构造了休闲满意度量表(Leisure Satisfaction Scale,简称 LSS),用以测量个体通过休闲活动使得特定需要被满足的程度。该量表涵盖了心理(psychological)、教育(education)、社会(social)、放松(relaxation)、生理(physiological)和审美(aesthetic)6 个维度、51 个题项。其中,心理维度 13 个题项,主要衡量感兴趣、自信心、成就感、不同技能的使用等方面;教育维度 12 个题项,主要衡量增加知识、尝试新事物的机会、了解自己、向他人学习等方面;社会维度 11 个题项,主要衡量社会互动、发展亲密关系、人们是友好的、与他人联系的加强等方面;放松维度 4 个题项,包含放松、缓解压力、幸福感、喜欢参与的衡量;生理维度 6 个题项,

①　HAAYIO-MONNIKA E. Satisfaction with Family, Work, Leisure and Life among Men and Women[J]. Human Relations, 1971, 24(6): 585-601.

②　BEARD J. G., RAGHEB M. G. Measuring Leisure Satisfaction[J]. Journal of Leisure Research, 1980, 12(1): 20-33.

③　KARLI U., POLAT E., YILMAZ B., et al. Reliability and Validity Study of Leisure Satisfaction Scale (LSS-Long Version)[J]. Hacettepe Journal of Sport Science, 2008, 19(2): 80-91.

包含身体挑战、有益健康、恢复健康、保持健康等的衡量；审美维度 5 个题项，主要衡量休闲场所清新干净、有趣、漂亮、设计优良等内容。此外，彼尔德和罗吉德还设计了休闲满意度量表的减缩版，包含 6 个维度、24 个题项。

彼尔德和罗吉德的休闲满意度量表一经提出就得到学术界的广泛应用，引用该量表进行的相关研究已有接近 300 项[1]。休闲满意度量表首先被广泛应用于西方国家人群的研究，如美国[2]、土耳其[3]和法国[4]等。不同的民族和种族[5]、非西方国家[6]以及跨国和跨文化[7]的休闲满意度研究，也大多采用该量表。此外，休闲满意度量表也被应用于一些特定群体，如：老年人[8]、向退休过渡的人群[9]、身体残疾[10]和智力疾病[11]的成年人等。部分文献根据研究的具体内容对彼尔德和罗吉德的休闲满意度量表进行了改编。如：卡利（Karli）等人进行了休闲满意度量表信度和效度的研究[12]，他们针对土耳其的样本，设计了包含 6 个维度、39 个题项的休闲满意度量表，其中，心理维度 8 个题项、教育维度 9 个题项、

[1] WALKER G. J., et al. A Prospective Panel Study of Chinese-Canadian Immigrants' Leisure Participation and Leisure Satisfaction[J]. Leisure Sciences, 2011, 33(5): 349 – 365.

[2] BERG E. C., SCHNEIDER I. E., ALLISON M. T. Dyadic Exploration of the Relationship of Leisure Satisfaction, Leisure Time, and Gender to Relationship Satisfaction[J]. Leisure Sciences, 2001, 23(1): 35 – 46.

[3] LAPA T. Y. Life Satisfaction, Leisure Satisfaction and Perceived Freedom of Park Recreation Participants[J]. Procedia-Social and Behavioral Sciences, 2013, 93(10): 1985 – 1993.

[4] LYSYK M., et al. Translation of the Leisure Satisfaction Scale into French: a validation study [J]. Occupational Therapy International, 2002, 9(1): 76 – 89.

[5] LAPA T. Y. Life Satisfaction, Leisure Satisfaction and Perceived Freedom of Park Recreation Participants[J]. Procedia-Social and Behavioral Sciences, 2013, 93(10): 1985 – 1993.; SPIERS A., WALKER G. J. The Effects of Ethnicity and Leisure Satisfaction on Happiness, Peacefulness, and Quality of Life[J]. Leisure Sciences, 2009, 31(1): 84 – 99.

[6] HOU J. J., et al. Agreeableness and Leisure Satisfaction in the Context of Online Games[J]. Social Behavior and Personality, 2007, 35(10): 1379 – 1384.; LU L., KAO S. F. Direct and Indirect Effects of Personality Traits on Leisure Satisfaction: Evidence from a National Probability Sample in Taiwan[J]. Social Behavior and Personality: an international journal. 2009, 37(2): 191 – 192.; LU L., HU C. H. Personality, Leisure Experiences and Happiness[J]. Journal of Happiness Studies, 2005, 6(3): 325 – 342.

[7] LIANG J., et al. Leisure Satisfaction and Quality of Life in China, Japan, and South Korea: A Comparative Study Using Asia Barometer 2006[J]. Journal of Happiness Studies, 2012, 14(3): 753 – 769.

[8] BROWN B. A., FRANKEL B. G. Activity through the Years-Leisure, Leisure Satisfaction, and Life Satisfaction[J]. Sociology of Sport Journal, 1993, 10(1): 1 – 17.

[9] PINQUART M., SCHINDLER I. Change of Leisure Satisfaction in the Transition to Retirement: A Latent-Class Analysis[J]. Leisure Sciences, 2009, 31(4): 311 – 329.

[10] KINNEY W. B., COYLE C. P. Predicting Life Satisfaction among Adults with Physical Disabilities[J]. Archives of Physical Medicine and Rehabilitation, 1992, 73(9): 863 – 869.

[11] LLOYD C., et al. The Leisure Satisfaction of People with Psychiatric Disabilities[J]. Psychiatric Rehabilitation Journal, 2001, 25(2): 107 – 113.

[12] WALKER G. J., et al. A Prospective Panel Study of Chinese-Canadian Immigrants' Leisure Participation and Leisure Satisfaction[J]. Leisure Sciences, 2011, 33(5): 349 – 365.

社会维度 8 个题项、放松维度 4 个题项、生理维度 6 个题项、审美维度 4 个题项。

二、休闲满意度的影响因素

当个体在选择或参与的休闲活动中形成积极感知结果时，即获得了休闲满意度。尽管如此，这种积极的感知结果仍然会由于某些特定因素而产生差异，并随着个体对休闲体验和境况满足程度的改变而改变。纵观以往的研究文献，休闲满意度的影响因素一直是学术界热衷探讨的重要话题。总结来讲，影响休闲满意度的因素主要包括人口统计学特征、个体心理因素以及休闲参与 3 个方面。

（一）人口统计学特征

人口统计学特征主要包括年龄、性别、民族/种族、社会阶层（如教育、收入、职业）和家庭结构（婚姻状况、家庭成员）等变量。一系列人口统计学变量相互关联，成为休闲活动形式和休闲满意度的重要影响指标[1]。早在 20 世纪 80 年代，伊索阿霍拉（Isoahola）等人即开展了对休闲满意度影响因素的研究[2]。他们认为，从理论上讲，休闲满意度的决定因素可以分为体验相关和体验非相关因素。对于体验非相关因素，一个实证方法是在既定的时间和情境中（如教室、办公室或家中），询问不同群体的休闲满意等级，从而考察人口统计变量对休闲满意度的影响。他们的研究进一步发现，在不考虑任何特定休闲体验的前提下，单纯的人口统计学特征并不会对休闲满意度产生影响，然而纳入休闲体验因素之后，休闲满意度出现性别和教育程度方面的差异。

以往文献在人口统计学特征对休闲满意度影响研究方面并没有得出一致的结论。年龄与休闲满意度的联系一般认为存在正向影响，但也可能是反向的[3]，这依赖于每一种文化和经济状况的不同视角。然而布朗和弗兰克尔（Brown & Frankel）基于加拿大中等城市成年人随机样本的自我报告数据，考察了休闲活动参与、休闲满意度和生活满意度的关系[4]。结果发现，休闲满意度对生活满意

①　SPIERS A., WALKER G. J. The Effects of Ethnicity and Leisure Satisfaction on Happiness, Peacefulness, and Quality of Life[J]. Leisure Sciences, 2009, 31(1): 84-99. AGATE J. R. Family Leisure Satisfaction and Satisfaction with Family Life[J]. Journal of Leisure Research, 2009, 41(2): 205-223.
②　ISOAHOLA S. E., et al. Experience-Related Factors as Determinants of Leisure Satisfaction[J]. Scandinavian Journal of Psychology, 1982, 23(2): 141-146.
③　PAIVA M. F. R., NETO F., SASTRE M. T. M., et al. Life Domain Satisfaction: A Portugal-France Comparison[J]. Social Indicators Research, 2009, 94(1), 173-181.
④　BROWN B. A., FRANKEL B. G. Activity through the Years-Leisure, Leisure Satisfaction, and Life Satisfaction[J]. Sociology of Sport Journal, 1993, 10(1): 1-17.

度产生直接和间接的影响,然而并不会随着年龄的增长而发生变化,但是却存在性别上的差异,主要表现为女性休闲活动参与对生活满意度的影响更大。切利克(Celik)等人测量了残疾人游憩活动中人口统计变量对休闲满意度的影响[1],与上述结论不同的是,该研究发现休闲满意度量表的社会维度存在性别差异,而心理维度却存在年龄上的差异。拉帕(Lapa)对公园游憩参与者的研究则证实了性别对休闲满意度不存在显著影响,而休闲满意度在年龄和收入上则存在差异[2]。此外,拉帕(Lapa)等人还通过比较来自两所不同大学学生的休闲满意度,发现仅女生样本显示两组学生在休闲满意度总体水平及休闲满意度 6 个维度(心理、教育、社会、放松、生理和审美)之间存在差异[3]。

关于职业和收入对休闲满意度的影响,卡波诺夫(Kabanoff)并未发现休闲满意度在职业上的不同[4];梁(Liang)等人通过中日韩休闲满意度的比较研究,认为收入、健康等对 3 个国家居民的休闲满意度均存在显著影响[5]。此外,中西方关于休闲满意度的人口统计学差异在某些方面的研究结论也不尽相同。如在性别方面,西方学者认为,由于女性休闲时间经常受到家庭中社会期望角色的限制,往往处于不利地位,而宗教信仰可能会影响到个体的休闲满意度。不过在台湾,研究发现年龄和性别对休闲满意度几乎没有影响,这与上述结论截然不同,而高教育水平、已婚、健康和孩子较少的人群往往对休闲时间更为满意[6]。

(二) 个体心理因素

关于个体心理因素对休闲满意度的影响,国外大多文献主要关注的是人格特质方面。侯(Han)等人通过考察在线游戏情境中的愉悦感和休闲满意度,认为人格特质(主要指愉悦感维度)对休闲满意度具有显著影响[7]。陆和胡(Lu &

---

① CELIK G., et al. Leisure Constraints and Leisure Satisfaction in the Recreational Activities of Employees with Disabilities[J]. South African Journal for Research in Sport Physical Education and Recreation, 2014, 36(2): 33 - 46.

② LAPA T. Y. Life Satisfaction, Leisure Satisfaction and Perceived Freedom of Park Recreation Participants[J]. Procedia-Social and Behavioral Sciences, 2013, 93(10): 1985 - 1993.

③ LAPA T. Y., et al. A Comparison of Leisure Satisfaction Levels of Students from Different Universities in Relation to Some Variables[J]. Energy Education Science and Technology Part B-Social and Educational Studies, 2012, 4(4): 2559 - 2566.

④ KABANOFF B. Occupational and Sex-Differences in Leisure Needs and Leisure Satisfaction[J]. Journal of Occupational Behaviour, 1982, 3(3): 233 - 245.

⑤ LIANG J., et al. Leisure Satisfaction and Quality of Life in China, Japan, and South Korea: A Comparative Study Using Asia Barometer 2006[J]. Journal of Happiness Studies, 2012, 14(3): 753 - 769.

⑥ TSOU M. W., LIU J. T. Happiness and Domain Satisfaction in Taiwan[J]. Journal of Happiness Studies, 2001, 2(3): 269 - 288.

⑦ HOU J. J., et al. Agreeableness and Leisure Satisfaction in the Context of Online Games[J]. Social Behavior and Personality, 2007, 35(10): 1379 - 1384.

Hu)则研究了人格特质、休闲涉入、休闲满意度和主观幸福感的结构关系[①],发现外倾性显著正向影响休闲满意度,而神经质则对休闲满意度具有负向效应。路和考(Lu & Kao)基于台湾随机抽样的数据,讨论了人格特质对休闲满意度的直接和间接效应[②],结果发现,外倾性和神经质人格特质对休闲满意度均具有直接影响,并且外倾性人格特质对休闲参与—休闲满意度关系具有显著干扰效应。从这些文献可以看出,由于休闲满意度与休闲需要、休闲体验直接相关,这必然引起个体异质性的存在,而人格特质正是区别个体间差异的主要因素,因此将会对休闲满意度产生不同程度的影响。

(三) 休闲参与因素

在休闲满意度研究的早期文献中,学者们认为休闲参与和休闲满意度存在双向关系。有研究发现休闲满意度影响休闲参与[③],而有的研究则认为休闲参与影响休闲满意度[④]。最近的研究更倾向于探讨休闲参与对休闲满意度的影响,如:沃克(Walker)等人通过对移民加拿大的中国人休闲参与和休闲满意度的研究,发现休闲参与对休闲满意度能够产生长期影响[⑤],也就是说,休闲参与不仅与目前的休闲满意度有关,而且会对将来的休闲满意度产生影响。

在国外休闲参与对休闲满意度影响的相关文献中,有学者专门针对青少年群体进行了实证研究。陈(Chen)等人检验了台湾青少年休闲动机和休闲涉入对休闲满意度影响的因果模型[⑥],研究发现,休闲涉入关乎对休闲或游憩的思考和认识,从而影响休闲参与行为[⑦]。当休闲涉入存在于休闲动机—休闲满意度模型中

① LU L., HU C. H. Personality, Leisure Experiences and Happiness[J]. Journal of Happiness Studies, 2005, 6(3): 325 – 342.

② LU L., KAO S. F. Direct and Indirect Effects of Personality Traits on Leisure Satisfaction: Evidence from a National Probability Sample in Taiwan [J]. Social Behavior and Personality: an international journal. 2009, 37(2): 191 – 192.

③ LOSIER G., BOURQUE P. & VALLERAND R. A Motivational Model of Leisure Participation in the Elderly[J]. Journal of Psychology, 1993, 127(2): 153 – 170.

④ RAGHEB M., GRIFFITH C. The Contribution of Leisure Participation and Leisure Satisfaction to Life Satisfaction of Older Persons[J]. Journal of Leisure Research, 1982, 14(4): 295 – 306.; RAGHEB M., TATE R. A Behavioural Model of Leisure Participation, Based on Leisure Attitude, Motivation and Satisfaction[J]. Leisure Studies, 1993, 12(1): 61 – 70.

⑤ WALKER G. J., et al. A Prospective Panel Study of Chinese-Canadian Immigrants' Leisure Participation and Leisure Satisfaction[J]. Leisure Sciences, 2011, 33(5): 349 – 365.

⑥ CHEN Y. C., et al. Relationships among Adolescents' Leisure Motivation, Leisure Involvement, and Leisure Satisfaction: A Structural Equation Model[J]. Social Indicators Research, 2013, 110(3): 1187 – 1199.

⑦ HAVITZ M. E., DIMANCHE F. Leisure Involvement Revisited: Conceptual Conundrums and Measurement Advances[J]. Journal of Leisure Research, 1997, 29(3): 245 – 278.

时,其对两者关系产生干扰作用,具体而言,休闲涉入程度较高的青少年休闲满意度也高,并且能够就是休闲满意度 92% 的变异。申和游(Shin & You)则考察了休闲类型对青少年休闲满意度的影响[①],结果发现,男生的积极休闲(如运动休闲)对休闲满意度存在正向影响,而女生的积极休闲除了存在正向影响外,消极休闲(如案头休闲)和社会休闲(如和朋友在一起)对休闲满意度却发挥负面作用。

部分学者基于深度休闲(Serious Leisure)理论,研究其对休闲满意度的影响。程(Cheng)以澳大利亚老年人的休闲园艺活动为例,探讨了深度休闲、业余爱好和随意休闲与休闲满意度的关系[②],结果发现,深度休闲水平的园艺参与者具有最大的满意度,休闲满意度 6 个维度的分析则认为,放松维度的满意度最高,同时随意休闲的审美满意度最高,而深度休闲和业余爱好的心理满意度最高。刘和于(Liu & Yu)基于对中国大学生的考察,发现在休闲满意度的每个层面和整体休闲满意度方面,深度休闲参与者满意度显著高于非深度休闲参与者。与上述研究结论不同的是,深度休闲参与的社会维度满意度最高,而非深度休闲参与的放松维度满意度最高[③]。此外,杨(Yang)等人通过研究在线游戏娱乐中认真(conscientiousness)对休闲满意度的影响,结果却发现,认真的休闲参与对休闲满意度的 6 个维度均具有显著影响[④]。

另外,也有学者从其他不同的视角来研究和分析休闲参与和休闲满意度的关系。林(Lin)等人构建了基于"工作需求—控制—支持"理论的"工作—休闲"冲突中介模型,并实证检验了"工作—休闲"冲突对工作压力和休闲满意度关系的部分中介作用,认为低工作负荷和灵活的休息时间有助于缓解"工作—休闲"冲突,从而提高休闲满意度,而更大的同事支持同样有利于休闲满意度的提高[⑤]。平奎特和辛德勒(Pinquart & Schindler)运用潜分类方法研究了退休过渡群体休闲满意度的改变,结果发现,退休并未降低老年人的休闲满意度,甚至大多数人的休闲

---

① SHIN K., YOU S. Leisure Type, Leisure Satisfaction and Adolescents' Psychological Wellbeing [J]. Journal of Pacific Rim Psychology, 2013, 7(2): 53 - 62.

② CHENG H. P. Serious Leisure, Leisure Satisfaction and Gardening by Older Adults[D]. School of Tourism, University of Queensland, 2010.

③ LIU H. M., YU B. Serious Leisure, Leisure Satisfaction and Subjective Well-Being of Chinese University Students[J]. Social Indicators Research, 2015, 122(1): 159 - 174.

④ YANG M. F., et al. An Empirical Study of the Effect of Conscientiousness on Leisure Satisfaction When Playing Online Games[J]. Social Behavior and Personality, 2008, 36(5): 659 - 664.

⑤ LIN J. H., et al. The Role of Work-to-leisure Conflict in Promoting Frontline Employees' Leisure Satisfaction[J]. International Journal of Contemporary Hospitality Management, 2015, 27(7): 1539 - 1555.

满意度得到一定程度的提升。同时,由于退休环境和可得的个体资源的差异,休闲满意度的改变也出现不同的形式,那些退休前失业、身体状况不好、社会经济地位较低的老年人休闲满意度相对较低①。

三、休闲满意度与生活满意度和生活质量的关系

上述文献更多的是探讨影响休闲满意度大小和变化的诸多因素,而在国外有关休闲满意度的研究文献中,学者们也将休闲满意度作为前因变量或中介变量、调节变量进行了大量的研究,而这些研究主要集中在休闲满意度与生活满意度、生活质量关系的研究方面。

(一)休闲满意度与生活满意度的关系

休闲是人们生活中必不可少的一部分内容,从某种意义上讲,休闲满意度也是生活满意度的一种测量。甚至可以说,休闲满意度是生活满意度中尤为重要的衡量标准之一,"在生活满意度的决定因素中,休闲满意度更为重要②"。现有文献中不乏休闲满意度和生活满意度关系的研究③,许多研究主要针对不同的群体展开,如老年人(Chen,2001;Hawkins,et al.,2004;Subasi & Hayran,2005;Sener et al.,2007;Nimrod,2007;Ekstrom,et al.,2011;Adams,et al.,2011)、病人(Ram irez-Marrero,et al.,2004;Edwards,et al.,2006)和孩子(Poulsen,et al.,2006,2008)④。

对于两者关系的考察,大多研究显示出休闲满意度对生活满意度的正向影响,这在不同国别的样本中均已得到证实,如:加拿大⑤、美国⑥、土耳其⑦、大不

①　PINQUART M.，SCHINDLER I. Change of Leisure Satisfaction in the Transition to Retirement: A Latent-Class Analysis[J]. Leisure Sciences,2009,31(4):311-329.

②　RIDDICK C. C. Leisure Satisfaction Precursors[J]. Journal of Leisure Research,1986,18(4):259-265.

③　BROWN B. A.，FRANKEL B. G. Activity through the Years-Leisure, Leisure Satisfaction, and Life Satisfaction[J]. Sociology of Sport Journal,1993,10(1):1-17.；NIMROD G. Retirees' Leisure: Activities, Benefits, and Their Contribution to Life Satisfaction[J]. Leisure Studies,2007,26(1):65-80.；WANG E. S. T.，et al. The Relationship between Leisure Satisfaction and Life Satisfaction of Adolescents Concerning Online Games[J]. Adolescence,2008,43(169):177-184.

④　LAPA T. Y. Life Satisfaction, Leisure Satisfaction and Perceived Freedom of Park Recreation Participants[J]. Procedia-Social and Behavioral Sciences,2013,93(10):1985-1993.

⑤　BROWN B. A.，FRANKEL B. G. Activity through the Years-Leisure, Leisure Satisfaction, and Life Satisfaction[J]. Sociology of Sport Journal,1993,10(1):1-17.

⑥　CHICK G.，HOOD R. D. Working and Recreating with Machines: Outdoor Recreation Choices among Machine-tool Workers in Western Pennsylvania[J]. Leisure sciences,1996,18(4):333-354.

⑦　AGYAR E. Contribution of Perceived Freedom and Leisure Satisfaction to Life Satisfaction in a Sample of Turkish Women[J]. Social Indicators Research,2013,116(1):1-15.

列颠联合王国①以及中国台湾地区②。此外,部分学者还研究了休闲满意度对婚姻满意度③,以及情侣关系满意度的影响,如伯格、施耐德和艾莉森(Berg,Schneider & Allison)构造了同伴效应模型,研究了性别、闲暇时间和休闲满意度对情侣关系满意度的影响,不过发现同伴效应模型并非是解释休闲满意度对关系满意度影响的最简洁工具,休闲满意度对情侣关系满意度的影响不显著,并进一步指出,休闲满意度和情侣关系满意度更可能具有潜在的双向影响④。

另外,针对特定的休闲活动类型,学者们探讨了休闲满意度和生活满意度的关系。艾格特(Agate)基于家庭休闲的两种基本类型:核心和平衡⑤,研究了家庭休闲满意度对家庭生活满意度的影响,结果发现核心家庭休闲,也就是一般性的、日常的、低成本、相对容易开展的基于家庭地点的休闲活动,其满意度与家庭生活满意度紧密相关⑥。王(Wang)等人考察了热衷在线游戏的青少年群体休闲满意度和生活满意度的关系,发现休闲满意度的生理和审美维度与生活满意度显著正相关,而教育维度对生活满意度具有显著负向影响⑦。

(二)休闲满意度对生活质量的影响

休闲满意度和生活质量关系的研究,也是国外学者热衷探讨的话题。斯皮尔斯和沃克(Spiers & Walker)指出,休闲满意度可能是主观幸福感或生活质量最好的解释指标⑧。休闲对感知生活质量具有多层面的贡献⑨,恩盖(Ngai)即证

---

① HO J. T. S. Stress, Health and Leisure Satisfaction: The Case of Teachers[J]. International Journal of Educational Management, 1996, 10(1): 41-48.

② CHICK G., et al. Leisure Constraints, Leisure Satisfaction, Life Satisfaction, and Self-Rated Health in Six Cities in Taiwan[J]. Leisure Sciences, 2015, 37(3): 232-251.

③ HOLMAN T. B., JACQUART M. Leisure Activity Patterns and Marital Satisfaction: A Further Test[J]. Journal of Marriage and the Family, 1988, 50(1): 69-78.; JOHNSON H. A., ZABRISKIE R. B., HILL B. The Contribution of Couple Leisure Involvement, Leisure Time, and Leisure Satisfaction to Marital Satisfaction[J]. Marriage and Family Review, 2006, 40(1): 69-91.

④ BERG E. C., SCHNEIDER I. E., ALLISON M. T. Dyadic Exploration of the Relationship of Leisure Satisfaction, Leisure Time, and Gender to Relationship Satisfaction[J]. Leisure Sciences, 2001, 23(1): 35-46.

⑤ ZABRISKIE R. B., MCCORMICK B. P. Parent and Child Perspectives of Family Leisure Involvement and Satisfaction with Family Life[J]. Journal of Leisure Research, 2003, 35(2): 163-189.

⑥ AGATE J. R. Family Leisure Satisfaction and Satisfaction with Family Life[J]. Journal of Leisure Research, 2009, 41(2): 205-223.

⑦ WANG E. S. T., et al. The Relationship between Leisure Satisfaction and Life Satisfaction of Adolescents Concerning Online Games[J]. Adolescence, 2008, 43(169): 177-184.

⑧ SPIERS A., WALKER G. J. The Effects of Ethnicity and Leisure Satisfaction on Happiness, Peacefulness, and Quality of Life[J]. Leisure Sciences, 2009, 31(1): 84-99.

⑨ LLOYD C., et al. The Leisure Satisfaction of People with Psychiatric Disabilities[J]. Psychiatric Rehabilitation Journal, 2001, 25(2): 107-113.

实了中国澳门城市居民的休闲满意度与生活质量显著相关[①]。当然,学者的研究结论也并非完全一致,梁(Liang)等人通过对中日韩3个国家休闲满意度和生活质量的比较研究,探查了休闲满意度和生活质量的联系,结果却发现,只有南韩居民的休闲满意度正向影响生活质量[②]。

心理健康是生活质量的重要衡量指标。以往研究发现,心理健康的不同层面与休闲满意度存在正相关[③]。休闲通过提供应付工作压力的手段,对心理健康的诸多层面做出贡献[④]。皮尔森(Pearson)研究了工作满意度、休闲满意度与心理健康的关系,发现工作满意度和休闲满意度对心理健康具有显著的正向影响[⑤],他进一步指出,尽管工作满意度是心理健康较强的解释指标,然而工作满意度和休闲满意度的结合比单一的工作满意度对心理健康的解释力更强。皮尔森(Pearson)还针对职业女性群体进行了补充研究,同样证实了休闲满意度对心理健康的积极影响[⑥]。

此外,还有学者将休闲满意度作为中介变量,研究其对心理健康和生活质量的影响。切利克(Celik)等人以台湾六个城市为例,验证了休闲满意度对社会经济地位与自我评定健康关系的中介效应[⑦]。春(Chun)等人则探讨了休闲参与和休闲满意度对压力相关成长的影响,认为积极的休闲体验和休闲活动的特定类型(户外活动、身体活动、兴趣爱好和室内活动、文化活动和娱乐活动、家庭导向和社会活动、居民活动如社区服务和志愿活动)不但能够帮助人们适应各种压力,而且有助于相关成长(社会关系、个人资源、生活哲学和适应能力)的改变[⑧],进而影响生活质量的高低。

---

① NGAI V. T. Leisure Satisfaction and Quality of Life in Macao, China[J]. Leisure Studies, 2005, 24(2): 195 - 207.

② LIANG J., et al. Leisure Satisfaction and Quality of Life in China, Japan, and South Korea: A Comparative Study Using Asia Barometer 2006[J]. Journal of Happiness Studies, 2012, 14(3): 753 - 769.

③ KAUFMAN J. E. Leisure and Anxiety: A Study of Retirees[J]. Activities, Adaptation and Aging, 1988, 11(1): 1 - 10.

④ TRENBERTH L., DEWE P. The Importance of Leisure as a Means of Coping with Work Related Stress: An Exploratory Study[J]. Counselling Psychology Quarterly, 2002, 15(1): 59 - 72.

⑤ PEARSON Q. M. Job Satisfaction, Leisure Satisfaction, and Psychological Health[J]. Career Development Quarterly, 1998, 46(4): 416 - 426.

⑥ PEARSON Q. A. Role Overload, Job Satisfaction, Leisure Satisfaction, and Psychological Health among Employed Women[J]. Journal of Counseling and Development, 2008, 86(1): 57 - 63.

⑦ CELIK G., et al. Leisure Constraints and Leisure Satisfaction in the Recreational Activities of Employees with Disabilities[J]. South African Journal for Research in Sport Physical Education and Recreation, 2014, 36(2): 33 - 46.

⑧ CHUN S., et al. The Contribution of Leisure Participation and Leisure Satisfaction to Stress-Related Growth[J]. Leisure Sciences, 2012, 34(5): 436 - 449.

四、研究述评

通过对国外休闲满意度相关文献进行梳理和总结,从概念入手,回顾了休闲满意度量表的发展和应用,并重点阐述了休闲满意度的影响因素、休闲满意度与生活满意度和生活质量的关系,具体如下。

第一,早在 20 世纪七八十年代,与西方社会经济发达水平相适应,国外学者即开始关注休闲满意度问题的研究,给出了休闲满意度的概念,并构造了休闲满意度量表(LSS)。之后,大量研究对该量表进行了检验和应用,相关研究涵盖了对不同国家、不同民族/种族、不同群体休闲满意度的测量。

第二,人口统计学特征、个体心理因素及休闲参与对休闲满意度产生重要影响。具体而言:① 由于研究对象和样本选取等存在差异,人口统计学相关变量对休闲满意度的影响并没有形成一致的研究结论;② 在国外相关研究中,个体心理层面对休闲满意度的影响主要集中在对人格特质因素的探讨,并且一致认为人格特质显著影响休闲满意度;③ 休闲参与和休闲满意度的双向关系在研究文献中均已得到验证,然而更多研究则关注休闲参与对休闲满意度的影响。在这些研究中,学者们基于多维理论视角,如深度休闲理论、休闲涉入理论、"工作—休闲"冲突模型等,实证检验了不同休闲参与类型和程度对休闲满意度的具体影响。

第三,休闲满意度是生活满意度的衡量指标和重要组成部分,并与生活质量关系紧密。大量研究文献表明,休闲满意度对生活满意度和生活质量具有多层面的贡献,其中,休闲满意度对心理健康的积极影响得到了证实。

可以看出,国外休闲满意度研究起步较早、成果较多,但是研究视角和研究范式上略显单一,在某种程度上仍然存在一定局限。

第三章　上海居民休闲方式与满意度分析

本章主要以上海城市居民为研究对象，基于 2004 年和 2014 年两次调查数据，分析 10 年来上海居民在休闲方式、休闲活动选择影响因素及其满意度方面的差异和变化，旨在对上海居民的休闲状况有一个全面而翔实的把握，进而为上海休闲产业的规划和发展，以及城市居民休闲活动的开展提供借鉴和指导。

第一节　人口统计学特征

一、调查样本构成

2004 年与 2014 年两次调研样本的人口学基本信息包括性别、年龄、婚姻状况、文化程度、职业和收入等。两次调研样本人口统计学特征，见表 3-1。

二、受访对象的人口统计学特征

第一，性别构成。在 2014 年调研中，受访对象中男性所占比例为 49.68%，女性所占比例为 50.32%，男女比例基本持平。在 2004 年调研中，调研对象男性所占比例为 52.04%，女性所占比例为 47.96%，男女比例大致接近。在跨度 10 年的两次市场调查中，受访对象男女比例基本接近，为接下去的人口统计学特征分析奠定了比较好的基础。

第二，年龄构成。2014 年调研的对象主要是在职的、具有独立的经济来源的上海居民，与未进入社会的学生和年龄较大的离退休人员相比，他们的休闲具有很强的自主性和实现的保障性。样本中 18 岁以下所占比例为 1.62%，18~25 岁人群所占比例为 23.38%，26~35 岁人群所占比例为 39.61%，36~45 岁和 46~60 岁人群所占比例均为 16.56%，60 岁以上的老人所占的比例为 2.27%。在 2004 年，调研对象中样本构成是，18 岁以下比例为 1.49%，18~25 岁所占比例为 33.83%，26~35 岁所占比例为 34.20%，36~45 岁所占比例为 17.84%，

表 3-1 样本人口统计学特征(单位:%)

类别	选 项	2004 年	2014 年	类别	选 项	2004 年	2014 年
性别	男	52.04	49.68	婚姻状况	未 婚	49.81	44.65
	女	47.96	50.32		已 婚	50.19	55.35
年龄	18 岁以下	1.49	1.62	文化程度	初中及以下	1.86	1.30
	18~25 岁	33.83	23.38		高中(中专、职校)	17.47	15.31
	26~35 岁	34.20	39.61		本科及大专	72.86	69.06
	36~45 岁	17.84	16.56		硕士及以上	7.81	14.52
	46~60 岁	10.78	16.56	职业	企、事业单位职工	16.73	69.70
	60 岁以上	1.86	2.27		企、事业单位管理人员	38.29	11.00
月收入	1 000 元以下	11.52	4.29		公务员	3.35	3.88
	1 000~3 000 元	30.48	6.27		私营企业主、个体经营户	1.49	4.85
	3 000~5 000 元	29.74	31.35		学 生	14.50	4.53
	5 000~8000 元	15.99	33.66		自由职业者	3.35	3.24
	8 000~1 0000 元		10.23		离退休人员	—	2.91
	10 000~15 000 元		9.90		其他从业人员	22.30	7.12
	15 000~20 000 元	12.27	2.31				
	20 000 元以上		1.98				

46~60 岁所占比例为 10.78%,60 岁以上的老人所占的比例为 1.86%。相比于 2014 年,2004 年在 18~25 岁年龄段的受访者多了 10 个百分点,而在 26~35 和 46~60 岁两个年龄段各减少了 5 个百分点,总体看,没有根本性的改变。

第三,婚姻状况构成。2014 年调研中未婚人群所占比例为 44.65%,已婚人群占比为 55.35%。2004 年调研中未婚人群所占比例为 49.81%,已婚人群占比为 50.19%。

第四,个人月收入情况。在 2014 年调研对象中,受访者月收入在 1 000 元以下的为 4.29%、1 000~3 000 元为 6.27%、3 000~5 000 元为 31.35%、5 000~8 000 元为 33.66%、8 000~10 000 元为 10.23%、10 000~15 000 元为 9.90%、15 000~20 000 元为 2.31%、20 000 元以上所占比为 1.98%。在 2004 年调研对象中,收入在 1 000 元以下为 11.51%、1 000~3 000 元为 30.48%、3 000~5 000 元为 29.74%、5 000~8 000 元为 15.99%、8 000 元以上所占比重为 12.27%。

从受访者的收入状况看,10 年来上海居民的收入构成发生了显著变化,有两点值得关注。一是主体部分的收入构成发生了变化。2004 年收入在 1 000～3 000 元和 3 000～5 000 元两部分人群约占 60.22％,而到了 2014 年,收入在 3 000～5 000 元和 5 000～8 000 元两部分人群约占 65.11％。也就是说,10 年间,受访者中的主体部分的收入水平提高了一个台阶,这一变化意味着普通居民大众的休闲生活水平得到了明显提升。二是中高收入群体增幅迅速,集中表现在 8 000 元以上人群由 2004 年的 12.27％增长到 2014 年的 24.42％,增长了近一倍。中高收入群体规模激增,也与近年来上海消费市场中各种中高端休闲消费产品层出不穷的发展现状基本吻合。

第五,文化程度构成。在 2014 年调研样本中,初中及以下所占比例为 1.30％,高中(中专、职校)所占比例为 15.31％,本科及大专的人群所占比例最高,达到了 69.06％,而硕士及以上的人群所占比重也达到了 14.52％。在 2004 年调研样本中,初中及以下为 1.86％、高中(中专、职校)17.47％、本科及大专 72.86％、硕士及以上的人群为 7.81％。不难发现,经过 10 年的发展,上海居民的教育水平和文化素质有了比较明显的改善。一方面,表现为高中、初中及以下的低学历的人群出现了降低趋势;另一方面,硕士及以上高学历的受访人群比例明显增加,由 2004 年的 7.81％提升到 2014 年的 14.52％。

第六,职业构成。在 2014 年调研样本中,企事业单位职工所占比例最高,达到了 69.07％;有 11.00％的人员为企、事业单位管理人员;3.88％的调研对象为公务员;私营企业主、个体经营户人群所占比重为 4.85％;学生群体所占比重为 4.53％;自由职业者群体所占比重为 3.24％;离退休人员所占比重为 2.91％;而其他从业人员的比重为 7.12％。而 2004 年调研对象中企、事业单位职工比例为 16.73％,企、事业单位管理人员所占比例为 38.29％,公务员比例为 3.35％,私营企业主、个体经营户比例为 1.49％,学生比例为 14.50％,自由职业者所占比例为 3.53％,其他从业人员所占比例为 22.30％。

通过两次调研数据的比较可以发现两个比较明显的变化。一是 2014 年受访者中在企事业单位工作的人数约占 80％,比 2004 年的 55.02％高出将近 25 个百分点,这一职业构成数量的变化现象,既反映了上海作为我国特大城市在经济转型中曾经有过产业调整对社会人群职业构成的影响,又表明近年来上海第三产业与现代服务业的高速发展,形成受访者人群中间主体职业构成的新态势。二是其他形式的从业人员数量的变化,2014 年比 2004 年的 22.30％下降了 15 个百分点,也揭示了受访者人群的就业偏好向企事业单位回归的演变趋势。

总体而言,两次调研样本的男女比例均比较平均,年龄多集中在 18～60 岁
之间,具有稳定的收入,文化程度主要集中在大专及本科以上,职业多为企事业
单位职工和管理人员。从样本人口统计学特征可以看出,整个调研样本对于反
映上海城市居民休闲方式的基本特点提供了比较理想的基本素材。

第二节　休闲方式

一、休闲动机与休闲同伴

(一)休闲动机

休闲动机是影响居民选择休闲方式的重要因素。2004 年和 2014 年上海居
民参加休闲活动的主要动机,见表 3-2。

表 3-2　2004 年和 2014 年上海居民休闲动机调查情况

类别	放松身心、消除疲劳	开阔眼界、增长认识能力	增强与外界沟通、扩大交际	锻炼身体	审美愉悦、怡情养性	商务需要	消磨时间	其他
2004	30.08%	22.62%	14.40%	12.85%	12.34%	4.63%	3.08%	0.00%
2014	30.80%	20.50%	18.70%	7.00%	11.30%	9.60%	1.40%	0.70%

从表 3-2 可以看出,2004 年上海居民从事休闲动机的选择,最多的为"放
松身心、消除疲劳",所占比例为 30.08%;其次为"开阔眼界、增长认识能力",比
例为 22.62%。在八个选项中,两项合计约占 53.00%。选择"增强与外界沟通、
扩大交际"的比例为 14.40%;选择"锻炼身体"和"审美愉悦、怡情养性"的比例较
为接近,分别为 12.85% 和 12.34%;选择"商务需要"和"消磨时间"的比例较小,
分别为 4.63% 和 3.08%。

在 2014 年,居民休闲动机选择最多的仍为"放松身心、消除疲劳",占比为
30.80%;其次为"开阔眼界、增长知识能力",占比为 20.50%。在八个选项中,两
者之和约为 51%。从跨度 10 年的数据比较看,居民有关休闲动机的基本选择
倾向没有发生大的变化。

第一,从事休闲活动的主要动机仍然是"放松身心、消除疲劳",尽管延续了
10 年,却始终以 30% 左右的比例占据首位。对此可以从以下两方面进行理解。

首先,放松身心是休闲生活的一种常态。从当今人们的生活构成角度讲,休
闲已经成为工作、睡眠以及用于从事家务或必要的社会活动以外的第四生活状
态。作为生活的必要组成部分,休闲对人们而言已经不可或缺,而休闲最基本的

功能就是行动自由自在,精神无忧无虑,身体轻轻松松。因此,选择放松身心作为休闲的主要动机,既是人们享受朴实生活的一种自然体现,也是人们追求精神价值诉求的一种必然流露。

其次,休闲是调节工作压力与生活节奏的润滑剂。上海是我国公认的工作压力大、生活节奏快的城市之一。据一项"中国睡眠指数调查"结果显示,上海是睡得最少的城市,居民平均睡眠时间仅为 7 小时,排名倒数第一[①]。从受访者角度看,大多为工薪阶层,无论成家与否,承受着工作与生活的双重压力都是铁板钉钉的事实。这说明,上海居民把休闲活动作为缓解身体和心理疲劳、释放生活压力的主要动机,是一种必然的选择。

第二,位居休闲动机选择次席的是"开阔眼界、增长认识能力"。表明居民参加休闲活动比较注重形式与内容的统一,偏爱知识性与娱乐性的休闲方式,这有利于他们提升自我,发展自我。

第三,对通过休闲增强社交功能的动机选择比例有所提高,揭示了人们在一定程度上希望加强人际交往的一种内在渴望。

第四,利用休闲锻炼身体的动机选择比例相对减弱,反映出在较高的工作压力与较快的生活节奏双重挤压下,人们被迫压缩用于锻炼身体的休闲活动时间,牺牲身体健康,折射出人们的一种无奈之举的社会现象。

(二) 休闲同伴

休闲同伴选择反映了居民在日常的休闲活动过程中,与他人及群体之间形成的一种社会关系,体现了人们在休闲活动中偏重何种社会关系的一种价值取向。2004 年和 2014 年,上海居民休闲同伴选择倾向,见表 3 - 3。

表 3 - 3　2004 年上海市居民休闲同伴选择

类　　别	选　　项	2004 年	2014 年
	家　人	36.80%	43.83%
	朋　友	50.93%	42.53%
休闲同伴	同　事	5.95%	6.17%
	单　独	5.20%	5.84%
	其　他	1.12%	1.62%

---

① 李欣,徐寅冬.上海"睡得最少"？上班族叹工作压力大[EB/OL].新民网,http://shanghai. xinmin.cn/msrx/2014/03/21/23839528.html.

　　从表 3-3 可以看出,2004 年,受访者关于休闲同伴的选择比例最高的是"朋友",为 50.93％;其次是"家人",为 36.80％。两者合计,为 87.73％。2014年,选择"家人"的比例升至第一,为 43.83％;选择"朋友"的比例退居其次,为42.53％。两项之和为 86.36％,其他选项差别不大。

　　从 2004 年的数据看,受访者在选择休闲同伴时,选择朋友的比例高达50.93％,表现出强烈的往外走倾向。这也是当时大环境的必然反映。

　　一是从工作环境讲,经济改革逐步走向深入,就业岗位竞争不断激烈,工作压力与生活压力驱使人们需要宣泄,需要倾诉,朋友圈是一个不错的选择。那个时期,每当晚上 8 点左右,在闹市中心的一些酒吧、咖吧,总会看见不少刚刚下班的白领,西装革履,簇拥在一起喝啤酒,品咖啡,或娱乐,或聊天,或埋怨,或发泄,以便去除工作的烦劳。那个年代,泡吧成为青年白领的一种时尚[①]。

　　二是从人际环境讲,城市化加速发展,使得人们早已脱离了传统的家庭—单位之间两点一线的生活轨迹。人们日常的休闲行为和交往关系已经从传统的生活模式中分离出来了。

　　三是从娱乐环境讲,以卡拉 OK 为代表的各种娱乐场所如雨后春笋般涌现,为人们与朋友相聚的休闲活动提供了舒适的娱乐环境与宽敞的娱乐空间。

　　四是从居住环境讲,对许多家庭而言,居住条件尚未得到很大改善。据统计,在 2001—2004 年间,上海人均住房面积分别为 12.5、13.1、13.8 和 14.8 平方米[②],局促的居住环境是上海的普遍现象,对家庭日常休闲活动是一个极大的制约因素。显而易见,在人们日常休闲活动中,休闲同伴的主体主要是由家人与朋友构成。家庭成员体现了亲情关系,朋友圈子反映了友情空间。亲情与友情之合,覆盖了人们休闲生活的绝大部分时段与空间,因此,朋友和亲人成为陪伴人们人生的两大群体。

　　这说明,虽然近 10 年来上海居民参与休闲活动都以亲情或友情为感情基础,但重心发生了变化。上海居民对家庭的重视和对亲情的依恋上升为休闲活动的主要价值诉求,通过各类休闲活动增加与家人相处的机会、增进与家人的感情、促进家庭和睦、凝聚家庭向心力。

---

　　① 夜帝. 酒吧的霓虹灯醉了人的夜［EB/OL］. 新浪网. http://blog. sina. com. cn/s/blog_49d0ed22010003wg.html.
　　② 国家统计局国民经济综合统计司.中国区域经济统计年鉴(2001—2004)［M］.北京:中国统计出版社,2005.

二、活动倾向及群体差异

（一）休闲活动倾向

不同的时间情境对居民选择休闲活动的类型有重要影响。本研究设置了平时、周末和黄金周三个时间阶段，通过分段选择来调查上海居民休闲活动方式的选择偏好。其中，平时指周一到周五，周末指周六和周日，黄金周指春节、国庆节两个连续七天的休假周期①。2004 年与 2014 年上海居民休闲活动倾向选择统计结果，见表 3－4。

表 3－4　2004 年和 2014 年上海居民休闲活动选择(单位：%)

休闲活动	平　时		周　末		黄金周	
	2004 年	2014 年	2004 年	2014 年	2004 年	2014 年
旅游度假	2.97	6.13	5.95	8.80	24.54	23.65
参观访问	2.23	3.01	4.58	3.99	6.82	7.44
上网	27.88	23.82	19.33	13.77	12.14	12.24
电视		19.40		9.20		6.20
电影		12.40		15.10		8.00
演唱会/音乐会等		0.90		3.60		3.10
逛街、购物、饮食、闲聊	21.56	9.25	19.83	16.78	14.37	15.85
吧式消费(酒吧、咖吧、茶吧、氧吧)	3.22	2.43	5.70	4.11	2.35	2.16
养花草宠物	4.58	4.86	3.59	3.29	1.61	2.40
业余爱好(书画、阅读、摄影、收藏等)、桌游、棋牌	11.28	6.71	9.05	7.98	7.68	8.28
美容、家居装饰	3.35		4.58		3.35	
体育健身	10.16	8.32	10.16	7.16	5.95	4.92
社会活动(民间节庆、宗教活动、公益活动、走亲访友及各种场合的聚会)	3.59	1.50	6.82	4.11	12.14	3.60
休闲教育(学习美术、声乐、插花等)	2.11	0.58	3.84	1.17	2.35	1.32
其他	7.06	0.69	6.57	0.94	6.69	0.84

---

①　2004 年第一次调查时，有春节、"五一"和"十一"三个黄金周，"五一"黄金周随着 2008 年休假制度调整而取消。

从表3-4可以看出,2004年,在平时上海居民休闲活动的第一选择是上网、电视、电影、演唱会和音乐会等,占27.88%;其次选择是逛街、购物、饮食、闲聊,约为21.56%;第三选择是业余爱好(书画、阅读、摄影、收藏等)、桌游、棋牌等,比例是11.28%。三项合计占60.76%。到了周末,休闲活动选择占据第一的是逛街、购物、饮食、闲聊,为19.83%,位居次席的是上网、电视、电影、演唱会和音乐会等,为19.33%;位居第三的是体育健身,为10.16%。三项合计为49.32%。在黄金周期间,居民休闲活动选择最青睐的是旅游度假,为24.54%;其次是逛街、购物、饮食、闲聊,占14.37%;其三是上网、电视、电影、演唱会和音乐会等,为12.14%。三项合计是51.05%。值得注意的是,并列第三的还有社会活动(民间节庆、宗教活动、公益活动、走亲访友及各种场合的聚会)一项,说明人们从事社交活动的意愿也在增强。

2014年,在平时,居民休闲活动方式选择上最多的是上网、电视、电影、演唱会和音乐会等,占56.52%;接下来是逛街、购物等,为9.25%;第三位是体育健身,为8.32%。三项合计为74.09%。在周末,上网、电视、电影、演唱会和音乐会等,依然占据第一,为41.67%;第二位是逛街、购物,占16.78%;第三位是业余爱好,为7.98%。三项合计为66.43%。在黄金周,上网、电视、电影、演唱会和音乐会等,还是处于首位,占29.54%;外出旅游度假居其次,为23.65%;第三是逛街、购物和就餐等,为15.85%。三项合计为69.04%。

从居民休闲活动方式选择的变动可以看出以下几个特征。首先,在平时居民前三项休闲活动方式的选择比例高达60%以上,反映出居民的休闲活动方式具有鲜明的集中度和相似性特点,也从一个层面表明居民休闲活动方式选择的约束性特点比较明显。其次,从演变趋势看,到了周末或黄金周,居民前三项休闲活动方式的选择比例大致维持在50%左右,下降了10个百分点。也就是说,随着休闲时间的增多,居民休闲活动方式选择的自由性得到提升,选择的空间进一步扩大。再次,从不同时段看,居民休闲活动方式选择位次也有变化,如在平时,看电视等活动位居首位;在周末,逛街、外出就餐等活动名列第一,看电视等降为次席;到了黄金周,出门旅游度假毫无例外地成为第一选择,而看电视等活动又进一步退至第三。显然,居民休闲方式选择的位次变化,折射出一个比较清晰的演变轨迹,从平时到周末,再到黄金周,居民休闲活动方式在空间上,由室内走向室外;在形式上,由静态走向动态;在距离上,由近程走向远方。此外,从休闲活动方式的内容看,体育健身和社交活动也随着休闲时间的增加而成为居民重要的休闲内容。

(二) 群体差异

1. 性别

第一,平时休闲活动选择的差异。由于男性和女性在体能、心理等方面的差异,其选择的休闲活动也是不同的。本次调查结果显示,2004 年与 2014 年不同性别居民在平时休闲活动选择方面有一定的区别。需要说明的是,为保持 2004 年和 2014 年休闲活动选择比较的一致性,将上网、电视、电影、演唱会和音乐会等活动进行了合并,见表 3-5。

表 3-5　2004 年和 2014 年不同性别居民平时休闲活动选择一览表

休闲活动	男 性		女 性	
	2004 年	2014 年	2004 年	2014 年
旅游度假	2.56%	6.43%	3.33%	5.88%
参观访问	2.31%	3.10%	2.14%	2.94%
上网、电视、电影、演唱会/音乐会等	28.21%	56.43%	27.62%	56.56%
逛街、购物、饮食、闲聊	17.18%	5.71%	25.71%	12.44%
吧式消费	3.33%	2.14%	3.10%	2.71%
养花草宠物	5.64%	4.52%	3.57%	5.20%
业余爱好、桌游、棋牌	10.77%	8.81%	11.67%	4.75%
美容、家居装饰	0.51%	—	5.95%	—
体育健身	11.28%	10.95%	9.29%	5.88%
社会活动	3.33%	1.19%	3.81%	1.81%
休闲教育	1.54%	0.48%	2.62%	0.68%
其他	13.33%	0.24%	1.19%	1.13%

2004 年统计结果显示,不论男性或女性居民,在平时都比较热衷于"上网、电视、电影、演唱会和音乐会等"活动,男性居民选择比例为 28.21%,女性是 27.62%,占比均为第一,体现出高度的一致性。当然,在平时休闲活动的选择方面,也有比较明显的差异性。一是在逛街、购物与饮食方面,女性比男性高出将近 8 个百分点。二是在美容与家庭装饰方面,女性比男性多出 5 个百分点。在休闲活动选择的其他选项中,男性比女性多出 12 个百分点,表明男性居民对休闲活动多样性的渴望更趋强烈。

从 2014 年的调查数据分析看,相比于 10 年前的结果有比较明显的不同。

尽管男女居民在平时的休闲活动中,无不把"上网、电视、电影、演唱会和音乐会等"活动作为第一选择,但是值得注意的是,这一比例由10年前的27%～28%提升至56%左右,选择比例几乎增加了1倍,成为平时休闲活动中最核心、最主要的活动项目,这是非常令人吃惊的变化。由于这一项目组合选择比例的变化,势必对其他休闲活动项目选择的比例产生挤压作用。如在逛街、购物与饮食方面,女性的选择比例由10年前的25.71%,降落至12.44%,跌幅接近一半;而男性的选择比例也由17.18%,下降至5.71%,跌幅更大。

第二,周末休闲活动选择的差异。从数据看,居民依然把上网、电视、电影、演唱会和音乐会等活动作为周末的第一选项,不过相比于平时选择,增幅要降低10个以上百分点,其中女性更比男性减少3个百分点。主要活动选择比例的降低,意味着居民选择活动自由度的扩大。从第二与第三选择看,女性分别是逛街、购物、餐饮和旅游;而男性则是逛街、购物、餐饮和健身。男性在周末参加健身的比例要比女性多一倍,这也是所有数据中男女休闲活动对比最明显的地方,个中差异值得关注,见表3-6。

表3-6 2004年和2014年不同性别上海居民周末休闲活动选择情况

休闲活动	男 性		女 性	
	2004年	2014年	2004年	2014年
旅游度假	5.90%	8.27%	5.95%	9.15%
参观访问	5.13%	4.14%	4.05%	3.89%
上网、电视、电影、演唱会和音乐会等	19.49%	43.31%	19.29%	40.05%
逛街、购物、饮食、闲聊	17.18%	14.11%	22.38%	19.45%
吧式消费	4.62%	3.65%	6.67%	4.58%
养花草宠物	3.59%	2.19%	3.57%	4.35%
业余爱好、桌游、棋牌	10.00%	9.01%	8.10%	7.10%
美容、家居装饰	0.77%	—	8.10%	—
体育健身	12.05%	9.98%	8.33%	4.58%
社会活动	6.15%	3.89%	7.62%	4.35%
休闲教育	2.56%	0.97%	5.00%	1.37%
其他	12.56%	0.49%	0.95%	1.14%

第三,黄金周休闲活动选择的差异。2004年,男性在黄金周期间位居前三的活动分别是旅游度假(23.08%);逛街、购物与餐饮(13.08%);上网、电视、电

影等(11.28%),合计为47.44%。女性热衷的前三项活动在排序上与男性相似,但是比例依次是25.95%、15.71%、13.10%,总和是54.76%。相对而言,女性的活动集中度略高于男性。

2004年,"旅游度假"是男性和女性居民黄金周休闲方式的首选;男性对"参观访问""吧式消费""业余爱好、桌游、棋牌""体育健身"更为偏好,女性则更偏好"旅游度假""上网、电视、电影、演唱会和音乐会等""逛街、购物、饮食、闲聊""美容、家居装饰""社会活动";男性选择"其他"的比例高达13.08%,说明上海男性的休闲方式比女性更为多样。2014年,上海男性与女性居民在黄金周休闲方式偏好与2004年没有出现明显差异。2004年和2014年不同性别上海居民黄金周休闲活动选择情况,见表3-7。

表3-7 2004年和2014年不同性别上海居民黄金周休闲活动选择情况

休闲活动	男 性		女 性	
	2004年	2014年	2004年	2014年
旅游度假	23.08%	20.94%	25.95%	26.24%
参观访问	7.69%	8.13%	5.95%	6.86%
上网、电视、电影、演唱会和音乐会等	11.28%	28.57%	13.10%	30.50%
逛街、购物、饮食、闲聊	13.08%	15.02%	15.71%	16.78%
吧式消费	2.82%	2.22%	1.90%	2.13%
养花草宠物	1.28%	8.13%	1.90%	4.26%
业余爱好、桌游、棋牌	8.72%	5.17%	6.67%	4.02%
美容、家居装饰	0.26%	—	6.19%	—
体育健身	6.15%	6.90%	5.71%	2.84%
社会活动	10.26%	2.71%	13.81%	4.49%
休闲教育	2.31%	1.48%	2.38%	0.95%
其他	13.08%	0.74%	0.71%	0.95%

2. 年龄

第一,平时休闲活动选择的差异。2004年和2014年不同年龄群体上海居民平时休闲活动选择情况,见表3-8。一方面,在平时休闲活动选择上,18~25岁、26~35岁、36~45岁和46~60岁群体选择"上网、电视、电影、演唱会和音乐会等"的比例明显增加,分别从29.63%、29.75%、23.61%和22.99%上升为

61.48%、59.65%、56.38%和41.70%。近10年来互联网和移动互联网在中国的发展十分迅速,网民数量由2004年的1.73亿人增长到2014年的6.48亿,增加了2.75倍;移动互联网的发展速度更为迅速,2014年中国手机网民的规模达到了5.57亿,而在2007年6月此数据仅为4430万,7年间增加了12倍[①]。可以看出,互联网对各个年龄段居民的休闲方式具有巨大影响,很多居民选择上网冲浪、网络游戏、网上购物等作为平时的休闲方式。

表3-8　2004年和2014年不同年龄群体上海居民
平时休闲活动选择情况(单位:%)

休闲活动	年份	18岁以下	18～25岁	26～35岁	36～45岁	46～60岁	60岁以上
旅游度假	2004	8.33	1.85	4.30	2.78	2.30	0.00
	2014	6.67	3.87	6.14	4.96	8.84	11.11
参观访问	2004	8.33	2.22	1.08	2.08	4.60	6.67
	2014	6.67	1.95	3.91	0.00	3.46	12.22
上网、电视、电影、演唱会和音乐会等	2004	33.33	29.63	29.75	23.61	22.99	26.67
	2014	60.00	61.48	59.65	56.38	41.70	30.00
逛街、购物、饮食、闲聊	2004	8.33	24.07	23.30	18.75	16.09	13.33
	2014	6.67	10.05	8.48	11.20	9.89	6.67
吧式消费	2004	0.00	4.07	4.30	2.08	0.00	0.00
	2014	0.00	2.49	2.83	2.50	2.05	0.00
养花草宠物	2004	8.33	3.33	2.51	4.86	11.49	20.00
	2014	0.00	4.54	2.27	7.76	10.59	0.00
业余爱好、桌游、棋牌	2004	16.67	13.33	8.96	7.64	16.09	20.00
	2014	13.33	4.52	5.94	6.95	11.37	6.67
美容、家居装饰	2004	0.00	2.96	5.38	2.08	0.00	0.00
	2014	—					
体育健身	2004	16.67	9.63	12.54	9.72	6.90	0.00
	2014	0.00	9.58	8.77	7.87	7.82	6.67

① 中国互联网信息中心.第35次中国互联网络发展状况统计报告[EB/OL]. http://news.mydrivers.com/1/381/381898.htm.

休闲活动	年份	18 岁以下	18～25 岁	26～35 岁	36～45 岁	46～60 岁	60 岁以上
社会活动	2004	0.00	3.33	3.94	5.56	0.00	6.67
	2014	0.00	0.51	1.70	2.38	0.69	13.33
休闲教育	2004	0.00	3.33	2.15	0.69	1.15	0.00
	2014	0.00	0.49	0.00	0.00	2.85	0.00
其他	2004	0.00	2.22	1.79	20.14	18.39	6.67
	2014	6.67	0.51	0.28	0.00	0.72	13.33

另一方面,各年龄群体的居民选择"逛街、购物、饮食、闲聊"作为平时休闲的比例从 2004 年的 24.07%、23.30%、18.75% 和 16.09% 分别下降到 10.05%、8.48%、11.20% 和 9.89%,下降十分明显,尤其是 18～25 岁和 26～35 岁两个较为年轻的群体,选择比例分别下降了 14.02% 和 14.82%,这是由于 10 年来移动互联网的发展与工作休闲时间的割裂性引起的。由于工作日期间,居民的休闲时间多被分割为早晨上班前、中午午餐后及下班后等几个时段,每个时段的时间均较短,不适合经常进行"逛街、购物、饮食、闲聊"和"吧式消费"等消耗时间和花费金钱较多的休闲活动。同时,由于手机和平板电脑等移动互联网终端具有内容丰富有趣、形式多样、用户体验性强等特点,迅速赢得了年轻人的青睐,很多年轻人会在下班之后选择待在家里手机上网、玩游戏、看电视剧等,以替代之前的外出逛街、购物等。

第二,周末休闲活动选择的差异。2004 年和 2014 年不同年龄群体上海居民周末休闲活动选择情况,见表 3 - 9。一方面,周末休闲活动选择中,"上网、电视、电影、演唱会和音乐会等"休闲活动的比例明显上升,可以说网络对我国居民的工作、生活和学习的改变是全方位的,原因在此不再累述;另一方面,18～25岁、26～35 岁及 46～60 岁年龄群体周末选择旅游度假作为休闲活动的比例均小幅度提升,主要有以下两方面原因:一是私家车拥有量的井喷式增长,上海居民周末出游变得十分便捷;二是上海周边区县及江苏、浙江和安徽等地的景区针对上海开发出很多十分具有吸引力的旅游产品,且越来越多的景区(点)免费开放。因此,近 10 年来上海自驾游市场越来越火爆,越来越多的上海居民选择周末去旅游度假。然而,36～45 岁群体选择周末进行旅游度假的比例却从 7.64% 下降到了 5.09%,这是由于这个年龄段的居民的孩子年龄集中在 10～20 岁之间,面临着越来越大的学习压力,家长一般会选择周末陪同孩子在社区绿地进行休闲放松。

表 3-9 2004 年和 2014 年不同年龄群体上海居民
周末休闲活动选择一览表(单位:%)

休闲活动	年份	18 岁以下	18~25 岁	26~35 岁	36~45 岁	46~60 岁	60 岁以上
旅游度假	2004	0.00	4.07	7.17	7.64	4.6	13.33
	2014	0.00	5.47	11.25	5.09	9.78	20.00
参观访问	2004	0.00	4.07	4.66	3.47	8.05	6.67
	2014	0.00	4.46	5.37	2.38	2.17	0.00
上网、电视、电影、演唱会和音乐会等	2004	8.33	21.85	20.07	18.06	13.79	20.00
	2014	60.00	39.92	42.45	47.63	34.09	33.33
逛街、购物、饮食、闲聊	2004	33.33	21.85	21.86	14.58	13.79	20.00
	2014	20.00	19.01	16.85	17.53	13.71	6.67
吧式消费	2004	16.67	8.52	6.09	2.78	0.00	0.00
	2014	6.67	4.49	4.84	3.22	2.81	0.00
养花草宠物	2004	8.33	3.70	1.79	3.47	6.90	13.33
	2014	0.00	4.00	2.30	0.83	7.94	0.00
业余爱好、桌游、棋牌	2004	16.67	9.26	7.53	7.64	14.94	6.67
	2014	13.34	10.62	4.02	8.11	13.74	13.34
美容、家居装饰	2004	0.00	4.81	5.73	2.78	3.45	0.00
	2014	—					
体育健身	2004	0.00	11.48	10.04	11.81	5.75	0.00
	2014	0.00	4.51	7.75	7.97	10.02	6.67
社会活动	2004	8.33	5.93	8.24	3.47	10.34	13.33
	2014	0.00	4.53	4.02	4.76	2.90	13.33
休闲教育	2004	8.33	2.96	4.30	6.25	1.15	0.00
	2014	0.00	1.00	0.86	1.67	2.11	0.00
其他	2004	0.00	1.48	2.51	18.06	17.24	6.67
	2014	0.00	2.00	0.28	0.83	0.72	6.67

第三,黄金周休闲活动选择的差异。2004 年与 2014 年不同年龄群体上海居民黄金周休闲活动选择情况,见表 3-10。一方面,由于近 10 年来网络的普及,以及文化娱乐活动形式的多元化与活动内容的丰富化,在 2004 年与 2014 年不同年龄群体上海居民休闲活动中,选择上网、电视、电影、演唱会和音乐会等活动的比例明显上升。主要原因是,经过 10 年来的发展,上海城市休闲体系建设不断完善,居民休闲观念不断加强,休闲活动不断丰富,居民会选择在黄金周走出家门进行室外休闲活动,去亲近大自然和体验田园生活。另一方面,结合各个年龄群体周末休闲方式的特点不难发现,2014 年与 2004 年相比,大多数群体在黄金周期间选择旅游度假的比例出现略微下降或大致稳定的现象。对此,可以通过以下两方面进行理解。一,近 10 年是上海居民由观光游逐渐向度假旅游转变的 10 年,在黄金周期间外出旅游度假成为上海居民的一种常态化生活的选择,因此上升幅度逐渐趋于平缓。二是由于五一黄金周在 2009 年被取消,导致近年来黄金周期间出游人数激增,景区人满为患,黄金周被戏称为"黄金粥",造成旅游环境舒适度降低。而上海众多企事业单位又陆续实施带薪休假制度,使得出游时间多元化,也对黄金周出游比例的变化产生影响,见表 3-10。

表 3-10　2004 年和 2014 年不同年龄群体居民
黄金周休闲活动选择一览表(单位:%)

休闲方式	年份	18 岁以下	18~25 岁	26~35 岁	36~45 岁	46~60 岁	60 岁以上
旅游度假	2004	25.00	25.19	26.52	22.92	22.99	6.67
	2014	33.33	20.28	24.70	25.87	18.81	6.67
参观访问	2004	25.00	6.30	6.09	8.33	6.90	0.00
	2014	13.33	9.10	6.89	6.45	7.17	6.67
上网、电视、电影、演唱会和音乐会	2004	8.33	13.70	13.26	9.72	8.05	13.33
	2014	13.33	34.96	32.01	26.46	21.32	26.67
逛街、购物、饮食、闲聊	2004	0.00	15.56	16.13	11.11	11.49	20.00
	2014	13.33	14.08	16.44	16.35	19.45	6.67
吧式消费	2004	0.00	2.96	2.51	2.08	1.15	0.00
	2014	6.67	3.30	0.89	3.98	2.18	0.00
养花草宠物	2004	0.00	1.11	0.00	2.78	4.60	13.33
	2014	0.00	0.00	1.47	3.43	7.22	6.67

续　表

休闲方式	年份	18 岁以下	18～25 岁	26～35 岁	36～45 岁	46～60 岁	60 岁以上
业余爱好、桌游、棋牌	2004	8.33	9.26	5.38	4.86	12.64	20.00
	2014	6.67	8.59	6.16	9.16	11.55	26.66
美容、家居装饰	2004	8.33	3.70	4.66	1.39	1.15	0.00
	2014			—			
体育健身	2004	8.33	6.30	6.45	5.56	4.60	0.00
	2014	0.00	2.03	6.75	4.15	6.49	0.00
社会活动	2004	8.33	12.22	14.34	9.03	8.05	20.00
	2014	13.33	3.85	3.24	4.15	2.89	6.67
休闲教育	2004	8.33	2.22	3.23	1.39	1.15	0.00
	2014	0.00	2.78	0.60	0.00	2.18	6.67
其他	2004	0.00	1.48	1.43	20.83	17.24	6.67
	2014	0.00	1.05	0.87	0.00	0.74	6.67

3. 教育水平

第一，平时休闲活动选择。在平时，最明显的一个特征就是不同文化程度群体最主要的休闲活动方式不约而同地趋向于上网、电视、电影、演唱会和音乐会等。

从变化趋势看，体现以下几个特点。首先，休闲活动方式选择的集中度提高。在 2004 年，选择上网、电视、电影、演唱会和音乐会等的比例主要集中在25％～30％之间；到了 2014 年，选择的比例集中在 52％～57％之间，提升了近30 个百分点。从分析看，增幅急速提高主要是上网偏好造成的。显而易见，进入网络时代，人们的休闲活动方式出现一个全新的分配模式，以网络为主的休闲方式已经完全取代了电视为主的休闲方式，见表 3－11。

表 3－11　2004 年和 2014 年不同文化程度群体平时
休闲活动选择一览表(单位：％)

休闲方式	年份	初中及以下	高中(中专、职校)	本科及大专	硕士及以上
旅游度假	2004	6.67	2.84	3.05	1.59
	2014	8.33	8.68	5.43	5.43

休闲方式	年份	初中及以下	高中(中专、职校)	本科及大专	硕士及以上
参观访问	2004	13.33	1.42	2.20	1.59
	2014	8.33	7.19	2.15	2.33
上网、电视、电影、演唱会和音乐会等	2004	26.67	22.70	28.76	31.75
	2014	55.56	52.46	57.03	55.98
逛街、购物、饮食、闲聊	2004	6.67	19.86	22.17	23.81
	2014	0.00	6.53	9.89	10.24
吧式消费	2004	0.00	7.09	2.37	3.17
	2014	0.00	2.33	2.57	1.59
养花草宠物	2004	0.00	6.38	4.23	4.76
	2014	0.00	3.23	5.46	4.74
业余爱好、桌游、棋牌	2004	20.00	4.26	12.01	17.46
	2014	8.33	12.32	5.82	6.28
美容、家居装饰	2004	6.67	1.42	4.06	0.00
	2014		—		
体育健身	2004	13.33	9.22	10.83	6.35
	2014	0.00	2.42	9.22	11.85
社会活动	2004	0.00	4.26	3.55	3.17
	2014	8.33	2.4	1.39	0.79
休闲教育	2004	0.00	2.13	1.86	4.76
	2014	0.00	0.78	0.52	0.78
其他	2004	6.67	18.44	4.91	1.59
	2014	11.11	1.67	0.52	0.00

其次,休闲活动选择的多样性减弱。由于选择上网、电视、电影、演唱会和音乐会等休闲活动方式的比例大幅度递增,客观上使得居民选择其他休闲活动的比例出现相应降低。譬如,在逛街、购物、餐饮方面的选择比例,相比于 2004 年下降了 10 个以上的百分点。最后,休闲活动选择的差异性表现。尽管不同文化程度的群体在主要休闲活动方式的选择方面呈现一定的相似性,但是并不能掩

饰在其他休闲活动方式选择上存在的差异性。例如,在高中及以下文化程度的群体中间,选择纯娱乐活动的比例会高一些;而在大学及以上文化程度的群体中间,偏好体育健身的比例要多一点。

第二,周末休闲活动选择。从数据统计看,在周末时段,尽管不同文化程度群体主要的休闲活动选择仍是上网、电视、电影、演唱会和音乐会等活动类别,但是除了初中及以下这一群体的增幅略高于日常休闲活动的选择外,其他三个群体的增幅均低于平时的选择程度,大致相差 10~17 个百分点。这一变化趋势,一方面说明经过 10 年的发展,居民周末休闲活动的选择余地更加宽广,更为多元;另一方面,也显示适合居民从事各种休闲娱乐需求的活动类型与活动场所得到相应发展,休闲娱乐产业的成熟度进一步提高,见表 3-12。

表 3-12　2004 年和 2014 年不同文化程度群体
周末休闲活动选择一览表(单位：%)

休闲方式	年　份	初中及以下	高中(中专、职校)	本科及大专	硕士及以上
旅游度假	2004	0.00	4.96	5.58	12.70
	2014	0.00	8.25	8.87	9.30
参观访问	2004	0.00	0.71	5.41	6.35
	2014	0.00	4.21	4.07	3.88
上网、电视、电影、演唱会和音乐会等	2004	13.33	20.57	19.12	20.63
	2014	66.67	43.25	41.39	38.11
逛街、购物、饮食、闲聊	2004	20.00	19.15	20.30	17.46
	2014	0.00	11.65	17.18	21.87
吧式消费	2004	13.33	4.96	5.58	6.35
	2014	0.00	6.61	3.77	3.14
养花草宠物	2004	13.33	3.55	3.55	1.59
	2014	0.00	5.04	2.41	5.52
业余爱好、桌游、棋牌	2004	13.33	7.80	8.80	12.70
	2014	16.67	10.15	8.32	4.75
美容、家居装饰	2004	6.67	3.55	5.25	0.00
	2014	—			

续　表

休闲方式	年份	初中及以下	高中(中专、职校)	本科及大专	硕士及以上
体育健身	2004	6.67	9.22	10.83	6.35
	2014	0.00	5.02	7.42	9.47
社会活动	2004	13.33	4.26	7.11	9.52
	2014	8.33	5.00	4.17	3.17
休闲教育	2004	0.00	3.55	3.89	4.76
	2014	0.00	0.81	1.37	0.79
其他	2004	0.00	17.73	4.57	1.59
	2014	8.33	0.00	1.03	0.00

　　第三,黄金周休闲活动选择。在黄金周连续 7 天的长假里,居民休闲活动选择倾向出现了比较明显的变化。一是,虽然上网、电视、电影、演唱会和音乐会等活动依然是最主要的选择对象,不过增幅进一步降低,基本占比在 30% 左右,相比于平时休闲活动选择的比例减少 25 个百分点左右,比周末也降低 10 个百分点左右。二是,由于具有了连续休假一周的有利条件,想从事旅游度假活动的居民比例显著提高。需要注意的是,希望参加旅游度假居民的选择比例却比 2004 年略低。经过多年发展,居民收入增加,出游交通条件得到极大改善,旅游景区服务质量也有提高,而上海居民黄金周的出游意愿不升反降。值得注意的是,从不同文化程度的群体看,在黄金周,大学或大学以上的高学历群体选择"上网、电视、电影、演唱会和音乐会等"比例增长幅度最引人注目,宅在上海,足不出"沪"的市场特征十分明显,见表 3-13。

表 3-13　2004 年和 2014 年不同文化程度群体黄金周
休闲活动选择一览表(单位:%)

休闲方式	年份	初中及以下	高中(中专、职校)	本科及大专	硕士及以上
旅游度假	2004	13.33	24.82	24.7	25.4
	2014	19.44	22.08	22.86	22.54
参观访问	2004	6.67	7.09	6.60	7.94
	2014	0.00	7.65	8.11	5.52

休闲方式	年份	初中及以下	高中(中专、职校)	本科及大专	硕士及以上
上网、电视、电影、演唱会和音乐会等	2004	6.67	9.93	12.86	12.70
	2014	25.00	26.98	30.21	30.15
逛街、购物、饮食、闲聊	2004	0.00	12.77	15.74	9.52
	2014	8.33	11.92	16.51	19.30
吧式消费	2004	0.00	3.55	2.20	1.59
	2014	8.33	3.38	2.16	0.00
养花草宠物	2004	6.67	0.71	1.69	1.59
	2014	0.00	5.90	1.63	2.40
业余爱好、桌游、棋牌	2004	20.00	5.67	7.45	11.11
	2014	19.44	11.11	8.70	8.79
美容、家居装饰	2004	13.33	2.84	3.21	3.17
	2014	—			
体育健身	2004	13.33	6.38	5.41	7.94
	2014	0.00	4.27	5.18	5.63
社会活动	2004	6.67	7.09	13.37	12.7
	2014	8.33	5.04	3.45	3.25
休闲教育	2004	6.67	2.13	2.03	4.76
	2014	0.00	1.67	1.3	1.63
其他	2004	6.67	17.02	4.74	1.59
	2014	11.11	0.00	0.89	0.79

三、时间分配与场所选择

(一) 休闲时间分配

1. 平时休闲时间

平时休闲时间一般是指周一到周五工作日期间的休闲时间。从调查数据看,在 2004 年,居民拥有 1～3 小时的比例约为 50％,1 小时以下和 3～5 小时之间的占比各在 20％左右,5 小时以上的比例不到 10％。到了 2014 年,居民在休闲时间获取方面出现了一些比较明显的变化。1～3 小时的比例接近 56％,比

2004 年提高约 6 个百分点;1 小时以下约为 26%,比 2004 年增加了约 6 个百分点;3～5 小时以及 5 小时以上的比例,则分别下降了约 6 个百分点,见表 3-14。

表 3-14　2004 年和 2014 年居民平时休闲时间占有量

休闲时间	平时	
	2004 年	2014 年
1 小时以下	20.07%	25.57%
1～3 小时	49.81%	55.74%
3～5 小时	21.93%	15.74%
5 小时以上	8.18%	2.95%

在 2004 年,居民休闲时间在 3 小时以下合计约为 70%,10 年以后,这一比例提升至 81% 以上,提高了 10 个百分点。居民休闲时间拥有量的变化,从一定程度上表明,居民日常休闲时间碎片化的趋势进一步强化,而休闲时间的整体性比例不断被削弱。这一变化,也与居民对于生活压力和工作压力日渐递增的真实感受基本吻合。由于生活压力与工作压力常年保持在一个较高的层次上,必然导致日常的休闲时间被占用或挪用,休闲时间碎片化也就难以避免。

2. 周末休闲时间

周末休闲时间是指居民在双休日的休闲时间。从统计数据看,2004 年在双休日期间,4～10 小时的占比最高,约为 44%。4～15 小时之间的休闲时间合计约为 68%。4 小时以下或 15 小时以上约占 32%。到了 2014 年,4～10 的比例为 51%,相比于 10 年前,提高了 7 个百分点。4～15 小时之间的休闲时间合计约为 72%,增加了 4 个百分点,见表 3-15。

表 3-15　2004 年和 2014 年居民周末休闲时间占有量

休闲时间	周末	
	2004 年	2014 年
4 小时以下	18.59%	20.20%
4～10 小时	44.24%	51.32%
10～15 小时	23.79%	20.86%
15 小时以上	13.38%	7.62%

尽管相比于 2004 年 4 小时以下的占比略有提升,而 15 小时以上的比例也有比较明显的降幅,但是从总体上看,大多数受访者 4～15 小时的周末休闲时间能够得到有效保障,而且呈现稳中趋升的发展态势。

3. 黄金周休闲时间

黄金周是上海居民集中进行休闲的重要时段,休闲时间所占比重也相对较高。在 2004 年,居民拥有 3～5 天的选择比例最高,为 40.89%;其次是 1～3 天,比例为 35.32%。到了 2014 年,居民拥有 1～3 天的选择比例为最高,占47.18%,比 2004 年增加了大约 12 个百分点;而拥有 3～5 天的比例则为33.55%,比 2004 年下降了 5 个百分点左右。此外,还有一个比较大的变化是,居民拥有 5 天以上的比例,2014 年比 10 年前明显下降了 9 个百分点。这一占比的变化,或许与 2008 年"五一"黄金周被取消相关,见表 3-16。

表 3-16   2004 年和 2014 年居民黄金周休闲时间占有量

休 闲 时 间	黄 金 周	
	2004 年	2014 年
1 天以下	4.09%	8.97%
1～3 天	35.32%	47.18%
3～5 天	40.89%	33.55%
5 天以上	19.70%	10.30%

(二) 休闲场所选择

本研究对上海城居民休闲场所选择的调查同样分为平时、周末和黄金周三个时间阶段。

第一,居家休闲是重要的表现形式。从统计数据看,家庭作为日常重要的休闲场所的特征非常显著。在 2004 年,占比为 26.77%,到了 10 年后,上升至31.37%,应该说这种演变趋势与居民日常休闲时间日趋碎片化相关。当然,也应该看到,随着居民拥有的休闲时间的延长,把家庭作为休闲场所的选择比例会同步降低,也就意味着家庭作为休闲场所的重要性出现相对降低的趋势。

第二,户外休闲比例大幅增加。从统计数据看,随着居民选择在家休闲的比例降低,居民转向户外休闲场所的比例同步提升。这种选择的变化在周末以及黄金周长假期间表现得尤为显著。以平时景区、公园、绿地的选择为例,从 2004年的 7.68%增加到 2014 年的 16.67%,增加了 8.99%,说明上海居民平时休闲场所的范围开始由室内转为更开放的公共休闲空间。

第三,活动场所选择多元化趋势明显。比较来看,休闲活动场所选择多样性的趋势十分明显,在周末或黄金周期间,文体娱乐场所、网吧、酒吧、咖吧以及图书馆的选择比例都有不同程度的提升,表明居民可以选择场所的自由度更高,娱乐消遣、提升自我等多元的休闲价值取向得以充分的满足。这种变化其实是休闲供求两方面互动发展的结果,也是社会经济发展与居民生活水平同步提高的真实写照,见表3-17。

表3-17　2004年和2014年居民休闲场所选择

休闲场所	平　时		周　末		黄金周	
	2004年	2014年	2004年	2014年	2004年	2014年
自己或者别人家里	26.77%	31.37%	17.60%	18.59%	17.35%	16.85%
景区、公园、绿地	7.68%	16.67%	12.89%	18.59%	21.56%	20.82%
社区、企业活动中心	3.47%	6.50%	2.11%	3.88%	1.49%	6.02%
文体娱乐场所	7.19%	10.17%	11.28%	12.47%	9.79%	10.11%
商场、广场、夜市	18.09%	14.22%	12.76%	18.24%	11.03%	17.33%
餐饮场所	14.00%	10.91%	11.28%	12.82%	9.79%	13.00%
网吧、酒吧、咖吧	1.98%	2.57%	4.46%	3.53%	3.10%	2.17%
培训机构	6.69%	0.86%	5.82%	2.82%	1.49%	0.84%
图书馆	6.07%	3.19%	10.04%	4.94%	8.92%	3.73%
博物馆、纪念馆等	1.49%	1.10%	2.73%	1.65%	5.20%	4.93%
宗教活动场所	0.12%	0.25%	1.24%	0.59%	0.87%	0.60%
其他	6.44%	2.21%	7.81%	1.88%	9.42%	3.61%

四、休闲花费

(一) 平时休闲花费

调查显示,居民平时休闲花费比较低。在2004年,居民用于休闲花费在100元以下的比例约为70%;到了2014年,这一比例提高至79%左右,增加了9个百分点。首先,这一变化数据大体与居民日常的休闲活动场所主要在家相符。其次,一方面,由于平时休闲时间较少,除了家庭外,社区以及周边的休闲场所构成了居民日常休闲活动的重要组成部分;另一方面,社区及周边休闲场所提供的相关活动,如打羽毛球、健身,或者看一场电影,费用都比较适中,基本不需要大额支出,成为一种休闲活动常态,形成了大众休闲时代的基本特征,见表3-18。

表 3-18 2004 年和 2014 年上海居民平时休闲花费一栏

休 闲 花 费	平 时	
	2004 年	2014 年
50 元以下	33.83％	41.12％
50～100 元	36.43％	38.49％
100～300 元	24.54％	17.76％
300 元以上	5.20％	2.63％

(二) 周末休闲花费

由于周末居民休闲时间比较完整,休闲场所选择余地比较大,对居民休闲花费变化的影响相对大一些。从周末休闲花费的统计数据看,居民休闲消费变化呈现一些新特点。一是,居民用于休闲方面的花费在 100 元以下的比例,在 2004 年为 23.79％,到了 2014 年,为 15.95％,减少了 8 个百分点,说明居民的整体消费水平在提升。二是,从 100～300 元的中下花费与 300～500 元的中上花费数据看,2014 年比 10 年前合计提高了大约 10 个百分点。这一变化趋势也符合了居民在周末出现离家向外休闲的演变特征。向外休闲,意味着更多的休闲活动可以选择,意味着更多的花费,见表 3-19。

表 3-19 2004 年和 2014 年上海居民周末休闲花费一栏

休 闲 花 费	周 末	
	2004 年	2014 年
100 元以下	23.79％	15.95％
100～300 元	44.24％	52.16％
300～500 元	24.54％	26.25％
500 元以上	7.43％	5.65％

(三) 黄金周休闲花费

黄金周由 7 天长假构成,对许多居民而言是一年中出游的最好时间段,因此在休闲花费方面的支出增加的特征也是比较明显的。

从统计数据看,2004 年,居民在黄金周期间用于的休闲花费在 1 000 元以下的比例,两者合计约占 55％;2014 年,约为 52％,略有下降。值得关注的是,在 3 000 元以上最高一栏花费中,2004 年比例约为 7.80％,到了 2014 年则升至15.60％,增加了一倍。对居民而言,最高一栏休闲花费占比的提高,说明居民外出旅游已经十分普遍,而且旅游空间已经逐步由中近距离转变为中远距离,这与居民休闲花费的变化相一致,见表3-20。

表3-20 2004年和2014年上海居民黄金周休闲花费一栏

休 闲 花 费	黄 金 周	
	2004年	2014年
500元以下	25.28%	23.92%
500~1 000元	30.11%	28.57%
1 000~3 000元	36.80%	31.89%
3 000元以上	7.81%	15.61%

第三节 休闲活动选择影响因素

一、描述性统计

城市居民休闲活动的选择受到来自个体特征、活动属性、设施场所、产品服务、休闲距离,以及社会关系等多方面的影响。2004年上海居民休闲活动选择影响因素统计结果,见表3-21。

表3-21 2004年上海居民休闲活动选择影响因素分析(单位:%)

影 响 因 素	完全无影响	影响比较小	影响比较大	影响非常大
休闲方式的趣味性	4.46	23.42	54.65	17.47
休闲方式的娱乐性	7.43	23.79	53.16	15.61
休闲方式的健身性	8.92	41.64	36.80	12.64
休闲方式的时尚性	16.36	52.04	23.42	8.18
休闲方式的知识性	8.55	34.94	44.24	12.27
休闲方式的易参与性	8.55	31.97	49.07	10.41
休闲设施的质量	3.72	19.70	54.65	21.93
休闲服务的水平	2.60	19.33	50.93	27.14
休闲产品的宣传、推荐	9.67	49.07	34.57	6.69
休闲场所的管理水平	3.35	20.07	53.53	23.05

影 响 因 素	完全无影响	影响比较小	影响比较大	影响非常大
休闲场所距居住地的距离	8.18	36.80	39.41	15.61
周围人参与休闲活动的多少	14.87	44.24	34.94	5.95
自己的身体健康状况	7.43	22.30	49.81	20.45
自己的心情	4.09	14.50	51.67	29.74
自己的兴趣爱好	3.35	10.04	50.93	35.69
个人收入水平的高低	5.58	27.14	48.33	18.96
休闲花费的多少	5.58	31.23	49.81	13.38
个人闲暇时间的多少	4.83	21.19	53.16	20.82
家人朋友的支持	16.36	50.56	24.91	8.18
—	—	—	—	—

　　从统计结果来看,在2004年休闲活动选择影响因素中,"完全无影响"选择比例较高的为家人朋友的支持、休闲方式的时尚性和周围人参与休闲活动的多少,选择比例分别为16.36％、16.36％和14.87％;"影响较小"中选择比例较高的为休闲方式的时尚性、家人朋友的支持、休闲产品的宣传和推荐、周围人参与休闲活动的多少,选择比例分别为52.04％、50.56％、49.07％和44.24％。这说明,休闲方式受家人朋友、身边人和休闲设施的时尚性等因素影响较小。"影响比较大"选择比例较高的有休闲方式的趣味性、休闲设施的质量、休闲场所的管理水平、休闲方式的娱乐性、自己的心情、自己的兴趣爱好和休闲服务的水平,选择比例均在50％以上。"影响非常大"选择比例较高的为自己的兴趣爱好、自己的心情、休闲服务的水平,选择比例分别为35.69％、29.74％和27.14％。

　　2014年上海居民休闲活动选择影响因素的统计结果表明,"完全无影响"选择比例较高的为休闲方式的时尚性、休闲方式的知识性、周围人参与休闲活动的多少和休闲产品的宣传、推荐,选择比例分别为19.67％、14.33％、10.56％和10.46％;"影响比较小"选择比例较高的为休闲产品的宣传、推荐、休闲方式的时尚性、休闲方式的健身性、休闲方式的知识性,选择比例分别为42.48％、42.30％、41.83％、41.37％;"影响比较大"选择比例较高的为休闲设施的质量、自己的兴趣爱好、休闲场所的管理水平、休闲服务的水平、个人闲暇时间的多少和休闲方式的趣味性,选择比例分别为55.05％、54.61％、53.44％、52.29％、

50.98％和50.65％；"影响非常大"选择比例较高的为自己的心情、自己的兴趣爱好、休闲服务的水平和个人身体健康状况，选择比例分别为32.46％、29.28％、26.47％和25.41％，见表3－22。

表3－22　2014年上海居民休闲活动选择影响因素分析(单位：％)

影 响 因 素	完全无影响	影响比较小	影响比较大	影响非常大
休闲方式的趣味性	9.09	18.83	50.65	21.43
休闲方式的娱乐性	5.21	26.38	49.19	19.22
休闲方式的健身性	9.80	41.83	38.89	9.48
休闲方式的时尚性	19.67	42.30	31.80	6.23
休闲方式的知识性	14.33	41.37	36.48	7.82
休闲方式的易参与性	7.62	34.11	44.37	13.91
休闲设施的质量	3.58	20.85	55.05	20.52
休闲服务的水平	4.25	16.99	52.29	26.47
休闲产品的宣传、推荐	10.46	42.48	38.89	8.17
休闲场所的管理水平	2.30	24.92	53.44	19.34
休闲场所距居住地的距离	7.57	25.99	44.08	22.37
周围人参与休闲活动的多少	10.56	36.96	39.27	13.20
个人的身体健康状况	6.51	19.22	48.86	25.41
自己的心情	3.28	14.43	49.84	32.46
自己的兴趣爱好	2.96	13.16	54.61	29.28
个人收入水平的高低	8.14	28.66	43.00	20.20
休闲花费的多少	4.55	32.47	44.81	18.18
个人闲暇时间的多少	5.56	19.93	50.98	23.53
家人朋友的支持	10.10	36.16	36.81	16.94

二、因子分析

因子分析是处理多变量数据的统计分析方法，它试图以最少的信息丢失量从原始变量中提取公因子变量，用得到的公因子变量概括和解释具有错综复杂关系的大量的调研问卷信息，揭示变量信息之间的最本质的联系。

（一）KMO 和 Bartlett 球形检验比较分析

KMO 检验和 Bartlett 球形检验是用于研究变量之间的偏相关性的一种方法，一般认为 KMO 值在 0.7 以上代表适合做因子分析，KMO 统计量越接近 1 代表越适合进行因子分析。Bartlett 球形检验统计量 Sig.小于 0.01 即可认定各变量之间存在着显著的相关性。

对 2004 年调查问卷结果中涉及的 19 项休闲活动影响因素进行相关性检测，可以发现 KMO 值为 0.797，大于 0.7；Sig.值为 0，小于 0.01。因此，可以认定 2004 年问卷中影响因素变量之间存在显著的相关性，适合进行因子分析，见表 3 - 23。

表 3 - 23　2004 年休闲方式影响因素 KMO 和 Bartlett 的检验

KMO 和 Bartlett 的检验		
取样足够度的 Kaiser - Meyer - Olkin 度量		0.797
Bartlett 的球形度检验	近似卡方	1 516.280
	df	171.000
	Sig.	0.000

同时，对 2014 年调查问卷中涉及的 19 项休闲活动影响因素进行相关性检测，结果表明 KMO 值为 0.852，大于 0.7；Sig.值为 0，小于 0.01，因此，可以认定 2014 年问卷中影响因素变量之间存在显著的相关性，适合进行因子分析，见表 3 - 24。

表 3 - 24　2014 年休闲方式影响因素 KMO 和 Bartlett 的检验

KMO 和 Bartlett 的检验		
取样足够度的 Kaiser - Meyer - Olkin 度量		0.852
Bartlett 的球形度检验	近似卡方	2071.917
	df	171.000
	Sig.	0.000

（二）解释的总方差及碎石图比较分析

通过对 2004 年相关统计数据的分析，可以得出上海居民休闲活动选择影响因素分析解释的总方差。

表格给出了 2004 年的调研问卷因子分析每个公因子所解释的方差及其累积和。观察"初始特征值"一栏的"累计％"，前 6 个公因子解释的累积方差值为

63.398%,因此,提取 6 个公因子能够很好地表达 2004 年问卷调查原有变量中所包含的信息,见表 3-25。

表 3-25　2004 年上海居民休闲活动选择影响因素分析解释的总方差

成分	初始特征值			提取平方和载入			旋转平方和载入		
	合计	方差的%	累积%	合计	方差的%	累积%	合计	方差的%	累积%
1	4.967	26.140	26.140	4.967	26.140	26.140	2.510	13.208	13.208
2	1.948	10.255	36.395	1.948	10.255	36.395	2.385	12.553	25.761
3	1.441	7.587	43.982	1.441	7.587	43.982	2.065	10.867	36.628
4	1.397	7.354	51.336	1.397	7.354	51.336	1.837	9.669	46.297
5	1.160	6.107	57.443	1.160	6.107	57.443	1.691	8.900	55.197
6	1.131	5.955	63.398	1.131	5.955	63.398	1.558	8.201	63.398

提取方法:主成分分析。

　　图 3-1 是 2004 年上海居民休闲活动选择影响因素因子分析特征值的碎石图。通过观察可以发现,第六个公因子之后的特征值变化趋缓,即在横坐标"6"之后折线变得较为平坦,这表明选取 6 个公因子是比较恰当的。

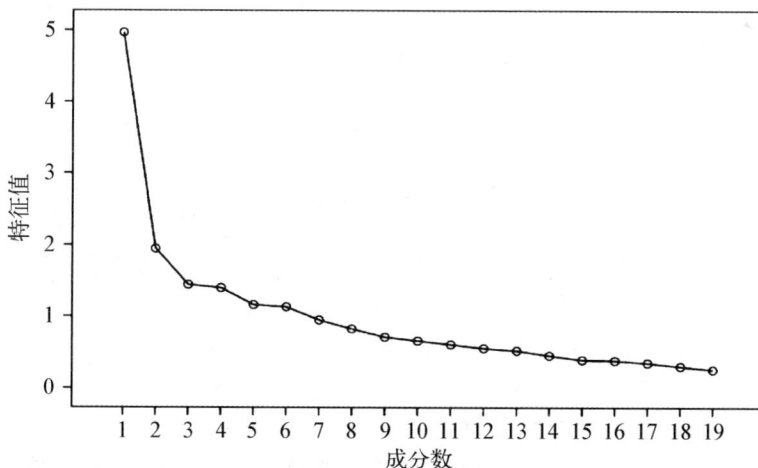

图 3-1　2004 年因子分析特征值碎石图

　　2014 年,在上海居民休闲活动选择影响因素解释的总方差中,前 5 个公因子解释的累积方差已经达到 61.021%,故提取 5 个公因子就能够很好地解释原有变量包含的信息,见表 3-26。

表 3‑26　2014 年上海居民休闲活动

选择影响因素解释的总方差	初始特征值			提取平方和载入			旋转平方和载入		
	合计	方差的%	累积%	合计	方差的%	累积%	合计	方差的%	累积%
1	6.164	32.444	32.444	6.164	32.444	32.444	2.957	15.564	15.564
2	1.726	9.085	41.529	1.726	9.085	41.529	2.341	12.320	27.885
3	1.477	7.771	49.300	1.477	7.771	49.300	2.340	12.318	40.203
4	1.179	6.206	55.506	1.179	6.206	55.506	2.028	10.671	50.874
5	1.048	5.515	61.021	1.048	5.515	61.021	1.928	10.147	61.021

提取方法：主成分分析。

　　2014 年上海居民休闲活动选择影响因素因子分析特征值的碎石图，如图 3‑2 所示。通过观察可以发现，第五个公因子之后的特征值变化趋缓，即在横坐标"5"之后折线变的较为平坦，表明选取 5 个公因子比较恰当。

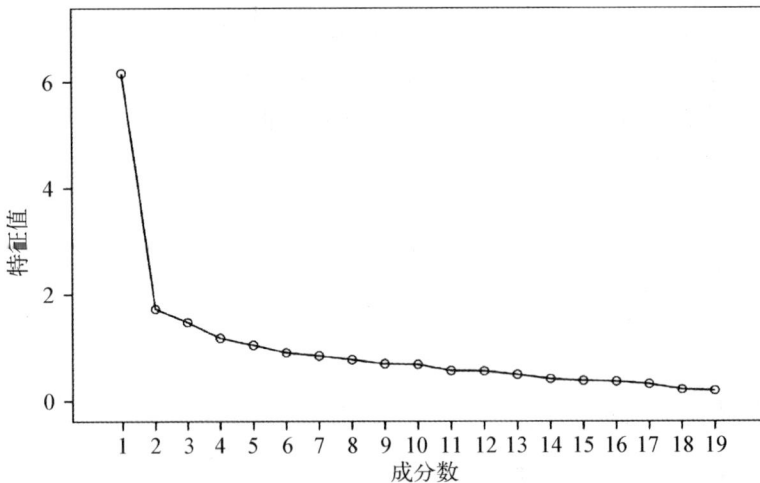

图 3‑2　2014 年因子分析特征值碎石图

(三) 旋转成分矩阵比较分析

　　表 3‑27 为 2004 年上海居民休闲活动选择影响因素因子分析旋转成分矩阵。通过观测我们可以发现，旋转后每个公因子的载荷分批更加清晰，各因子的意义更易解析。已知因子载荷为变量与公因子的相关系数，对一个变量来说，因子的载荷绝对值越大，其关系越密切，就更能代表这个变量。按照这个观点，第一个公因子更能代表"收入水平高低""休闲花费多少""闲暇时间多少""休闲方

式参与性"和"休闲场所离居住地距离";第二个公因子更能代表"休闲场所管理
水平""休闲设施质量"和"休闲服务水平";第三个公因子更能代表"自己的心情"
"自己身体健康状况"和"自己的兴趣爱好";第四个公因子更能代表"休闲方式趣
味性"和"休闲方式娱乐性";第五个公因子更能代表"周围人参与休闲活动多少"
"休闲方式时尚性""休闲产品宣传与推荐"和"家人朋友支持";最后一个公因子
更能代表"休闲方式知识性"和"休闲方式健身性"。

表 3 - 27　2004 年因子分析旋转成分矩阵

	成　　　分					
	1	2	3	4	5	6
收入水平	0.823	0.117	0.181	0.067	0.058	0.002
花　费	0.821	0.028	0.215	0.054	0.040	0.057
闲暇时间	0.628	0.078	0.178	0.092	0.005	0.179
易参与性	0.493	0.289	−0.073	0.357	0.266	0.040
距离远近	0.403	0.285	0.234	−0.340	0.132	−0.072
管理水平	0.121	0.787	0.183	−0.024	0.044	0.139
设施质量	0.082	0.786	0.080	0.231	0.029	0.098
服务水平	0.102	0.754	0.147	0.251	−0.008	0.034
自己的心情	0.161	0.162	0.762	0.089	0.257	−0.040
健康状况	0.221	0.194	0.745	0.043	0.136	0.049
兴趣爱好	0.243	0.066	0.729	0.208	−0.098	0.220
娱乐性	0.163	0.167	0.123	0.822	0.118	0.097
趣味性	0.076	0.229	0.207	0.757	−0.078	0.073
周围人参与	0.057	−0.008	0.269	−0.074	0.693	−0.057
时尚性	−0.056	0.063	0.006	0.366	0.599	0.323
宣传推荐	−6.523E−5	0.437	0.004	−0.014	0.592	0.084
他人支持	0.372	−0.166	0.019	−0.017	0.529	0.006
知识性	0.109	0.103	−0.029	0.036	0.014	0.839
健身性	0.066	0.113	0.184	0.130	0.105	0.775

提取方法：主成分分析法。
旋转法：具有 Kaiser 标准化的正交旋转法。旋转在 6 次迭代后收敛。

　　表 3 - 28 为 2014 年上海居民休闲活动选择影响因素因子分析旋转成分矩
阵。第一公因子更能代表"休闲花费多少""收入水平高低""闲暇时间多少""家人朋友支持"和"休闲场所离居住地距离";第二公因子更能代表"休闲方式知识性""休闲方式时尚性""休闲方式健身性"和"休闲产品宣传与推荐";第三公因子更能代表"休闲场所的管理水平""休闲服务水平"和"休闲设施的质量";第四公因子更能代表"休闲方式的趣味性""休闲方式的娱乐性"和"休闲方式的参与性";第五公因子更能代表"自己的兴趣爱好""自己的心情""自己身体健康状况"和"周围人参与休闲活动的多少"。

表 3-28 2014 年因子分析旋转成分矩阵

	成　分				
	1	2	3	4	5
休闲花费	0.887	0.080	0.026	0.095	−0.038
收入水平	0.822	0.212	0.156	0.117	0.062
闲暇时间	0.689	−0.026	0.184	0.181	0.203
朋友支持	0.568	0.216	0.081	−0.037	0.312
距离	0.499	0.136	0.086	0.139	0.329
知识性	0.104	0.798	0.032	0.174	0.022
时尚性	0.076	0.681	0.100	0.075	0.198
健身性	0.130	0.679	0.166	0.121	0.050
宣传推荐	0.114	0.450	0.419	−0.119	0.188
管理水平	0.118	0.147	0.817	0.037	0.103
服务水平	0.163	0.071	0.811	0.236	0.135
设施质量	0.104	0.207	0.715	0.351	0.121
趣味性	0.203	0.026	0.160	0.830	0.256
娱乐性	0.065	0.164	0.158	0.772	0.293
参与性	0.209	0.393	0.205	0.497	−0.159
兴趣爱好	0.039	0.030	0.064	0.152	0.745
心情	0.315	0.098	0.177	0.270	0.612
健康状况	0.306	0.222	0.222	0.269	0.487
周围人参与	0.260	0.384	0.199	−0.081	0.458

提取方法：主成分分析法。
旋转法：具有 Kaiser 标准化的正交旋转法。旋转在 6 次迭代后收敛。

通过对 2004 年和 2014 年休闲活动选择影响因素因子分析结果对比,可以发现影响上海居民休闲活动选择的因素主要有以下 6 个方面,见表 3-29。

表3-29　2004年与2014年休闲方式影响因素公因子比较表

休闲支持因子		休闲保障因子		自我身心因子		消遣功能因子		提升功能因子		外部环境因子
2004年	2014年	2004年	2014年	2004年	2014年	2004年	2014年	2004年	2014年	2004年
收入水平高低	收入水平高低	休闲场所管理水平	休闲场所管理水平	自己的心情	自己的心情	休闲方式趣味性	休闲方式趣味性	休闲方式知识性	休闲方式知识性	休闲产品宣传与推荐
休闲花费多少	休闲花费多少	休闲设施质量	休闲设施质量	自己身体健康状况	自己身体健康状况	休闲方式娱乐性	休闲方式娱乐性	休闲方式健身性	休闲方式健身性	家人朋友支持
闲暇时间多少	闲暇时间多少	休闲服务水平	休闲服务水平	自己的兴趣爱好	自己的兴趣爱好		休闲方式参与性		休闲方式时尚性	周围人参与休闲活动多少
休闲场所离居住地距离	休闲场所离居住地距离				周围人参与活动多少				休闲产品宣传与推荐	休闲方式时尚性
休闲方式参与性	家人朋友支持									

第一，休闲支持因子。2004年休闲支持因子中包括"收入水平高低""休闲花费多少""闲暇时间多少""休闲场所离居住地距离"和"休闲方式参与性"，而2014年为"收入水平高低""休闲花费多少""闲暇时间多少""休闲场所离居住地距离"和"家人和朋友的支持"。这说明，除了时间和金钱两个最基础的支撑居民进行休闲活动的条件外，2014年上海居民更加注重家人和朋友是否支持这种休闲方式。

第二，休闲保障因子。这一因子是2004年和2014年因子分析比较中唯一没有发生任何变化的一个公因子。它代表休闲场所、设施和服务等保障休闲活动进行的各种因素。

第三，自我身心因子。2004年因子分析中"自我身心公共因子"包含"自己的心情""自己的身体健康状况"和"自己的兴趣爱好"，而2014年该公因子所代表的因子在上述三者的基础上增加了"周围人参与活动的多少"。

第四，消遣功能因子。2004年"消遣功能因子"主要代表"休闲方式趣味性"和"休闲方式娱乐性"等因子，而2014年其所代表含义增加了"休闲方式参与性"，这说明上海居民在考虑休闲的消遣功能时，越来越注意该休闲方式的参与性和体验性。

第五，提升功能因子。2004年"提升功能因子"主要代表"休闲方式知识性"和"休闲方式健身性"，而2014年该公因子代表了"休闲方式知识性""休闲方式健身性""休闲方式时尚性"和"休闲产品宣传与推荐"，上海居民更多地将品味时尚与休闲的拓展知识面和健身等功能结合起来。

第六，外部环境因子。该公因子主要代表"休闲产品宣传与推荐""家人朋友支持""周围人参与休闲活动多少"和"休闲方式时尚性"等因子。外部环境因子反映了家人朋友、周围人对休闲活动的态度以及休闲活动本身的宣传推广等是上海居民是否选择该休闲活动的主要因素。

三、纵向比较

2004年与2014年上海居民对各影响因素的选择比例统计结果，见表3-30。

表3-30　2004年与2014年休闲活动选择影响因素比较(单位：%)

休闲方式影响因素	完全无影响		影响比较小		影响比较大		影响非常大	
	2004	2014	2004	2014	2004	2014	2004	2014
休闲方式的趣味性	4.46	9.09	23.42	18.83	54.65	50.65	17.47	21.43
休闲方式的娱乐性	7.43	5.21	23.79	26.38	53.16	49.19	15.61	19.22

续　表

休闲方式影响因素	完全无影响		影响比较小		影响比较大		影响非常大	
	2004	2014	2004	2014	2004	2014	2004	2014
休闲方式的健身性	8.92	9.80	41.64	41.83	36.80	38.89	12.64	9.48
休闲方式的时尚性	16.36	19.67	52.04	42.30	23.42	31.80	8.18%	6.23
休闲方式的知识性	8.55	14.33	34.94	41.37	44.24	36.48	12.27	7.82
休闲方式的易参与性	8.55	7.62	31.97	34.11	49.07	44.37	10.41	13.91
休闲设施的质量	3.72	3.58	19.70	20.85	54.65	55.05	21.93	20.52
休闲服务的水平	2.60	4.25	19.33	16.99	50.93	52.29	27.14	26.47
休闲产品的宣传、推荐	9.67	10.46	49.07	42.48	34.57	38.89	6.69	8.17
休闲场所的管理水平	3.35	2.30	20.07	24.92	53.53	53.44	23.05	19.34
休闲场所距居住地的距离	8.18	7.57	36.80	25.99	39.41	44.08	15.61	22.37
周围人参与休闲活动的多少	14.87	10.56	44.24	36.96	34.94	39.27	5.95	13.20
自己的身体健康状况	7.43	6.51	22.30	19.22	49.81	48.86	20.45	25.41
自己的心情	4.09	3.28	14.50	14.43	51.67	49.84	29.74	32.46
自己的兴趣爱好	3.35	2.96	10.04	13.16	50.93	54.61	35.69	29.28
个人收入水平的高低	5.58	8.14	27.14	28.66	48.33	43.00	18.96	20.20
休闲花费的多少	5.58	4.55	31.23	32.47	49.81	44.81	13.38	18.18
个人闲暇时间的多少	4.83	5.56	21.19	19.93	53.16	50.98	20.82	23.53
家人朋友的支持	16.36	10.10	50.56	36.16	24.91	36.81	8.18	16.94

　　分析表 3-30 可以得出如下研究结论。

　　第一,完全无影响。2004 年上海居民休闲方式影响因素中选择"完全无影响"选择比例最高的 3 项分别是"休闲方式的时尚性""家人朋友的支持"和"周围人参与休闲活动的多少",选择比例分别为 16.36％、16.36％与 14.87％;2014 年"完全无影响"选择比例最高的 3 项变成了"休闲方式的时尚性""休闲方式的知识性"和"周围人参与休闲活动的多少",选择比例分别为 19.67％、14.33％与 10.56％。可以看出,"休闲方式的时尚性"和"周围人参与休闲活动的多少"一直是对上海居民休闲方式选择影响较小的因素,上海居民进行休闲活动时具有明确的目的,不易受周边人和潮流等与休闲活动方式本身关系较弱因素的影响。有关"休闲方式的知识性"选择"完全无影响"的比例从 2004 年 8.55％上升到了 2014 年的 14.33％,说明了休闲活动文化内涵的多少对上海居民休闲方式选择的影响在减弱。

第二,影响比较小。2004 年上海居民休闲方式影响因素中选择"影响比较小"选择比例最高的 3 项分别是"休闲方式的时尚性""休闲方式的知识性"和"休闲产品的宣传和推荐",选择比例分别为 52.04%、50.06%和 49.07%;2014 年"影响比较小"选择比例最高的 3 项是"休闲产品的宣传、推荐""休闲方式的时尚性"和"休闲方式的健身性",选择比例分别为 42.48%、42.30%和 41.83%。可以看出,2014 年"影响比较小"选择率最高的前 3 项比 2004 年明显下降,平均下降了近 10 个百分点。

第三,影响比较大。2004 年上海居民休闲方式影响因素中选择"影响比较大"选择比例最高的 3 项分别是"休闲设施的质量""休闲方式的趣味性"和"休闲场所的管理水平",选择比例分别为 54.65%、54.65%和 53.53%;2014 年则变成了"休闲设施的质量""自己的兴趣爱好"及"休闲场所的管理水平",选择比例分别为55.05%、54.61%和53.44%。这说明,上海居民在进行休闲活动时一直十分关注休闲场所的管理水平及设施质量等休闲软硬件配套设施,这也恰恰是上海城市休闲化体系建设的重点。"自己的兴趣爱好"上升到"影响比较大"选择比例的第二位,这反映出上海市居民将自己的休闲方式与个人的兴趣爱好相结合的一种趋势。若休闲活动能够与居民个人发展和兴趣爱好相结合,有利于居民的身心健康,有助于巩固亲友之间的感情,无疑更易被大众接受,赢得居民长期的青睐。

第四,影响非常大。2004 年与 2014 年上海居民休闲方式影响因素调研中"影响非常大"选择比例最高的 3 项均为"自己的心情""自己的兴趣爱好"和"休闲服务的水平"。这说明,对居民休闲方式起决定作用的是居民休闲偏好、休闲时刻的心情以及居民对休闲活动的整体认知。可以说,一种常态的休闲活动选择过程应该是:休闲偏好+休闲情绪+休闲供给→休闲活动。

第四节　休闲满意度

一、休闲活动满意度

(一) 描述性统计

1. 2004 年上海居民休闲满意度统计分析

2004 年上海居民休闲活动满意度描述性统计结果,见表 3-31。休闲满意度选择中,"完全没有收获"比例较高的有"刺激单调的生活,满足冒险需求""满足挑战自我、挑战自然的需要""挖掘自己潜能"和"实现自己价值",比例分别为18.03％、16.39％、10.38％和9.84％。"收获比较小"选择比例最高的为"实现自己价值",占比47.45％;其次为"挖掘自己潜能",占比为46.99％;第三的为"满足挑战自我、挑战自然需要",占比为45.36％;第四为"刺激单调生活,满足冒险需要",所占比例为44.81％。

表 3－31　2004 年上海居民休闲活动满意度统计表(单位：％)

休闲收获	完全没有收获	收获较小	收获较大	收获非常大
减轻压力	2.73	20.77	64.48	12.02
消除消极情绪	1.64	22.40	59.02	16.94
放松心情	0.55	16.39	54.10	28.96
获得成就感	6.01	36.07	44.81	13.11
扩大视野	0.55	29.51	51.37	18.58
陶冶情操	3.83	31.69	53.55	10.93
丰富爱好	4.37	34.43	48.63	12.57
锻炼身体	3.83	27.87	53.01	15.30
提高认识能力	2.19	35.52	50.27	12.02
刺激单调生活	18.03	44.81	24.59	12.57
挑战自我	16.39	45.36	30.05	8.20
回归自然	3.83	31.15	46.99	18.03
回归自我	4.92	26.23	50.82	18.03
获得心灵平静	4.37	26.78	50.82	18.03
加深自我了解	4.37	36.61	49.18	9.84
挖掘潜能	10.38	46.99	32.24	10.38
实现价值	9.84	47.54	33.33	9.29
增进亲情友情	3.28	21.86	56.28	18.58
扩大交际范围	6.56	31.15	43.72	18.58

"收获比较大"选择比例最高的为"减轻或消除生活、工作压力",选择比例达到了 64.48％;其次是"减轻或消除心理上消极情绪",占比 59.02％;第三为"放松心情,获得愉快体验",占比为 54.10％,同时,"陶冶情操,满足审美需要""扩大视野,获得新知识、经验""暂时远离烦嚣都市,回归自然""获得心灵平静"等选择比

例也均超过了50%,这说明上海居民休闲活动在放松心情、减轻压力、消除消极情绪等方面满意度较高。

"收获非常大"选择比例最高的为"放松心情,获得愉快体验",占比为28.96%;其次为"扩大视野,获得新知识、经验""扩大交际范围,获得新的友谊或经历"和"调整与家人朋友关系,增进亲情友情",占比均为18.58%。这说明,上海居民对休闲活动起到的增加阅历、培养亲情友情等社交功能满意度最高。

2. 2014年上海居民休闲满意度统计分析

2014年上海居民休闲活动满意度描述性统计结果,见表3-32。休闲满意度选择中,"完全没有收获"选择最高的调查项目为"刺激单调生活,满足冒险需要",占比为14.33%;其次为"满足挑战自我、挑战自然需要",占比14.01%;第三是"实现自我价值",占比为8.50%。"收获比较小"选择比例最高的为"加深对自己了解",占比为47.06%;其次为"挖掘自己潜能",占比为44.77%;第三为"满足挑战自我、挑战自然需要",占比为44.30%。"收获比较大"选择比例最高的为"放松心情,获得愉快体验",占比达到了70.36%;其次为"减轻或消除生活、工作压力",占比为65.26%;第三为"减轻或消除心理上消极情绪",占比为63.61%;同时,"扩大视野,获得新知识、经验""陶冶情操,满足审美需要""锻炼身体、保持健康""丰富兴趣爱好""提高自己对社会认识能力""获得心灵平静""调整与家人朋友关系,增进亲情友情"和"扩大交际范围,获得新的友谊或经历"等调研项目中"收获比较大"选择比例均超过了50%。"收获非常大"选择比例最高的为"调整与家人朋友关系,增进亲情友情",占比为19.93%;其次为"暂时远离烦嚣都市,回归自然",占比为18.89%;第三和第四分别为"放松心情,获得愉快体验"和"暂时远离拥挤人群,回归自我",占比分别为18.57%与18.24%。以上数据说明,上海居民通过休闲活动收获最大的为增进亲友之间感情和远离工作和生活中的压力,放松身心。

同时,居民对休闲活动起到的减轻工作和生活中的压力、放松身心和舒缓消极情绪等方面作用也相对较为满意,而上海居民对休闲活动有关认识和提升自我、刺激单调生活和挑战自我等方面的满意度较低。

表3-32　2014年上海居民休闲活动满意度统计表(单位:%)

休闲收获	完全没有收获	收获较小	收获较大	收获非常大
减轻压力	3.57	15.58	65.26	15.58
消除消极情绪	0.98	21.64	63.61	13.77

休闲收获	完全没有收获	收获较小	收获较大	收获非常大
放松心情	0.98	10.10	70.36	18.57
获得成就感	6.19	39.74	43.32	10.75
扩大视野	2.61	31.60	52.77	13.03
陶冶情操	3.92	35.29	50.65	10.13
丰富爱好	1.94	30.42	55.99	11.65
锻炼身体	0.98	31.60	57.33	10.10
提高认识能力	4.25	33.66	51.31	10.78
刺激单调生活	14.33	40.39	34.20	11.07
挑战自我	14.01	44.30	31.27	10.42
回归自然	6.19	27.69	47.23	18.89
回归自我	6.84	30.62	44.30	18.24
获得心灵平静	4.58	30.72	51.31	13.40
加深自我了解	5.88	47.06	38.24	8.82
挖掘潜能	7.19	44.77	39.22	8.82
实现价值	8.50	43.79	39.87	7.84
增进亲情友情	3.92	19.28	56.86	19.93
扩大交际范围	5.54	28.99	52.44	13.03

（二）因子分析

1. KMO 和 Bartlett 球形检验比较分析

对 2004 年问卷结果中 19 项休闲满意度调研数据进行相关性检测,结果见表 3-33。KMO 值为 0.813,大于 0.7;Sig.值为 0,小于 0.01,因此,可以认定 2004 年问卷中休闲满意度变量之间存在显著的相关性,适合进行因子分析。

表 3-33　2004 年休闲满意度 KMO 和 Bartlett 的检验

KMO 和 Bartlett 的检验		
取样足够度的 Kaiser - Meyer - Olkin 度量		0.813
Bartlett 的球形度检验	近似卡方	1 149.243
	df	171.000
	Sig.	0.000

77

对 2014 年问卷结果中 19 项休闲满意度调研数据进行相关性检测,结果见表 3-34。KMO 值为 0.854,大于 0.7;Sig. 值为 0,小于 0.01,因此,可以认定 2014 年问卷中休闲满意度变量之间存在显著的相关性,适合进行因子分析。

表 3-34　2014 年休闲满意度 KMO 和 Bartlett 的检验

KMO 和 Bartlett 的检验		
取样足够度的 Kaiser-Meyer-Olkin 度量		0.854
Bartlett 的球形度检验	近似卡方	2 783.963
	df	171.000
	Sig.	0.000

2. 解释的总方差及碎石图比较分析

表 3-35 显示出 2004 年休闲满意度因子分析每个公因子所解释的方差及其累积和。观察"初始特征值"一栏的"累计%",前五个公因子解释的累积方差值为 59.562%,因此,提取 5 个公因子能够很好地表达 2004 年问卷调查各种休闲满意度原有变量中所包含的信息。

表 3-35　2004 年休闲满意度因子分析解释的总方差

成分	初始特征值			提取平方和载入			旋转平方和载入		
	合计	方差的%	累积%	合计	方差的%	累积%	合计	方差的%	累积%
1	5.452	28.697	28.697	5.452	28.697	28.697	3.127	16.459	16.459
2	1.878	9.882	38.579	1.878	9.882	38.579	2.622	13.801	30.260
3	1.656	8.714	47.294	1.656	8.714	47.294	2.134	11.233	41.493
4	1.199	6.309	53.603	1.199	6.309	53.603	1.901	10.003	51.496
5	1.132	5.960	59.562	1.132	5.960	59.562	1.533	8.066	59.562
6	0.965	5.076	64.639						
7	0.934	4.918	69.557						
8	0.827	4.351	73.908						
9	0.737	3.877	77.785						
10	0.657	3.460	81.245						
11	0.570	2.999	84.244						
12	0.517	2.721	86.966						

续　表

成分	初始特征值			提取平方和载入			旋转平方和载入		
	合计	方差的%	累积%	合计	方差的%	累积%	合计	方差的%	累积%
13	0.472	2.486	89.451						
14	0.415	2.186	91.638						
15	0.409	2.153	93.791						
16	0.361	1.899	95.690						
17	0.319	1.679	97.369						
18	0.276	1.451	98.819						
19	0.224	1.181	100.000						

提取方法：主成分分析。

　　2004 年休闲满意度因子分析特征值的碎石图，如图 3-3 所示。通过观察可以发现，第五个公因子之后的特征值变化趋缓，即在横坐标"5"之后折线变的较为平坦，表明选取 5 个公因子是比较恰当的。

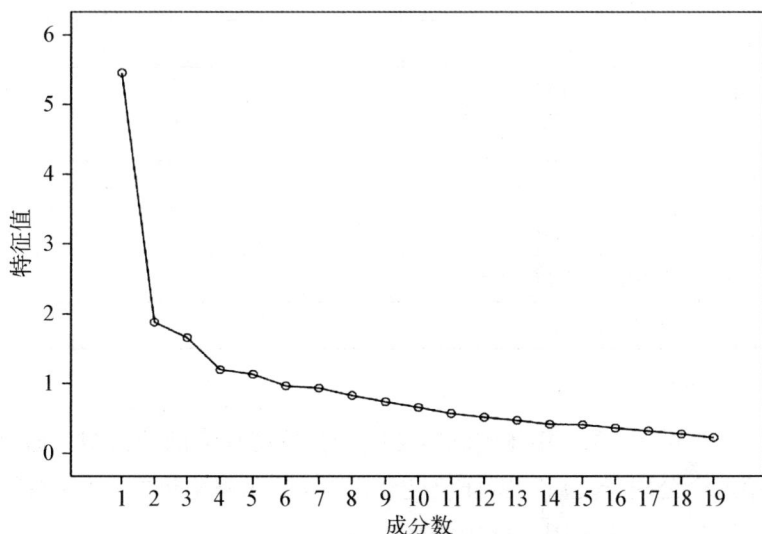

图 3-3　2004 年休闲满意度因子分析特征值的碎石图

　　2014 年休闲满意度因子分析解释的总方差，见表 3-36。前五个公因子解释的累积方差已经达到 66.107%，故提取 5 个公因子就能够很好地解释原有变量包含的信息。

表 3-36 2014 年上海居民休闲满意度因子分析解释的总方差

成分	初始特征值			提取平方和载入			旋转平方和载入		
	合计	方差的%	累积%	合计	方差的%	累积%	合计	方差的%	累积%
1	6.837	35.984	35.984	6.837	35.984	35.984	2.804	14.757	14.757
2	1.973	10.384	46.368	1.973	10.384	46.368	2.790	14.682	29.439
3	1.460	7.684	54.052	1.460	7.684	54.052	2.649	13.941	43.380
4	1.260	6.629	60.681	1.260	6.629	60.681	2.272	11.956	55.336
5	1.031	5.425	66.107	1.031	5.425	66.107	2.047	10.771	66.107
6	0.898	4.728	70.835						
7	0.768	4.042	74.877						
8	0.723	3.803	78.680						
9	0.696	3.663	82.343						
10	0.571	3.007	85.350						
11	0.498	2.623	87.973						
12	0.425	2.235	90.207						
13	0.396	2.084	92.292						
14	0.334	1.759	94.051						
15	0.301	1.583	95.634						
16	0.248	1.306	96.940						
17	0.233	1.226	98.166						
18	0.209	1.100	99.266						
19	0.140	0.734	100.000						

提取方法：主成分分析。

图 3-4 显示了 2014 年休闲满意度因子分析特征值的碎石图。通过观察可以发现，第五个公因子之后的特征值变化趋缓，即在横坐标"5"之后折线变得较为平坦，表明选取 5 个公因子比较恰当。

3. 旋转成分矩阵比较分析

表 3-37 为 2004 年休闲满意度因子分析旋转成分矩阵。通过观测我们可以发现，旋转后每个公因子的载荷分批更加清晰，各因子的意义更易解析。已知因子载荷为变量与公因子的相关系数，对一个变量来说，因子的载荷绝对值越

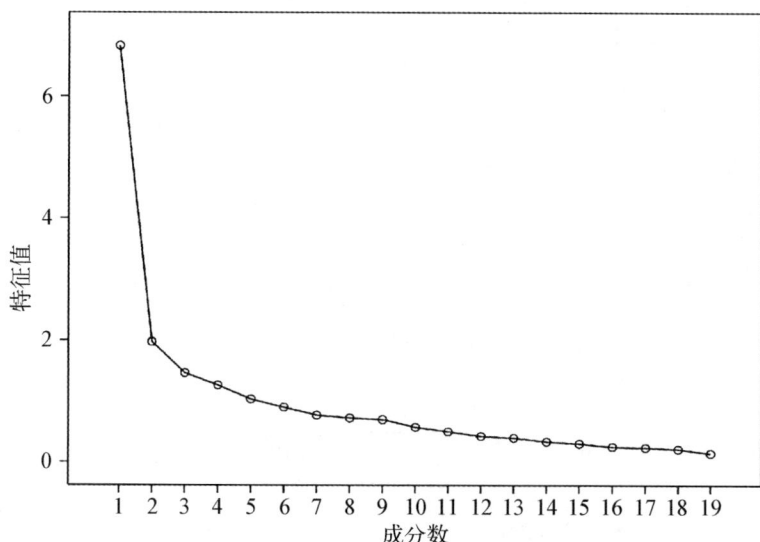

图 3-4　2014年休闲满意度因子分析特征值碎石图

大,其关系越密切,就更能代表这个变量。按照这个观点,第一个公因子更能代表"实现自己价值""挖掘自己潜能""加深对自己了解""因完成某些活动获得成就感""提高自己对社会认识能力"和"扩大视野,获得新知识、经验";第二个公因子更能代表"减轻或消除生活、工作压力""放松心情,获得愉快体验""减轻或消除心理上消极情绪""丰富兴趣爱好""锻炼身体、保持健康"和"陶冶情操,满足审美需要";第三个公因子更能代表"暂时远离烦嚣都市,回归自然""暂时远离拥挤人群,回归自我"和"获得心灵平静";第四个公因子更能代表"刺激单调生活,满足冒险需要"和"满足挑战自我、挑战自然需要";第五个公因子更能代表"调整与家人朋友关系,增进亲情友情"和"扩大交际范围,获得新的友谊或经历"。

表 3-37　2004年上海居民休闲满意度旋转成分矩阵

	成　　分				
	1	2	3	4	5
实现价值	0.802	−0.052	0.196	0.118	0.103
挖掘潜能	0.754	0.253	0.136	0.145	0.126
加深自我了解	0.705	0.189	0.023	−0.085	0.090
获得成就感	0.492	−0.029	0.175	0.417	−0.038

	成　分				
	1	2	3	4	5
提高认识能力	0.483	0.189	−0.216	0.230	0.276
扩大视野	0.463	0.377	0.069	0.176	0.011
减轻压力	0.140	0.712	0.194	−0.226	0.231
放松心情	−0.045	0.666	0.294	0.152	0.012
消除消极情绪	0.118	0.624	0.303	−0.020	0.246
丰富爱好	0.292	0.557	0.002	0.100	−0.337
锻炼身体	0.341	0.527	−0.157	0.304	0.291
陶冶情操	0.441	0.478	0.029	0.139	0.037
回归自然	0.001	0.113	0.800	0.275	0.100
回归自我	0.070	0.207	0.762	0.173	0.141
获得心灵平静	0.332	0.234	0.638	−0.164	0.038
刺激单调生活	0.027	0.202	0.050	0.786	0.138
挑战自我	0.329	−0.086	0.266	0.774	0.035
增进亲情友情	0.063	0.069	0.227	−0.021	0.794
扩大交际范围	0.263	0.148	0.036	0.234	0.651

提取方法：主成分。
旋转法：具有 Kaiser 标准化的正交旋转法。旋转在 9 次迭代后收敛。

　　表 3-38 为 2014 年休闲满意度因子分析旋转成分矩阵。第一个公因子更能代表"实现自己价值""挖掘自己潜能""扩大交际范围，获得新的友谊或经历""加深对自己了解"和"调整与家人朋友关系，增进亲情友情"；第二个公因子更能代表"扩大视野，获得新知识、经验""因完成某些活动获得成就感""提高自己对社会认识能力""丰富兴趣爱好""锻炼身体、保持健康"和"陶冶情操，满足审美需要"；第三个公因子更能代表"减轻或消除生活、工作压力""减轻或消除心理上消极情绪""获得心灵平静"和"放松心情，获得愉快体验"；第四个公因子更能代表"刺激单调生活，满足冒险需要"和"满足挑战自我、挑战自然需要"；第五个公因子更能代表"暂时远离烦嚣都市，回归自然"和"暂时远离拥挤人群，回归自我"。

表 3-38　2014 年休闲满意度因子分析旋转成分矩阵

	成　分				
	1	2	3	4	5
实现价值	0.722	0.199	−0.038	0.408	0.060
挖掘潜能	0.718	0.188	0.081	0.456	−0.036
扩大交际	0.688	0.381	−0.062	−0.098	0.140
加深自己了解	0.646	0.059	0.285	0.413	−0.028
增进亲情	0.627	0.065	0.377	−0.105	0.298
扩大视野	0.123	0.715	0.164	0.076	0.167
成就感	0.107	0.666	0.114	0.332	−0.016
提高认识能力	0.142	0.594	0.156	0.362	0.020
丰富兴趣	0.274	0.529	0.045	0.244	0.187
锻炼身体	0.363	0.497	0.232	−0.106	0.061
陶冶情操	0.051	0.496	0.358	0.305	0.258
工作压力	0.070	0.155	0.833	0.043	0.084
消极情绪	0.064	0.269	0.785	0.187	0.133
获得心灵平静	0.388	−0.064	0.628	0.120	0.312
放松心情	−0.005	0.445	0.592	0.058	0.085
挑战自我	0.167	0.275	0.065	0.773	0.224
刺激单调生活	0.144	0.238	0.157	0.772	0.142
远离都市	0.107	0.167	0.192	0.174	0.890
远离人群	0.093	0.146	0.213	0.125	0.889

提取方法：主成分。
旋转法：具有 Kaiser 标准化的正交旋转法。

　　2004 年与 2014 年上海居民休闲满意度公因子比较，见表 3-39。通过分析可以发现以下主要结论。

　　第一，自我实现因子。2004 年中主要包括"实现自己价值""挖掘自己潜能""加深对自己了解""因完成某些活动获得成就感""提高自己对社会认识能力"和"扩大视野，获得新知识、经验"。2014 年中第一个公因子主要包括"实现自己价值""挖掘自己潜能""扩大交际范围，获得新的友谊或经历""加深对自己了解"和"调整与家人朋友关系，增进亲情友情"。2014 年自我实现因子中上海居民更加注重亲情友情等社交因素。

表 3‑39　2004 年与 2014 年上海居民休闲满意度公因子比较表

第一个公因子（自我实现因子）		第二个公因子（自我提高因子）		第三个公因子（短暂逃避因子）		第四个公因子（寻求改变因子）		第五个公因子（社交因子/释放压力因子）	
2004	2014	2004	2014	2004	2014	2004	2014	2004	2014
实现价值	实现价值	减轻压力	扩大视野	回归自然	回归自然	刺激单调生活	刺激单调生活	增进亲情友情	减轻压力
挖掘潜能	挖掘潜能	放松心情	获得成就感	回归自我	回归自我	挑战自我	挑战自我	扩大交际范围	消除消极情绪
加深自我了解	加深自己了解	消除消极情绪	提高认识能力	获得心灵平静					放松心情
获得成就感	增进亲情	丰富爱好	丰富爱好						获得心灵平静
提高认识能力	扩大交际	锻炼身体	锻炼身体						
扩大视野		陶冶情操	陶冶情操						

第二，自我提高因子。2004 年中主要包括"减轻或消除生活、工作压力""放松心情，获得愉快体验""减轻或消除心理上消极情绪""丰富兴趣爱好""锻炼身体、保持健康"和"陶冶情操，满足审美需要"等。2014 年中主要包括"扩大视野，获得新知识、经验""因完成某些活动获得成就感""提高自己对社会认识能力""丰富兴趣爱好""锻炼身体、保持健康"和"陶冶情操，满足审美需要"。这说明，2014 年上海居民更多地将多大视野和提高认识能力看作自我提高。

第三，短暂逃避因子。2004 年短暂逃避因子主要包括"暂时远离烦嚣都市，回归自然""暂时远离拥挤人群，回归自我"和"获得心灵平静"；2014 年则减少了"获得心灵平静"，变化相对不大。

第四，寻求改变因子。2004 年与 2014 年均为"刺激单调生活，满足冒险需要"和"满足挑战自我、挑战自然需要"。

第五，社交因子/释放压力因子。2004 年社交因子包括"调整与家人朋友关系，增进亲情友谊"和"扩大交际范围，获得新的友谊或经历"；2014 年第五个公因子为释放压力因子，主要包括"减轻或消除生活、工作压力""减轻或消除心理上消极情绪""获得心灵平静"和"放松心情，获得愉快体验"。

（三）纵向比较

经过10年的发展，上海休闲设施不断完善，休闲环境进一步优化，居民休闲满意度也发生了一定变化，主要变化为：

第一，主要休闲动机保持不变，商务休闲动机明显增多。通过对比表3-30与表3-32发现2014年与2004年上海居民休闲动机排名前3位均为"放松身心、消除疲劳""开阔眼界、增长认识能力"和"增强与外界沟通、扩大交际"。变化最大的为"商务需求"，从2004年的4.63%上升到了9.64%，锻炼身体则从12.85%下降到7.01%。说明经过10年发展，上海居民以商务需求为休闲动机比例显著增加，上海居民商务休闲动机明显升高。

第二，上海居民休闲满意度有所提高，但非常满意比例有所下降，见表3-31与表3-33,2014年19项满意度调研项目中，"收获非常大"选择比例下降的为15项，远高于选择比例提高的4项，说明上海居民对休闲活动非常满意的比例有所下降。同时，在2014年，"收获比较大"选择比例仍为各项目中最高，且19项中选择比例升高的调查项目为15项，说明上海居民对上海休闲满意度比较满意的比例明显提高。"完全没有收获"和"收获比较小"的选择比例整体有所下降，直接体现了10年来上海城市休闲建设的成果。

第三，上海居民休闲满意度均可分为自我实现因子、自我提高因子、短暂逃避因子、寻求改变因子和社交因子/释放压力因子五个公因子，且所包括内容大致相同。变化最大的是2004年第五个公因子为"社交因子"，主要包括"调整与家人朋友关系，增进亲情友情"和"扩大交际范围，获得新的友谊或经历"。然而2014年第五个公因子为"释放压力因子"，主要包括"减轻或消除生活、工作压力""减轻或消除心理上消极情绪""获得心灵平静"和"放松心情，获得愉快体验"。

二、休闲环境满意度

为了解上海居民对城市休闲环境的总体评价，分别从休闲方式的丰富性、休闲时尚在全国的地位、休闲环境的安全性、休闲设施的完善性、休闲气氛的浓厚程度和休闲产业的发达程度6个方面进行了问卷调查。

（一）描述性统计

1. 2004年上海城市休闲环境满意度

2004年，上海居民对休闲方式丰富多样的认可度最高，基本同意（56.28%）和完全同意（23.50%）相加占79.78%，是持否定意见者的4倍。上海居民对休闲时尚走在全国前列的认同度很高，基本同意的占52.46%，完全同意的占

30.05％,其他选项的赞同率都超过否定率。由此可见,上海居民对上海城市休闲环境总体还是比较满意的。但需要关注的是,上海居民对休闲气氛浓厚、休闲活动设施完善和休闲产业发达的否定率相对较高,占30％左右,这正是未来上海城市休闲发展需要改善的地方。2004年上海城市休闲环境满意度,见表3-40。

表3-40 2004年上海城市休闲环境满意度一览表

	完全不同意	不太同意	基本同意	完全同意
休闲方式丰富多样	2.19％	18.03％	56.28％	23.50％
休闲活动设施完善	2.19％	29.51％	53.55％	14.75％
休闲时尚走在全国前列	3.28％	14.21％	52.46％	30.05％
休闲气氛浓厚	5.46％	34.97％	45.90％	13.66％
休闲产业发达	4.37％	29.51％	48.09％	18.03％
休闲环境安全	2.73％	27.87％	53.01％	16.39％

2. 2014年上海城市休闲环境满意度

2014年,上海居民对休闲活动设施完善的认同度最高,基本同意(59.61％)和完全同意(23.78％)的加起来占83.38％,是持否定意见者的5倍。其他选项的赞同率都大大超过否定率,说明上海居民对上海城市休闲环境总体比较满意。其中,只有对休闲气氛浓厚和休闲产业发达的否定率相对较高,占三成。2014年上海城市休闲环境满意度,见表3-41。

表3-41 2014年上海城市休闲环境满意度一览表

	完全不同意	不太同意	基本同意	完全同意
休闲方式丰富多样	2.91％	18.45％	55.34％	23.30％
休闲活动设施完善	1.30％	15.31％	59.61％	23.78％
休闲时尚走在全国前列	2.93％	14.33％	53.75％	28.99％
休闲气氛浓厚	2.93％	27.36％	48.21％	21.50％
休闲产业发达	1.95％	24.10％	51.47％	22.48％
休闲环境安全	1.95％	17.21％	59.42％	21.43％

(二) 纵向比较

从变化上看,2004年和2014年上海居民对休闲环境满意度最大的变化是所有选项的认同率均有所提高,说明上海城市休闲体系经过 10 年的发展,城市休闲状况得到进一步改善,休闲基础设施不断完善,休闲方式不断丰富,休闲产业取得较好的发展,休闲环境更加安全。其中,改善相对明显的是休闲活动设施,基本同意和完全同意的选择率分别提高了 6.06 和 9.03 个百分点,直接体现了 10 年来上海城市休闲基础设施建设的成果。

第四章　武汉居民休闲方式与满意度分析

本章主要以武汉城市居民为研究对象,基于 2004 年和 2014 年两次调查数据,分析 10 年来武汉居民在休闲方式、休闲活动选择影响因素及其满意度方面的差异和变化,旨在对武汉居民的休闲状况有一个全面而翔实的把握,进而为武汉休闲产业的规划和发展,以及城市居民休闲活动的开展提供借鉴和指导。

第一节　人口统计学特征

调查样本的人口学基本信息包括性别、年龄、婚姻状况、文化程度、职业和收入等。两次调研样本人口统计学特征下,见表 4 - 1。

第一,性别构成。2014 年调研对象中男性占 48.64%,女性占 51.36%;2004 年调查中调研对象男性所占比例为 57%,女性所占比为 43%。可以看出,两次调研的男女比例结构基本持平,较为合理。

第二,年龄结构。2014 年的调研对象主要是在职的、具有独立经济来源的居民,这部分群体往往具有稳定的收入来源,且有较强的休闲愿望。此次调查中 60 岁以上群体和 18 岁以下群体比例较低,分别为 1.72% 和 0.49%。样本中 18～25 岁群体和 26～35 岁群体的占比较高,分别为 34.73% 和 33.74%,36～45 岁群体占 15.27%,45～60 岁群体占 5.50%。而 2004 年的调查样本构成为:18 岁以下 2.00%,18～25 岁群体达 49.00%,26～35 岁群体达 29.00%,36～45 岁群体占 11.00%,46～60 岁群体占 5.50%,60 岁群体占 3.50%。

第三,婚姻状况构成。2014 年调研中未婚人群所占比例为 45.99%,已婚人群占比为 54.01%。2004 年调研中未婚人群所占比例为 64.00%,已婚人群占比为 36.00%。

第四,个人月收入情况。2014 年调研对象中收入在 1 000 元以下、1 000～3 000 元、3 000～5 000 元、5 000～8 000 元、8 000～10 000 元、10 000～15 000 元、15 000～2 0000 元及 20 000 元以上所占比重分别为 3.52%、27.64%、

表 4-1 样本人口统计学特征(单位：%)

类别	选 项	2004 年	2014 年	调研题目	选 项	2004 年	2014 年
类别	男	57.00	48.64	婚姻状况	未 婚	64.00	45.99
	女	43.00	51.36		已 婚	36.00	54.01
年龄	18 岁以下	2.00	0.49	文化程度	初中及以下	4.50	6.45
	18～25 岁	49.00	34.73		高中(中专、职校)	28.00	25.06
	26～35 岁	29.00	33.74		本科及大专	49.00	57.57
	36～45 岁	11.00	15.27		硕士及以上	18.50	10.92
	46～60 岁	5.50	14.04	职业	企、事业单位职工	30.00	34.40
	60 岁以上	3.50	1.72		企、事业管理人员	16.50	18.67
月收入	1 000 元以下	36.00	3.52		公务员	7.00	1.72
	1 000～3 000 元	43.00	27.64		私营业主、个体经营户	2.00	12.53
	3 000～5 000 元	15.00	35.68		学 生	12.00	5.90
	5 000～8 000 元	4.00	21.61		自由职业者	11.50	13.02
	8 000～10 000 元		5.78		离退休人员	—	3.44
	10 000～15 000 元		3.77		其他从业人员	21.00	10.32
	15 000～20 000 元	2.00	1.01				
	20 000 元以上		1.01				

35.68%、21.61%、5.78%、3.77%、1.01%和 1.01%。2004 年调研对象中收入在 1 000 元以下、1 000～3 000 元、3 000～5 000 元、5 000～8 000 元、8 000 元以上所占比重分别为 36.00%、43.00%、15.00%、4.00%、2.00%。从调研数据中可以看出,10 年来武汉居民的收入明显提高,集中表现在两个方面。一是,低收入群体大幅缩减。2004 年武汉居民月收入低于 1 000 元以下的达 36.00%,而 2014 年此部分居民的占比仅为 3.52%。二是,高收入群体大幅增加,集中表现在 8 000 元以上群体的比例。2004 年,此部分群体仅占总样本的 2.00%,而 2014 年占总样本量的 11.57%。居民的休闲消费能力也将相应提高,休闲方式和影响休闲的因素将会相应地发生变化。这也在一定程度上凸显出本研究的重要意义。

第五,文化程度构成。2014 年调研样本中初中及以下所占比例为 6.45%,高中(中专、职校)所占比例为 25.06%,本科及大专的人群所占比例最高,达到了 57.57%,而硕士及以上的人群所占比重也达到了 10.92%。2004 年调研样本中初中及以下、高中(中专、职校)、本科及大专和硕士及以上的人群所占比例分别为 4.50%、28.00%、49.00%和 18.50%。

第六,职业构成。在 2014 年调研样本中,企事业单位职工所占比例最高,达到了 34.4%;有 18.67%的人员为企、事业单位管理人员;1.72%的调研对象为公务员;私营企业主、个体经营户人群所占比重为 12.53%;学生群体所占比重为 5.90%;自由职业者群体所占比重为 13.02%;离退休人员所占比重为 3.44%;而其他从业人员的比重为 10.32%。而 2004 年调研对象中企、事业单位职工比例为 30%,企、事业单位管理人员所占比例为 16.50%,公务员比例为 7.00%,私营企业主、个体经营户比例为 2.00%,学生比例为 12.00%,自由职业者所占比例为 11.50%,其他从业人员所占比例为 21.00%。

综合两次样本构成来看,两次调研的男女比例平均,在企事业单位从事管理和服务工作的中青年群体占了较大比重。他们所受教育水平较高,个人文化素质较好,收入也较为丰裕和稳定,是城市休闲参与的主要群体,一定程度上能够更好地反映武汉居民休闲方式的基本特点。

第二节　休闲方式

一、休闲动机与同伴选择

(一) 休闲动机

为了便于理解和选择,同时使武汉居民休闲活动的研究更有针对性,本次调查把休闲活动的主要目的划分为 7 类,分别是:① 放松身心、消除疲劳;② 审美愉悦、怡情养性;③ 开阔眼界、增长认识能力;④ 加强与外界沟通、扩大交际;⑤ 锻炼身体;⑥ 消磨时间;⑦ 商务需要。两次调查结果,见表 4-2。

表 4-2　2004—2014 年武汉居民休闲动机比较(单位:%)

类　　别	时　　间	时　　间
休闲动机	2004	2014
放松身心、消除疲劳	78.23	91.53
审美愉悦、怡情养性	43.95	42.62
开阔眼界	64.11	39.47
扩大交际	39.92	32.45
锻炼身体	29.44	43.10

续　表

类　　别	时　　间	时　　间
休闲动机	2004	2014
消磨时间	13.31	32.93
商务需要	6.85	6.54
其他	1.61	3.39

总体来说，上表反映了武汉居民 2004～2014 年休闲活动目的的基本特征及变化趋势。

第一，从表 4－2 中可以发现，两次调查均显示居民将休闲活动的放松功能放在第一位，且随着时间的推移，放松功能占据着更为显著的优势。这主要是由于近年来随着我国经济结构的调整，城市居民尤其是城市白领阶层的生活方式紧张、工作节奏加快、竞争压力加大，人们内心的压力也随之增加。"亚健康"逐渐成为一个流行词汇，而对深受"亚健康"困扰的广大白领阶层来说，通过休闲活动来得到身心放松是最好的良方。因此，通过休闲活动得到压力的释放和心情的放松就成为人们进行休闲活动的首要目的。

第二，武汉居民对休闲活动的发展功能侧重有所转移。2004 年的调查显示，武汉居民更多的希望通过休闲活动开阔眼界、增长知识、怡情养性。到了 2014 年，休闲活动的发展功能逐渐体现在锻炼身体和审美愉悦、怡情养性上。2008 年北京奥运会以后，全民健身的概念已经深入人心，更多的居民希望能够在进行休闲活动时，强身健体。近年来，中国的"广场舞"蓬勃发展，也从一个侧面成为这一发展趋势的最好例证。

第三，武汉居民进行休闲活动期望从中实现社会交往功能的仍占据重要地位，但比例略微下降。人是社会化的群体，而现代社会高度的社会分工和快速的城市化进程，使得大多数人与外部世界交往的社会关系被大大的压缩，并且飞速发展的信息网络进一步阻碍了人与人之间的直接交流和沟通。所以人们迫切需要利用休闲时间进行直接的沟通和交流，休闲活动也就成为人们实现这一目的的重要载体和手段。

（二）同伴选择

2004 年调查可以看出，在从事休闲活动同伴选择上，59.50%的被访者选择与朋友在一起，21.00%的被访者选择与家人在一起。这两部分比例占整体样本的 80%以上。而选择同事和单独从事休闲活动的分别为 11.00%和 5.00%，其他为 3.50％。2014 年调查显示,从事休闲活动的同伴选择仍然以朋友为第一位,占 49.50％;选择与家人在一起的比重为 32.91％,而选择同事和单独从事休闲活动的比例分别为 11.56％和 4.02％,其他为 3.50％。综合两次调查可以发现,武汉居民参加休闲活动时选择朋友的比例要高于选择家庭成员,充分表明武汉居民参加休闲活动时具有显著的社交开放性和活动自由性的价值倾向,也在一定程度上折射出武汉居民"爱交友,重友情"的社会风气的本质特征①。两次调研中有关休闲同伴选择的统计结果如下,见表 4-3。

表 4-3　2004 年和 2014 年武汉居民休闲同伴选择(单位:％)

类　别	选　项	2004 年	2014 年
休闲同伴	家　人	21.00	32.91
	朋　友	59.50	49.50
	同　事	11.00	11.56
	单　独	5.00	4.02
	其　他	3.50	2.01

从两次调查中同伴选择的变化情况来看,2004 年武汉居民休闲同伴的首选是"朋友",占比 59.50％,比排在第二位的"家人"高出了 38.50％。然而到了2014 年,虽然选择"朋友"仍然是第一位,但是却下降了 10 个百分点,为49.50％;选择"家人"的比例大幅上升,达到 32.91％,两者的占比差缩小至 16.59％。这说明近 10 年来武汉居民参与休闲活动时均以亲情或友情为感情基础,但是与朋友一起休闲一直是武汉居民的重心,但是这一重心开始逐渐弱化,以家庭为主导的消费理念开始渗透到武汉居民的休闲观念之中。

二、休闲活动倾向

(一)平时休闲活动选择

从总体上来看,武汉居民平时工作日的休闲活动受到时间和空间的限制,休闲活动及方式都较为局限。具体体现在:第一,休闲活动方式相对集中,以"上网、电视、电影、演唱会和音乐会等"居多。根据 2014 年的调查可以发现,武汉居民平时以进行上网、看电视等娱乐活动为主,两者的选择比例分别为66.83％和57.99％。然而 10 年前的调查显示,看电视和上网的选择比例为 75.50％。值得

---

① 姚伟钧,胡俊修.斥力与魅力:小议武汉人文化品格[J].中南民族大学学报.2004(2):121-123.

注意的是,2004 年居民的休闲方式主要以看电视为主,上网的只有少部分居民。根据 CNNIC《中国互联网络发展状况统计报告》显示,截至 2004 年底,全国互联网用户的比例仅为 7.00％,而武汉所在湖北省的网民比例也仅为 7.10％。但是到 2014 年底,全国互联网普及率已经上升至 47.90％,较 2004 年上升了近 7 倍,而湖北省的网民比例也达到 45.30％[①]。短短 10 年中,互联网已经取代电视机成为居民日常休闲生活中重要技术手段,见表 4－4。

表 4－4　2004 年和 2014 年武汉居民休闲活动选择(单位：％)

休 闲 活 动	平　时		周　末		黄金周	
	2004 年	2014 年	2004 年	2014 年	2004 年	2014 年
旅游度假	12.50	13.27	14.00	16.42	58.50	61.73
参观访问(博物馆、名人故居等)	4.00	7.13	5.50	14.95	6.50	17.04
上网	75.50	66.83	43.00	39.46	31.00	25.93
电视		57.99		30.64		18.27
电影		37.59		37.50		16.79
演唱会、音乐会等		3.44		11.76		6.17
逛街、购物、饮食、闲聊	46.00	23.83	48.5	45.10	22.00	39.51
吧式消费(酒吧、咖吧、茶吧、氧吧)	7.50	5.41	12.00	8.82	2.50	7.65
养花草宠物	7.00	11.55	9.00	8.58	5.00	5.93
业余爱好(书画、阅读、摄影、收藏等)、桌游、棋牌	14.50	20.39	16.00	29.66	6.50	27.90
美容、家居装饰	2.50	—	3.00	—	3.00	—
体育健身	17.50	21.87	16.00	18.63	10.50	15.80
社会活动(民间节庆、宗教活动、公益活动、走亲访友及各种场合的聚会)	4.00	5.65	16.50	12.01	19.50	12.59
休闲教育(学习美术、声乐、插花等)	3.00	2.46	6.00	3.19	6.00	5.43
其他	0.00	1.47	1.00	1.96	1.00	5.19

注：百分比以响应者为基础。

---

① 中国网络信息中心.中国互联网络发展状况统计报告(第 15 次及第 35 次)[EB/OL]. http://news.mydrivers.com/1/381/381898.htm.

　　第二，以网络终端为工具的网络休闲对居民的休闲活动选择产生重要影响。从调查中可以发现，"逛街、购物、饮食、闲聊"等消遣娱乐活动位居武汉平时休闲活动选择的第二位，但二次调查的选择比却出现了大幅下滑，由 2004年的 46％下降至 2014 年的 23.83％，减少近一半。由于平时闲暇时间较少，传统人际交往中须面对面的交流方式受到极大的限制，而互联网技术的发展，手机终端设备和社交 APP 的盛行，克服了传统人际交往时间和空间的局限，且移动互联终端通过视频、语音、照片等方式将现实生活搬到虚拟平台，改变了人际互动的形式。因此，在互联网时代，网络休闲和聊天成为居民平时休闲的重要选择。

　　第三，电影消费和体育健身的常态化。一方面，根据 2014 年的数据显示，武汉居民在平时选择"电影"的比例为 37.59％，是仅次于上网和看电视，排名第三位的休闲活动。近几年，我国国内电影产业呈现持续快速增长的趋势，票房总数、影院数和银幕数都出现了大幅的增加，看电影逐渐成为居民日常休闲的重要方式，如图 4-1 所示。

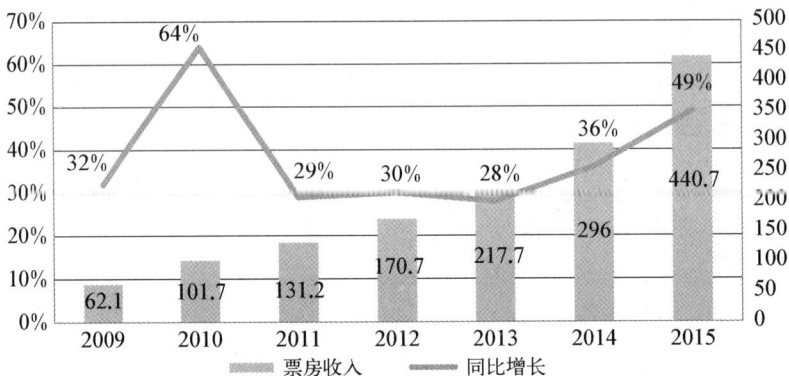

图 4-1　2009—2015 年中国票房收入及同比增长情况

　　另一方面，"体育健身"的选择比例也较 2004 年有了较大幅度的提升。由2004 年的 17.50％上升至 2014 年的 21.87％，成为日常休闲活动的主要方式之一。自 2008 年北京奥运会后，国内群众体育受到越来越高的重视，为满足广大群众"后奥运时代"的强身健体需求，国务院批准 8 月 8 日为"全民健身日"，逐步推广健康生活的理念。随着 2014 年国务院印发《关于加快发展体育产业促进体育消费的若干意见》，"全民健身"上升为国家战略，居民体育健身和体育消费的意识也将显著增强，这一比例预计将进一步提升。

第四,居民平时休闲活动内容更加多元化。从2014年的调查可以发现,居民对于"参观访问(博物馆、名人故居等)""养花草宠物"等怡情和教育类休闲活动的选择均有所提升,显示了居民在日常工作之余进行休闲活动选择的自主性和开放性。此外,随着物质生活水平的提高,新兴的休闲方式如"桌游""看演唱会"成为居民日常生活的消费热点。

(二)周末休闲活动选择

由于周末闲暇时间相对更多且较为集中,武汉居民的休闲活动也呈现出一些变化。第一,"逛街、购物、饮食、闲聊"等消遣娱乐类休闲活动成为武汉居民周末最常见的休闲方式。由于周末休闲时间相对较长,居民更愿意在周末走出家门,与家人和朋友外出聚餐、闲聊以增进感情。第二,"上网""看电视"类消遣娱乐活动的比例出现大幅下降,位居周末休闲方式的第2位。与平时相比,两个选项分别由平时的66.83%和57.99%下降为39.46%和30.64%,下降幅度接近一半。这表明随着周末休闲时间的增多,居民继续"宅在家里"的比例大幅减少,居民更愿意进行外出型的休闲娱乐活动。第三,"看电影"所占比例与平时基本持平,仍位居第三位。这在一定程度上说明,"看电影"已经成为武汉居民日常休闲生活中较为常态的一种方式。随着电影院布局的网格化和社区化,居民电影消费将成为周末休闲的重要选择。第四,居民外出型休闲活动更加多元化。与平时相比,武汉居民周末的休闲活动除"养花草宠物"和"体育健身"的比例有略微下降外,其他项的休闲活动项目均有不同程度的提升。尤其以"参观访问""演唱会、音乐会""社会活动"等文化型、外出型的休闲活动的比例增长最快。

从两次调查结果可以发现,10年间武汉居民在周末休闲活动的选择上呈现出一定的特征。第一,"逛街、闲聊""看电视"等消遣娱乐类休闲活动虽然仍旧是武汉居民周末休闲消费的常见方式,但是与10年前相比,此类休闲活动的选择比例均有所下降。第二,伴随着互联网的普及和渗透,"上网"的选择比例较10年前出现了大幅的提升。第三,"旅游度假""参观访问""演唱会、音乐会"的比例有一定程度的提升。10年间社会经济水平快速提高,人们对于休闲消费的理念也发生相应改变,走出家门,进行文化型教育性的休闲活动成为城市居民休闲的重要选择。

(三)黄金周休闲活动选择

在黄金周期间,居民拥有比平时和周末更多的闲暇时间,因此休闲活动和活动场所再次表现出"开放型"和"走出去"的趋势。第一,一方面,休闲方式集中趋势明显,"旅游度假""参观访问"类活动占比具有明显优势。从 2014 年的调查中可以发现,"旅游度假"成为武汉居民黄金周休闲活动的最重要方式,这一比例由平时的 13.27%、周末的 16.42% 迅速上升至黄金周节假日的 61.73%。这表明,武汉居民在黄金周还是更愿意出去走走,印证了大众旅游的时代特征。另一方面,选择"参观访问""社会活动"的比例均有不同程度的提升。这表明,黄金周出游成为武汉居民的首选,而出游的方式是多样化的,可能是长途的旅游度假,也可能是城市周边的短途旅游,呈现出了较强的"外出型""度假型的"特点。第二,与平时和周末相比,除"旅游度假""参观访问""社会活动"及"业余爱好、桌游、棋牌"外,其他选项均出现了不同程度的下降。这一定程度上也反映了武汉居民在黄金周的休闲方式的集中化趋势。

从黄金周休闲方式的变化来看,同样也体现了社交型和外向型的休闲趋势。首先,旅游度假类休闲活动的选择比例较 2004 年有所提升,但增长幅度仅为 3 个百分点。近 10 年来,国内旅游人数由 2004 年的 11.02 亿人次上升至 2014 年 36.11 亿人次,增长了 3 倍多。但是,黄金周旅游度假的增长幅度却没有显著的增加,背后的原因值得深究。自 2008 年实施"1+2+5+43"新休假制度以来,国内旅游业持续快速发展,使得旅游业成为国民经济新的增长点。但是,黄金周在推动我国旅游大众化发展的同时,假日经济所引发的旅游市场供给失衡,旅游资源配置不合理,极大地影响了旅游者服务体验,越来越多的居民选择理性出游,避开黄金周的"井喷"阶段,选择带薪假期等时段错峰出游。其次,"逛街、购物、饮食、闲聊"和"吧式消费"的选择比例由 2004 年 22% 和 2.5% 上升至 2014 年的 39.51% 和 7.65%,分别增长了 1~3 倍。武汉居民在黄金周期间除去外出旅游度假外,更多的居民会选择"逛街、购物""吧式消费"等社交活动消磨时间,反映出居民开始摈弃传统"宅在家里看电视"的消极休闲方式,选择更为外向型的休闲活动。因此,与 10 年前相比,选择"看电视""上网"的比例有一定程度的下降。

三、休闲场所选择

休闲场所是居民实现休闲活动方式的空间载体。在休闲时间、休闲方式和休闲动机互动的格局中,居民选择不同的休闲方式,其所依赖的场所会有所不同,即使是相同的休闲方式,也会因不同的时段而导致场所的变更。本研究对武汉居民休闲场所选择的调查同样分为平时、周末和黄金周三个时间情境,统计结果,见表 4-5。

表 4-5　2004 年和 2014 年武汉居民休闲场所选择(单位：%)

休闲场所	平　时		周　末		黄金周	
	2004	2014	2004	2014	2004	2014
自己或者别人家里	60.30	31.46	17.59	14.85	18.09	13.50
景区、公园、绿地	5.53	19.49	17.59	19.51	37.69	17.63
社区、企业活动中心	7.54	8.25	6.03	5.01	4.02	7.25
文体娱乐场所	6.53	9.43	17.09	11.51	8.04	8.36
商场、广场、夜市	7.54	11.70	14.57	19.86	8.04	13.96
餐饮场所	4.02	6.07	8.54	10.46	4.52	10.28
网吧、酒吧、咖吧	2.01	4.71	6.53	4.83	2.51	4.96
培训机构	3.02	1.45	5.03	3.87	2.01	2.85
图书馆	3.52	3.26	3.52	4.48	7.54	4.41
博物馆、纪念馆等	0.00	1.72	1.51	2.28	2.51	9.09
宗教活动场所	0.00	0.36	1.01	0.97	1.01	1.47
其他	0.00	2.09	1.01	2.37	4.02	6.24

（一）平时休闲场所选择

从总体上来看,选择喜爱在"自己或别人家里"进行休闲活动的武汉居民,以 31.46% 的比例排名第 1 位,这与武汉居民主要休闲方式看电视的选择高度吻合。"景区、公园、绿地"和"商场、广场、夜市"以 19.49% 和 11.70% 的比例位列第二和第三,这与武汉居民愿意在平时进行"逛街、购物、闲聊"等休闲活动紧密相关。这表明,武汉市居民平时主要以家庭为中心开展休闲活动,同时辐射到社区周边的公园绿地和商场、广场。

从平时休闲场所选择的变化来看,一方面,"自己或别人家里"的选择率从 2004 年 60.30% 下降到 31.46%,几乎下跌了一半。另一方面,"景区、公园和绿地"和"商场、广场、夜市"的选择率从 2004 年 5.53% 和 7.54% 激增到 2014 年的 19.49% 和 11.70%。这说明,过去 10 年,武汉居民平时休闲活动的场所由以家为中心逐渐扩散到附近的休闲娱乐场所。

（二）周末休闲场所选择

从总体上来看,武汉居民周末休闲场所的选择以"景区、公园、绿地"和"商场、广场、夜市"的比例最高,分别为 19.86% 和 19.51%。与平时的休闲场所选择相比,武汉居民选择"自己或别人家里"的比率为 14.85%,出现了大幅的下降。这些特征与武汉居民周末更愿意进行外向型、开放型的休闲活动是相吻合的。两次调查都反映了武汉居民在周末休闲场所的选择,呈现出由室内转向室外、由家庭型场所转向公共型场所、由单一和封闭向多元和开放转变的趋势。

从周末休闲场所选择的变化来看,一是,2004 年武汉居民更愿意在"家"和"景区、公园、绿地"等地进行休闲活动,2014 年则发现武汉居民更愿意在家庭周边的"景区、公园、绿地"和"商场、广场和夜市"进行休闲,这一定程度上反映了武汉居民周末休闲场所的空间距离向外延展的特征。二是,选择去"网吧、酒吧、咖吧""文体娱乐场所"的比例都有不同程度的下降,而选择"图书馆""博物馆、纪念馆"的比例虽有所上升,但是比例仍然较低。

(三)黄金周休闲场所选择

从总体上来看,武汉居民节假日休闲活动场所选择比例最高的是风景区、公园、广场等户外型场所,占总数的 17.63%。"商场、广场和夜市"与"家庭"的选择率以 13.96%和 13.50%位居第二和第三位,而其他如餐饮场所、文体娱乐场所的选择比例为 10.28%和 8.36%。与平时和周末相比,呈现出如下特征。第一,武汉居民的休闲场所选择更加自由和开放。居民对场所的选择比例基本接近,彼此间差异较小,体现了居民在黄金周休闲的自主性和开放性。第二,周末和黄金周出游的热情逐渐降低,居民更愿意进行商业性、娱乐性的休闲活动。再次印证了武汉居民避开黄金周出游的选择倾向。第三,武汉居民在闲暇活动中接受文化熏陶和进行自我教育机会的意识逐渐提高。从黄金周武汉居民选择图书馆、博物馆、纪念馆等场所的比例来看,文化教育性休闲场所的选择率都出现了不同程度的提升,显示了武汉居民对文化性休闲活动越来越大的偏好。

从黄金周场所选择的变化来看,第一,"景区、公园、绿地"的比率大大降低,由过去的 37.69%下降到 2014 年的 17.63%,说明黄金周出游不再是武汉居民的最爱,他们往往会选择避开高峰。第二,商业类、娱乐类休闲场所成为武汉居民黄金周休闲的"新宠儿"。居民在避开黄金周出游的同时,更多选择家庭周边的商场、广场、餐饮场所,体现了居民休闲常态化的特征。

四、时间分配与休闲花费

(一)休闲时间分配

居民时间分配结构的不同可以反映出城市居民不同的生活状态和生活质

量。本节对武汉居民在平时、周末、黄金周三个不同时间情境下休闲时间的占有
量进行研究。2004 年和 2014 年武汉居民休闲时间占有情况，见表 4-6。

表 4-6　2004 年和 2014 年武汉居民休闲时间占有情况(单位：%)

休闲时间	平　　时		休闲时间	周　　末		休闲时间	黄金周	
	2004年	2014年		2004年	2014年		2004年	2014年
1 小时以下	14.50	16.96	4 小时以下	11.50	18.86	1 天以下	6.00	10.00
1～3 小时	48.00	51.62	4～10 小时	44.00	50.12	1～3 天	29.00	50.00
3～5 小时	23.50	24.94	10～15 小时	25.00	19.60	3～5 天	33.00	27.00
5 小时以上	14.00	6.48	15 小时以上	19.50	11.41	5 天以上	32.00	13.00

总体来看，第一，2014 年，武汉市多数居民平时的休闲时间为每天 1～3 小
时，其次是 3～5 小时，两者总计达到了 76.56%。这一数据与 2004 年相比差异
非常小，略微提升了 3 个百分点。第二，2014 年，武汉居民周末拥有的休闲时间
比例最高的为 4～10 小时，达到 50.12%，其次是 10～15 小时，占 19.60%。第三，
在节假日里，居民的休闲时间比平时和周末有了较大的增加，50% 的居民拥有
1～3 天的休闲时间，27.00% 的居民拥有 3～5 天的休闲时间，有 13% 的居民的
休闲时间达到 5 天及以上。整体来看，武汉居民每天现有的闲暇时间与 1997 年
每天 5 小时 58 分钟相比[①]，总量上略有提升，与国内其他大城市居民平时 5 小
时、周末 7 小时的闲暇时间拥有总量也较为相近[②]。

从休闲时间占有情况的变化来看，第一，在平时，武汉居民休闲时间在 5 小
时以内的比例有了明显提升，由 2004 年的 86% 上升至 93.54%，但是平时拥有
"5 小时以上"休闲时间的居民比例却大幅下降。这组数据表明，武汉居民的休
闲时间普遍提升，但是部分居民的休闲总量却有所下滑。第二，在周末，武汉
居民的休闲时间 10 小时以内的比例由 2004 年的 55.50% 上升至 68.98%，但
是 10 小时以上的比例却由 44.50% 下降至 31.02%，说明武汉居民在周末的休
闲时间总量出现了下降的趋势。第三，黄金周的休闲时间也呈现出了下降趋
势，这表明，近 10 年武汉居民的休闲时间的占有量有一定的减少。从两次抽

---

　①　风笑天.当前我国城市居民的闲暇生活质量——对武汉市 1008 户居民家庭的调查分析[J],社会
科学研究,1997(5)：5.
　②　王雅林.城市休闲——上海、天津、哈尔滨城市居民时间分配的考察[M].北京：社会科学文献出
版社,2003：44-45.

样的调查可以发现,10年间武汉居民的月收入出现了大幅上升,随之带来的用"时间换薪水"的现象愈加突出,更多居民被迫用加班来换取更高的收入。

(二)休闲花费

本节主要针对武汉居民在平时、周末、黄金周三个不同时间情境下休闲消费的支出量进行研究。

从总体上来看,2014年武汉居民的休闲消费支出中,有84.52%的被访者平时花费都在100元以下,周末休闲消费支出在300元以下的占75.00%,在节假日59.31%的居民休闲消费支出在1 000元以内。这与武汉居民在三个时间段内的休闲方式选择极为吻合。2004年和2014年武汉居民休闲消费支出情况,见表4－7。

表4－7　2004年和2014年武汉居民休闲消费支出情况(单位:％)

休闲花费	平　　时		休闲花费	周　　末		休闲花费	黄金周	
	2004年	2014年		2004年	2014年		2004年	2014年
50元以下	44.50	48.04	100元以下	32.50	21.13	500元以下	34.00	21.32
50～100元	33.50	36.52	100～300元	41.50	54.05	500～1 000元	28.00	37.99
100～300元	17.50	13.73	300～500元	19.00	21.62	1 000～3 000元	25.50	31.13
300元以上	4.50	1.72	500元以上	7.00	3.19	3 000元以上	12.50	9.56

在平时,由于休闲方式和休闲场所的限制,居民休闲多以"看电视、上网娱乐"等消遣型休闲活动为主,因此,休闲消费支出较低,多在100元以内。由于更多武汉居民选择平时在家进行娱乐休闲活动,2014年100元以内的消费支出比例较2004年有所提升。另外100～300元和300元以上的休闲消费支出都有不同程度的下降,呈现出武汉居民平时休闲消费支出下降的趋势。

在周末,武汉居民休闲消费支出的增长出现在100～500元区间内,而100元以下和500元以上的休闲消费支出的比例都有不同程度的下降。在黄金周,武汉居民休闲消费支出增长出现在500～3 000元区间内,由2004年53.50%上升至2014年69.02%,而500元以下和3 000元以上区间都有不同程度的下降。这一组数据体现了武汉居民休闲消费理念的理性转变,一方面,居民更愿意在休闲活动上花费金钱,旅游不再是日常休闲的唯一热点,餐饮消费、文体娱乐都成为居民休闲活动的重要选择;另一方面,高端休闲消费的市场特点逐渐减少,休闲的大众化、常态化趋势日益明显。

第三节　休闲活动选择的群体比较

一、不同性别的比较

休闲活动选择的性别差异是国内外学者进行休闲行为研究的一个重要课题。男性与女性的休闲活动选择是社会良性关系的标识,其变化往往能反映社会变化的很多信息,尤其是反映女性相对于男性的社会地位变化的情形[①]。西方许多研究成果显示,女性在休闲时间和休闲空间上远少于男性[②],存在着明显的不平等现象。国内学者对于男女在休闲时间和休闲内容方面的差异进行了分析比较,较为典型的有王雅林等人对上海、天津、哈尔滨三市的城市居民时间分配的考察[③],黄春晓等人对南京居民的抽样调查[④],他们的研究均得出与国外文献相似的结论。由于男性和女性在体能、心理等方面的差异,其选择的休闲活动也是不同的。传统观念认为,男性群体更多的喜欢足球、篮球、拳击等对抗性较强,有胜负结果的休闲活动;女性则更多的喜欢散步、静坐、插花等类型的休闲活动[⑤]。本研究通过对比两次武汉休闲调查中不同性别居民在休闲活动选择上的状况,从平时、周末、黄金周三个不同时间段探讨性别与休闲活动选择的关系及变化趋势。

(一)平时休闲活动选择

2004 年的调查显示,武汉男性和女性群体在平时休闲活动的选择上基本相似,以"上网、看电视"和"逛街、购物、饮食、闲聊"为主,两项休闲活动的选择比例均位居第一和第二位。但是,也可以发现,武汉男性群体更偏爱"看电视、上网"类休闲娱乐活动,这一结果与美国劳工部得到的男性看电视的时间高于女性的结论[⑥]是一致的。女性群体更喜爱"旅游度假""参观访问""体育健身"等休闲方式。但有个有趣的现象,男性群体选择"逛街、购物、饮食和闲聊"的比重要远高于女性的选择比例,这与传统"女性更爱逛街"的观念是相

---

① 王雅林.城市休闲——上海、天津、哈尔滨城市居民时间分配的考察[M].北京:社会科学文献出版社,2003:138-139
② Women and Geography Study group of the IBG. Geography and Gender: An Introduction to Feminist Geography[M]. London: Hutchinson,1984.
③ 参见①.
④ 黄春晓,何流.城市女性的日常休闲特征——以南京市为例[J].经济地理,2007(5):796-799.
⑤ 马红涛.上海居民休闲方式比较研究[D].上海:华东师范大学,2015.
⑥ Bureau of cabor statistics, American time use surrey-2015 result (OL).http://www.bls.gov/tus/tables/a2_2015.pdf, 2016-08-17.

悖的。武汉是我国中部地区的中心城市,凭借其便利的水利交通条件,历史上有"九省通衢"的美誉,码头文化造就了武汉人"热情友善""开放流动"的城市特性[①],而"男主外、女主内"的传统使得男性更趋于对外沟通和交流的休闲方式。2004 年和 2014 年不同性别群体平时休闲活动的选择情况,见表 4-8。

表 4-8 2004 年和 2014 年不同性别群体平时休闲活动的选择(单位:%)

休 闲 活 动	男 性		女 性	
	2004	2014	2004	2014
旅游度假	9.30	14.20	14.90	12.10
参观访问	2.30	9.60	5.30	4.80
上网	80.30	66.50	71.90	67.10
电视		51.80		64.30
电影		36.50		38.20
演唱会		4.10		2.90
逛街、购物、饮食、闲聊	61.60	17.30	34.20	29.50
吧式消费	8.10	8.10	7.00	2.90
养花草宠物	7.00	7.60	7.00	15.50
业余爱好、桌游、棋牌	14.00	22.90	14.90	18.30
美容、家居装饰	4.70	—	0.90	—
体育健身	11.60	28.40	21.90	15.90
社会活动	2.30	5.60	5.30	5.80
休闲教育	2.30	2.50	3.50	2.40
其他	0.00	1.00	0.00	1.90

注:百分比以响应者为基础。

2014 年的调查显示,男性与女性在平时休闲方式的选择上呈现出一定特征。第一,相似性。女性和男性群体在"旅游度假""上网""看电影""演唱会""社会活动"等休闲活动上的选择基本相似,选择比例基本接近。由于此类活动多需要结伴出行,因此性别群体的差异性表现得不是特别明显。第二,差异性。一方面,女性群体更偏爱"看电视、上网和电影""逛街、购物、饮食和闲聊"等娱乐方

① 胡静,等.武汉城市个性探讨.三峡大学学报(人文社会科学版)[J].2010,(32)2:66-69.

式,且"看电视"和"逛街、购物、饮食、闲聊"的选择比例高于男性群体达 10 个百分点。传统的家庭观念中,女性应该更多的承担家庭责任,然而随着社会性别意识的不断增强,女性的社会参与以及在家庭中的地位都在提升,女性休闲活动的决策权和参与度逐渐提升。另一方面,男性群体选择"吧式消费""体育健身""桌游棋牌"的比例要远高于女性群体。这三类活动符合男性群喜欢对抗性强、能够强身健体的休闲心理。

近 10 年,武汉男性群体和女性群体休闲活动的选择变化也呈现了差异性和相似性并存的特点。第一,相似性。"看电视、上网""旅游度假""参观访问""业余爱好"的休闲选择出现不同幅度的上升,呈现与总体变化相一致的趋势。而"吧式消费"的选择比例却出现了下降的趋势。第二,差异性。男性群体和女性群体在"逛街、购物、闲聊""体育健身"两项活动的选择上出现了截然相反的变化。10 年来,女性群体对于"逛街、购物、闲聊"的选择比例出现了大幅上升,而同时男性群体的选择跌幅近一半。此外,女性群体对于"体育健身"的偏爱较 10 年前有了大幅降低。

(二)周末休闲活动选择

2004 年的调查结果显示,武汉男性与女性在"上网、电视""旅游参观""吧式消费""业余爱好""休闲教育"等休闲方式的选择上差异不明显。男性更偏好"逛街、购物、饮食、闲聊""养花草宠物",而女性更偏好"体育健身""社会活动"等活动。

2014 年的调查结果显示,武汉男性和女性在继续保持对"上网、看电影""旅游参观""演唱会""吧式消费""业余爱好"等休闲方式选择的相似性。男性更偏好"体育健身""桌游、棋牌"等休闲方式,女性则更偏好"看电视""逛街、购物、饮食、闲聊"等休闲方式。

从变化趋势上来看,第一,男性和女性在"逛街、购物、饮食、闲聊"和"体育健身"两类休闲活动的选择上发生了颠覆性的变化。2004 年,男性是"逛街、购物、饮食和闲聊"的拥趸,而女性则更偏爱"体育健身活动"。然而在 2014 年,女性却超越了男性群体,成为"逛街、购物、饮食和闲聊"的主导者,男性也更注重体育健身。

第二,男性群体展现了比女性群体更多元化的趋势。2004 年,男性群体周末选择"逛街、购物、饮食和闲聊"和"看电视、上网"的集中度要远高于女性。男性群体的选择率超过 100%,占选择总频次的一半以上,而女性群体的选择率仅为 45%。然而在 2014 年,男性群体对于选择率较高的"上网、电影、电视"和"逛街购物、饮食闲聊"的选择集中度为 50.00%，而女性群体对于这些项目的选择集中度却超过了 58.00%。2004 年和 2014 年不同性别群体周末休闲活动的选择情况，见表 4-9。

表 4-9 2004 年和 2014 年不同性别群体
周末休闲活动的选择(单位：%)

休 闲 活 动	男　性		女　性	
	2004	2014	2004	2014
旅游度假	12.80	18.80	14.90	14.40
参观访问	3.50	16.80	7.00	13.00
上网	41.90	41.10	43.90	37.00
电视		23.40		38.00
电影		36.00		38.50
演唱会		13.70		10.10
逛街、购物、饮食、闲聊	60.50	39.60	39.50	50.00
吧式消费	12.80	7.60	11.40	10.10
养花草宠物	15.10	8.60	4.40	8.70
业余爱好、桌游、棋牌	16.30	32.50	15.80	27.40
美容、家居装饰	4.70	—	1.80	—
体育健身	10.50	25.90	20.20	12.00
社会活动	12.80	10.20	19.30	13.50
休闲教育	5.80	1.50	6.10	4.80
其他	1.20	1.00	0.90	2.90

注：百分比以响应者为基础。

(三) 黄金周休闲活动选择

2004 年，"旅游度假"是男性和女性居民黄金周休闲方式的首选，呈现出男性对"参观访问""上网、电视、电影""逛街、购物、饮食、闲聊""吧式消费""业余爱好""社会活动"更为偏好，女性则更偏好"旅游度假""养花草宠物""体育健身"等休闲活动。2014 年，上海男性与女性居民在黄金周休闲方式偏好与 2004 年没有出现明显差异。2004 年和 2014 年不同性别群体黄金周休闲活动的选择情况，见表 4-10。

表 4 - 10　2004 年和 2014 年不同性别群体黄金周休闲活动的选择(单位：%)

休 闲 活 动	男　性		女　性	
	2004	2014	2004	2014
旅游度假	55.80	61.00	60.50	61.80
参观访问	7.00	16.40	6.10	17.90
上网	31.40	25.60	30.70	26.60
电视		15.40		20.80
电影		15.40		18.40
演唱会		7.20		4.80
逛街、购物、饮食、闲聊	26.70	33.30	18.40	44.90
吧式消费	3.50	10.80	1.80	4.80
养花草宠物	4.70	4.10	5.30	7.70
业余爱好、桌游、棋牌	7.00	32.60	6.10	24.20
美容、家居装饰	4.70	—	1.80	—
体育健身	5.80	22.60	14.00	9.70
社会活动	23.30	13.30	16.70	11.60
休闲教育	5.80	4.60	6.10	6.30
其他	1.20	3.60	0.90	6.80

注：百分比以响应者为基础。

从变化趋势上看,女性选择"逛街、购物、饮食、闲聊"的增长幅度要远高于男性,说明在休闲时间充裕的情况下,女性越来越倾向于开放性、交往性的休闲活动。然而男性选择"体育健身"的比例增多,女性则减少,说明男性比女性更关注健康、注重运动健身。

二、不同收入群体的比较

居民进行休闲活动的重要前提是拥有闲暇时间和可自由支配的收入,收入是构成社会经济地位的重要变量,也是人们选择和参与休闲活动时可利用的重要资源①。2004 年和 2014 年两次调查相隔 10 年,而这 10 年恰好是武汉社会经济快速发展的 10 年。根据《湖北统计年鉴》相关数据整理发现,武汉居民的人均

---

① 孙海植,朴松爱.休闲学[M].李仲光,译.大连：东北财经大学出版社,2005.10：66 - 67.

可支配收入由 2004 年 9 564 元快速上升至 2014 年的 33 270 元,翻了近四倍,而家庭收入的快速增长将会极大的影响居民休闲活动的选择。为便于研究和比较,本书把家庭收入分为 1 000 元以下、1 000～3 000 元、3 000～5 000 元、5 000～8 000 元和 8 000 元以上五个类别,以此来分析不同收入群体在休闲方式选择上呈现的特征。武汉市 2004—2014 年城市居民人均可支配收入变化如下,如图 4-2 所示。

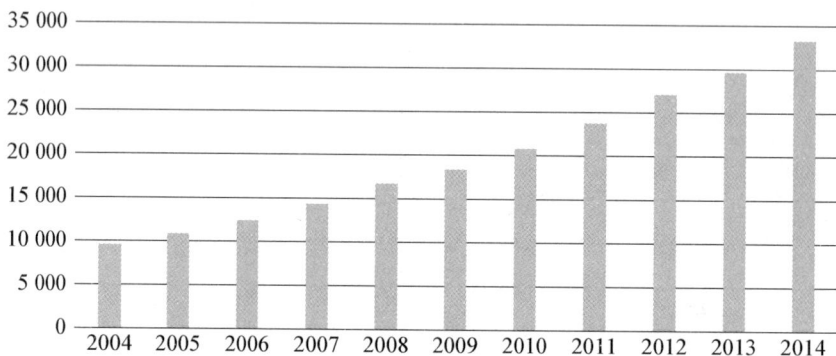

图 4-2　武汉市 2004—2014 年城市居民人均可支配收入变化图

(一) 平时休闲活动选择

2004 年调查结果显示,随着家庭收入的增加,武汉居民平时休闲活动的选择也呈现出明显的差异性[①]。第一,随着家庭收入的增加,武汉居民在平时选择"旅游度假""参观访问"和"养花草宠物"等项目的比例也呈现逐渐上升的趋势。第二,随着家庭收入的增加,武汉居民在选择"上网、电视"等消遣类娱乐活动项目的人数是递减的。第三,中低等收入群体体现出更为明显的休闲多样化趋势,各项目的集中度相对较低,在调查中所有列举的项目均有突破,见表 4-11。

表 4-11　2004 年和 2014 年不同家庭收入群体平时休闲活动的选择(单位：%)

休闲活动	1 000 元以下		1 000～3 000 元		3 000～5 000 元		5 000～8 000 元		8 000 元以上	
	2004年	2014年	2004年	2014年	2004年	2014年	2004年	2014年	2004年	2014年
旅游度假	8.30	14.30	11.60	14.60	16.70	11.30	25.00	15.10	50.00	13.00
参观访问	2.80	7.14	3.50	8.18	6.70	7.04	12.50	6.98	0.00	6.50

---

① 由于 2004 年调查时武汉社会经济发展水平相对较低,抽样调查时家庭人均收入高于 5 000 元以上的样本量相对较少。因此,本研究有关于 2004 年的分析主要针对 5 000 元以下群体。

休闲活动	1 000 元以下		1 000～3 000 元		3 000～5 000 元		5 000～8 000 元		8 000 元以上	
	2004年	2014年	2004年	2014年	2004年	2014年	2004年	2014年	2004年	2014年
上网	80.60	64.30	77.90	68.20	63.30	67.60	75.00	67.40	25.00	63.00
电视		64.30		58.20		59.20		59.30		50.00
电影		14.30		38.20		40.10		34.90		39.10
演唱会		0.00		1.82		4.23		4.65		4.30
逛街、购物、饮食、闲聊	56.90	14.30	36.00	30.00	43.30	18.30	75.00	24.40	25.00	26.10
吧式消费	8.30	14.30	8.10	1.820	6.70	7.750	0.00	4.65	0.00	4.30
养花草宠物	1.40	0.00	9.30	9.09	16.70	16.90	0.00	9.30	0.00	8.70
业余爱好、桌游、棋牌	15.30	35.70	16.30	15.45	13.30	21.15	0.00	19.74	0.00	26.10
美容、家居装饰	4.20	—	0.00		3.30		12.50		0.00	
体育健身	18.10	35.70	19.80	21.80	10.00	16.20	27.90		50.00	26.10
社会活动	4.20	7.14	0.00	6.36	13.30	3.52	12.50	2.33	0.00	15.20
休闲教育	4.20	7.14	2.30	3.64	3.30	1.41	0.00	2.33	0.00	2.20
其他	0.00	7.14	0.00	1.82	0.00	1.41		1.16	0.00	0.00

注：百分比以响应者为基础。

2014 年调查显示,家庭收入的变化同样影响着武汉居民平时休闲活动的选择。第一,家庭收入越低,休闲方式更倾向于"花费少"的活动。从调查中可知,家庭收入低于 1 000 元以下,居民选择"看电视""吧式消费""体育健身"的比例最高,而选择"逛街、购物、饮食、闲聊""看电影""演唱会""养花草宠物"类活动的比例最低,其中看电影和演唱会的比例甚至为零。第二,家庭收入越低,居民对"休闲教育""业余爱好"等项目的选择比例越高,表明低收入群体更乐于通过休闲活动提升自我,增长知识。第三,中层收入群体成为休闲活动消费的中坚力量。调查中可以发现,中等收入群体(特别是 1 000～5 000 元群体)在多项休闲活动的选择上排名第一,如"参观访问""逛街、购物、饮食、闲聊"和"看电影"等。

(二) 周末休闲活动选择

从 2004 年调查数据可以看出,第一,家庭收入越低,武汉居民在周末的休闲

中国城市休闲方式研究

活动越倾向于进行"看电视、上网""逛街、购物、饮食、闲聊""吧式消费"等消遣活动。第二,中等收入群体的居民更偏爱于在周末进行怡情养性的休闲类活动,选择"养花草宠物""业余爱好""参观访问"等项目上的人数最多。同时,相较于低收入群体,中高收入群体的居民更倾向于在周末走出家门,外出进行休闲活动,见表4-12。

表4-12 2004年和2014年不同家庭收入群体周末休闲活动的选择(单位：%)

休闲活动	1 000 元以下		1 000~3 000 元		3 000~5 000 元		5 000~8 000 元		8 000 元以上	
	2004年	2014年	2004年	2014年	2004年	2014年	2004年	2014年	2004年	2014年
旅游度假	13.90	28.57	14.00	10.91	10.00	13.38	12.50	20.90	50.00	26.09
参观访问	4.20	28.57	5.80	17.27	10.00	12.68	0.00	16.3	0.00	10.87
上网		57.14		40.91		43.66		36.1		23.91
电视	50.00	35.71	43.00	30.00	36.70	38.73	0.00	20.9	50.00	23.91
电影		28.57		38.18		39.44		31.4		34.78
演唱会	—	7.14	—	11.82	—	10.56	—	15.1	—	10.87
逛街、购物、饮食、闲聊	56.90	42.86	46.50	54.55	43.30	38.73	37.50	45.40	0.00	41.30
吧式消费	18.10	7.14	8.10	7.27	10.00	8.45	12.50	5.81	0.00	19.57
养花草宠物	5.60	7.14	8.10	7.27	20.00	7.04	12.50	11.6	0.00	13.04
业余爱好、桌游、棋牌	16.70	28.57	14.00	27.28	23.30	27.46	12.50	36.11	0.00	34.78
美容、家居装饰	4.20	—	0.00	—	3.30	—	25.00	—	0.00	—
体育健身	12.50	21.43	19.80	11.82	6.70	18.31	25.00	24.40	50.00	26.09
社会活动	15.30	0.00	15.10	15.45	20.00	12.68	37.50	9.30	0.00	13.04
休闲教育	2.80	0.00	8.10	3.64	6.70	2.11	12.50	5.81	0.00	2.17
其他	1.40	0.00	0.00	0.91	3.30	2.82	0.00	2.33	0.00	2.17

注：百分比以响应者为基础。

由2014年的调查可知,一方面,低收入群体在周末的消费出现集中趋势。一方面,部分低收入群体继续"宅"在家中进行"上网、看电视""桌游、棋牌"等消遣娱乐类休闲活动;另一方面,部分低收入群体选择走出家门,进行"旅游度假""参观访问"类旅游观光活动,低收入群体选择这两类休闲活动的比例均较高。

二是,中高收入群体更倾向于进行怡情养性类休闲活动,他们更偏好选择"电影""演唱会""体育健身""养花草宠物"等活动。三是,中高收入群体的居民在周末的活动空间更为开放和多元。中高收入群体周末选择"上网、看电视"等居家型休闲活动的比例最低,说明了中高收入群体周末强烈的外出休闲需求。同时,从每项活动的选择来看,除休闲教育项外,其他休闲活动的选择比例均超过10%。

(三)黄金周休闲活动选择

2004年调查结果显示,第一,旅游度假作为黄金周的第一休闲方式,其选择比例和普及程度是与家庭收入呈正相关的。第二,高收入群体选择在黄金周进行旅游观光类休闲活动的比例最高。随着家庭收入的提高,居民在选择"旅游度假""参观访问"等项目上的选择比例越高。第三,低收入群体在黄金周除了选择"旅游度假"外,更偏爱"看电视、上网""逛街、购物、饮食、闲聊"等活动,选择比例要远高于高收入群体,见表4-13。

表4-13　2004年和2014年不同家庭收入群体黄金周休闲活动的选择(单位:%)

休闲活动	1 000元以下		1 000~3 000元		3 000~5 000元		5 000~8 000元		8 000元以上	
	2004年	2014年	2004年	2014年	2004年	2014年	2004年	2014年	2004年	2014年
旅游度假	52.80	35.71	59.30	59.63	70.00	66.67	50.00	61.18	75.00	58.70
参观访问	5.60	14.29	7.00	19.27	6.70	12.06	12.50	20.00	0.00	23.91
上网	38.90	42.86	27.90	28.44	23.30	28.37	12.50	20.00	50.00	19.57
电视		28.57		14.68		21.28		17.65		15.22
电影		28.57		18.35		19.86		9.41		13.04
演唱会		0.00		5.50		2.84		10.59		13.04
逛街、购物、饮食、闲聊	26.40	35.71	23.30	49.54	16.70	31.21	0.00	38.82	0.00	36.96
吧式消费	5.60	7.14	0.00	7.34	3.30	7.80	0.00	9.41	0.00	6.52
养花草宠物	0.00	7.14	7.00	6.42	13.30	6.38	0.00	5.88	0.00	4.35
业余爱好、桌游、棋牌	9.70	28.57	4.70	25.69	6.70	32.63	0.00	20.00	0.00	32.61
美容、家居装饰	4.20	—	2.30	—	3.30	—	0.00	—	0.00	—
体育健身	11.10	14.29	8.10	9.17	10.00	16.31	37.50	25.88	0.00	13.04
社会活动	19.40	14.29	24.40	13.76	6.70	9.93	25.00	15.29	0.00	15.22

续 表

休闲活动	1 000元以下		1 000～3 000元		3 000～5 000元		5 000～8 000元		8 000元以上	
	2004年	2014年	2004年	2014年	2004年	2014年	2004年	2014年	2004年	2014年
休闲教育	5.60	7.14	2.30	4.59	10.00	2.13	37.50	9.41	0.00	10.87
其他	0.00	7.14	1.20	3.67	3.30	4.96	0.00	5.88	0.00	8.70

注：百分比以响应者为基础。

2014年调查显示，第一，旅游度假仍然为黄金周的第一休闲方式，但是高收入群体的选择比例却出现下降。究其原因，与黄金周近年的弊端频发有关。随着国家带薪休假制度的健全和完善，高收入群体有提升旅游体验的需求和经济保证，高收入群体会摈弃拥挤的黄金周进行出游活动。第二，随着家庭收入的增加，选择"上网、看电视、看电影"的比例也逐渐降低，而选择"演唱会""休闲教育"等休闲活动的比例逐渐提升。

三、不同文化程度群体的比较

美国休闲心理学家纽林格指出，个人的教育水平决定其工作和休闲活动的性质[①]。关于教育水平差异对休闲方式选择产生的影响，本研究根据文化程度将被访者划分为初中及以下，高中、中专及技校，本科及大专和硕士（包括双学士）及以上四个层次对武汉居民休闲方式的选择进行深入探讨。

（一）平时休闲活动选择

2004年的调查结果显示了平时休闲活动的相似性，即不同文化程度群体的居民在日常休闲活动时都以"看电视、上网"为主。但是，各群体也表现出差异性。第一，文化程度越低，在平时的休闲活动越单一。从选择比例来看，文化程度为初中及以下的居民群体，平时花在"电视、上网"的时间最多，对于"吧式消费"的热情也是最高的，而旅游观光类、怡情养性类等多项休闲活动的选择率均为零。第二，文化程度越高，居民越注重自身健康，更注重外在的社交类活动。从调查结果来看，居民对于"逛街、购物、饮食、闲聊""体育健身""业余爱好""美容、家居、装饰"等项目的选择率最高的均是硕士及以上群体。第三，本科及大专层次的居民的偏好更为多样化。该群体对所列的休闲活动的选择均有所涉及，且大都位列前两位，见表4－14。

---

① ［韩］孙海植，朴松爱.休闲学［M］.李仲光，译.大连：东北财经大学出版社，2005：69.

表 4‑14　2004 年和 2014 年不同文化程度群体
平时休闲活动的选择(单位:%)

休 闲 活 动	初中及以下		高中(中专、职校)		本科及大专		硕士及以上	
	2004年	2014年	2004年	2014年	2004年	2014年	2004年	2014年
旅游度假	0.00	7.69	10.71	13.00	14.29	15.09	13.51	6.82
参观访问	0.00	7.69	3.57	11.00	3.06	5.60	8.11	2.27
上网	77.78	61.54	73.21	50.00	77.55	73.28	72.97	77.27
电视		65.38		63.00		56.90		50.00
电影		15.38		31.00		40.09		50.00
演唱会		0.00		4.00		3.45		2.27
逛街、购物、饮食、闲聊	22.22	30.77	39.29	17.00	44.90	24.14	64.86	34.09
吧式消费	11.11	7.69	7.14	9.00	8.16	3.45	5.41	6.82
养花草宠物	0.00	7.69	12.50	16.00	6.12	10.78	2.70	6.82
业余爱好、桌游、棋牌	11.11	30.77	10.71	27.00	15.31	17.24	18.92	15.91
美容、家居装饰	0.00	—	0.00	—	2.04	—	8.11	—
体育健身	0.00	19.23	12.50	20.00	17.35	21.98	29.73	29.55
社会活动	0.00	19.23	1.79	7.00	6.12	4.31	2.70	2.27
休闲教育	0.00	0.00	3.57	1.00	4.08	3.02	0.00	4.55
其他	0.00	0.00	0.00	2.00	0.00	1.29	0.00	2.27

注:百分比以响应者为基础。

2014 年调查结果显示,不同文化程度的居民在平时休闲方式的选择上呈现了较大的差异性。第一,看电视作为平时休闲活动的主要方式,不再是所有人的首选。从调查可以发现,文化程度越低,选择在平时看电视来消磨时光的比例越高。而文化程度越高的群体,则更多选择"上网"来替代"看电视","看电视"位列第二。第二,随着文化程度的提升,武汉居民"看电影、体育健身""休闲教育"等活动的选择逐渐增多。这一定程度上反映出,文化程度越高的居民越希望通过休闲娱乐提升自我、实现自我。第三,高中、本科及大专层次的居民选择"旅游度假""参观访问"等项目的要明显多于其他群体,而选择"逛街、购物、饮食、闲聊"等活动的要少于其他两个群体。

从变化趋势来看,第一,高学历群体更愿意进行"体育健身"类休闲活动。由于高学历群体面临的工作压力较大、闲暇时间更少,导致部分高收入群体长期处于"亚健康"状态,也使得这部分人更愿意在平时进行体育健身和锻炼来提升自我。第二,电脑逐渐取代电视成为高收入群体日常休闲的主要设备。在2004年,所有居民还都将看电视作为日常休闲的第一方式,而随着互联网的普及,文化程度高的居民快速接纳这一新技术,并逐渐改变日常的休闲生活方式。

(二)周末休闲活动选择

2004年调查显示,第一,随着文化程度的提升,武汉居民在周末选择"电视、上网"的比例呈上升的趋势。这与武汉居民平时休闲方式的变化是截然相反的。一方面,由于高学历群体在平时工作较为繁忙,闲暇时间相对较少,周末的时间他们更愿意进行不需要脑力和体力的休闲活动来调理身心;另一方面,高学历群体继续保持着外出"逛街、购物、饮食和闲聊"的高频率。这与高学历群体往往代表着更好的经济收入,有能力进行消费型休闲活动有关。第二,低学历群体仍然保持着休闲活动的单一化态势,部分休闲活动项目的选择仍然为零。然而与平时相比,"旅游度假"和"养花草宠物"的选择比例已有所突破,见表4-15。

表4-15 2004年和2014年不同文化程度群体
周末休闲活动的选择(单位:%)

休闲活动	初中及以下		高中(中专、职校)		本科及大专		硕士及以上	
	2004年	2014年	2004年	2014年	2004年	2014年	2004年	2014年
旅游度假	11.11	0.00	10.71	6.93	16.33	21.98	13.51	20.45
参观访问	0.00	15.38	10.71	15.84	3.06	15.95	5.41	9.09
上网	33.33	50.00	42.86	32.67	37.76	41.38	59.46	38.64
电视		69.23		39.60		24.14		15.91
电影		26.92		28.71		41.38		43.18
演唱会		11.54		8.91		13.36		11.36
逛街、购物、饮食、闲聊	44.44	26.92	39.29	49.5	51.02	45.26	56.76	47.73
吧式消费	11.11	3.85	7.14	6.93	15.31	8.19	10.81	15.91
养花草宠物	33.33	7.69	5.36	8.91	6.12	9.05	16.22	4.55
业余爱好、桌游、棋牌	22.22	34.62	10.71	39.6	19.39	23.27	13.51	36.36
美容、家居装饰	0.00	—	1.79	—	2.04	—	8.11	—
体育健身	0.00	7.69	16.07	14.85	15.31	19.83	21.62	27.27

休闲活动	初中及以下		高中(中专、职校)		本科及大专		硕士及以上	
	2004年	2014年	2004年	2014年	2004年	2014年	2004年	2014年
社会活动	0.00	15.38	14.29	10.89	19.39	11.21	16.22	18.18
休闲教育	0.00	3.85	5.36	3.96	6.12	3.45	8.11	0.00
其他	11.11	3.85	1.79	0.99	0.00	2.16	0.00	2.27

注：百分比以响应者为基础。

2014年调查显示，第一，文化程度越高，武汉居民选择"看电视""上网"的比例越高。这一现象与2004年的调查结果之间有巨大的反差。随着社会经济的发展，各类休闲设施和场所的建设和完善，居民通过休闲活动达成修养身心、恢复体力的需求更加容易实现，在国民休闲的时代背景下，武汉居民的外出休闲需求也更加明显。第二，文化程度与居民选择"旅游度假""电影""逛街、购物、饮食、闲聊""吧式消费""体育健身"的选择比例的变化趋势一致。这表明，文化程度越高，居民外出进行旅游观光类、社会交往类的休闲活动比例越高。第三，不同文化程度的群体在"参观访问""演唱会""养花草宠物""业余爱好""社会活动"等项目选择上的差异性变小。

从变化趋势来看，第一，武汉居民休闲活动的大众化趋势日益凸显。从2004年的调查中可以发现，不同文化群体对于休闲活动的选择相对集中并具有明显的差异性。但是随着大众休闲时代的到来，这种差异性越来越小。第二，高学历群体的居民在周末外出休闲消费的比例大幅提升。2004年的调查发现，"看电视、上网"是武汉高学历群体的首要选择，但是2014年"看电视、上网"却成为选择率最低的项目，"旅游度假""逛街、购物、饮食、闲聊""体育健身"等项目的选择率均居于前列。

（三）黄金周休闲活动选择

2004年调查显示，第一，本科及大专学历层次的居民在黄金周进行"旅游度假"的活跃度最高，而学历层次最低的初中及以下群体外出度假的概率最低。第二，硕士及以上群体"旅游度假"的选择率低于本科及大专层次的居民，而该部分群体的居民更偏爱在黄金周选择"看电视、上网""体育健身""社会活动"等休闲项目。第三，中等学历层次的武汉居民在黄金周的休闲方式更加多样化，调查中所列的12项休闲活动均有所涉及，而初中及以下、硕士及以上群体的居民在部分休闲项目上都出现了选择率为零的情况，见表4－16。

表 4－16　2004 年和 2014 年不同文化程度群体
黄金周休闲活动的选择(单位：%)

休闲活动	初中及以下		高中(中专、职校)		本科及大专		硕士及以上	
	2004年	2014年	2004年	2014年	2004年	2014年	2004年	2014年
旅游度假	33.33	34.62	53.57	56.57	65.31	65.80	54.05	70.45
参观访问	0.00	15.38	5.36	15.15	6.12	14.72	10.81	36.36
上网	22.22	26.92	30.36	23.23	29.59	26.84	37.84	25.00
电视		38.46		23.23		16.02		4.55
电影		3.85		16.16		18.18		18.18
演唱会		3.85		3.03		6.06		15.91
逛街、购物、饮食、闲聊	11.11	19.23	26.79	45.45	20.41	40.26	21.62	31.82
吧式消费	0.00	7.69	7.14	7.07	1.02	7.36	0.00	9.09
养花草宠物	22.22	11.54	5.36	5.05	5.10	6.49	0.00	2.27
业余爱好、桌游、棋牌	0.00	50.00	5.36	36.36	6.12	15.58	10.81	18.18
美容、家居装饰	0.00	—	3.57	—	2.04	—	5.41	—
体育健身	11.11	23.08	7.14	16.16	6.12	15.15	27.03	13.64
社会活动	11.11	3.85	16.07	8.08	20.41	15.15	24.32	15.91
休闲教育	0.00	3.85	1.79	6.06	8.16	6.49	8.11	0.00
其他	11.11	11.54	1.79	3.03	0.00	4.76	0.00	9.09

注：百分比以响应者为基础。

　　2014 年数据显示,第一,外出旅游度假是中高学历群体黄金周的第一休闲方式。从调查数据来看,文化程度越高,居民选择"旅游度假"的比例越高。而低学历群体在黄金周更偏爱于"看电视"等传统休闲方式。第二,除"旅游度假"外,中等文化水平的居民在黄金周还偏爱"逛街、购物、饮食、闲聊"等外出型休闲娱乐活动,而低学历群体的选择比例是较低的。第三,低收入群体在黄金周倾向于进行"桌游、棋牌"等休闲活动,对这一方式的选择率要远高于其他文化层次的居民。

　　从变化趋势来看,第一,"旅游度假"成为各文化层次群体在黄金周休闲活动的第一选择。并且,随着大众旅游时代的到来,学历层次越高,外出旅游度假的可能性越高。第二,低收入群体的休闲选择更为多元,但休闲质量有待于提升。

2004 年低学历群体的消费者在五类活动的选择上为零，到 2014 年均有所突破。但是可以发现，低收入群体的休闲活动仍主要集中在看电视、上网、桌游棋牌等相对消极类的休闲娱乐方式上。

第四节　休闲活动选择影响因素

一、综合分析

从社会发展背景来看，武汉人均国民生产总值已经由 2004 年 3 000 万美金上升至 2014 年 10 000 万美金。按照国际发展惯例，武汉城市已经进入休闲城市建设的重要时期。在 10 年的发展过程中，武汉居民的休闲生活和休闲方式经历了重大调整，而影响城市居民休闲生活方式选择和休闲生活质量的因素也必然随之发生演变。所以，及时、准确地把握城市居民休闲决策影响因素的类别和影响程度变化，对于提升居民休闲生活质量、完善城市休闲设施都将具有重要的现实指导意义。

本研究在休闲方式选择倾向分析的基础上拓展研究影响因素。休闲活动选择的影响因素是指影响城市居民休闲方式选择的主体性因素和客体性因素的总和，在参考相关文献[①]的基础上，本文排列出了与城市居民休闲活动相关的 19 项具体因素作为分析基础，从影响程度大小的角度将影响因素分成"完全无影响""影响比较小""影响比较大""影响非常大"四个层次。为保证研究的延续性，2004 年和 2014 年均采用相同的量表进行调查。影响武汉居民休闲决策调查的统计结果，见表 4-17。

表 4-17　2004—2014 年休闲决策影响因素的均值及排序一览

序号	类　　别	2004 年		2014 年		均值差异	排序
		均值	排序	均值	排序		
1	休闲方式趣味性	2.67	9	2.58	12	−0.08	11
2	休闲方式娱乐性	2.70	7	2.61	11	−0.09	12
3	休闲方式健身性	2.57	13	2.42	15	−0.15	17
4	休闲方式时尚性	2.32	17	2.26	19	−0.06	10
5	休闲方式知识性	2.30	18	2.40	16	0.11	5
6	休闲方式参与性	2.43	16	2.47	14	0.03	7

---

① 邱扶东，吴明证.旅游决策影响因素研究[J].心理科学，2004(5)：1216.

序号	类　　别	2004 年		2014 年		均值差异	排序
		均值	排序	均值	排序		
7	休闲设施质量	2.60	12	2.76	6	0.16	3
8	休闲服务水平	2.66	10	2.78	5	0.12	4
9	休闲产品宣传与推荐	2.21	19	2.39	18	0.17	2
10	休闲场所管理水平	2.51	14	2.73	8	0.21	1
11	休闲场所离居住地距离	2.79	5	2.66	10	−0.14	14
12	周围人参与休闲活动多少	2.66	10	2.52	13	−0.14	14
13	身体健康状况	2.51	14	2.40	16	−0.10	13
14	心情	2.99	3	2.75	7	−0.24	19
15	兴趣爱好	3.11	1	2.96	1	−0.14	14
16	收入水平高低	3.05	2	2.89	2	−0.16	18
17	休闲花费多少	2.75	6	2.80	4	0.06	6
18	闲暇时间多少	2.69	8	2.71	9	0.02	8
19	家人朋友支持	2.86	4	2.82	3	−0.04	9

注：按照李克特量表计算各因子的均值，1～4 表示受影响的程度，4 表示非常有影响，1 表示完全没有影响。

　　总体上来说，第一，根据居民休闲决策影响因素重要性程度高低可以发现，武汉居民进行休闲活动和休闲消费考虑的重点发生了一定的变化。2004 年调查时发现，武汉居民在进行休闲活动时更加关注心情、兴趣和收入等自身的心理和生理因素，体现出城市居民从以往关注休闲物质产品的使用价值逐渐转移到注重休闲活动的精神内涵方面。然而根据 2014 年调查可以发现，兴趣和收入的重要性仍位列前两位，但是其影响力已经显著下降，而休闲服务水平和休闲设施质量的影响程度大幅度提升，表明城市居民的休闲消费心理日趋成熟。随着中部的快速崛起和大武汉都市圈建设进程的加快，居民休闲活动日益常态化，使得居民在进行休闲活动时，不仅关注休闲活动能够带来自身心理愉悦和生理健康的结果[1]，更注重产生这一结果的体验过程，对于休闲活动所依托的设施和产品有了更高的要求和期望。

　　第二，从休闲决策影响因素重要性的变化趋势来看，一方面，休闲决策重要

---

① 楼嘉军.休闲新论[M].上海：立信会计出版社，2005：279.

性程度提升最高的因素主要集中在休闲场所管理水平、休闲产品宣传与推荐、休闲设施质量、休闲服务水平等体现休闲产品及设施的服务管理方面,而这正印证了武汉居民休闲决策时更加注重休闲设施和产品本身,体现出更高的服务需求。另一方面,重要性程度下降最显著的因素主要涉及心情、收入水平高低、休闲方式的健身性等方面。随着国民休闲时代的到来,休闲成为日常生活的一部分。居民进行休闲活动时受到个人心理和经济水平的影响已经开始弱化。

二、因子分析

为进一步对调查数据进行统计分析,本研究使用 SPSS19.0 对两次调查数据进行处理。首先采用探索性因子分析法进行降维处理并提取公因子。同时,检验量表及各因子的可信度(Cronbach's α),然后,尝试使用快速聚类分析法进行各种类别数聚合分析,再以方差统计监测结果确定合理的居民类型及数量。最后,结合因子分析和聚类分析结果,探讨 2004 年和 2014 年武汉居民休闲活动决策影响因素的感知变化。

(一)数据有效性检验

1. 信度检验

信度是指采用同样的方法对同一对象重复测量时所得到结果的一致性程度。也就是说,信度是考察项目之间是否具有较高的内在一致性。本文通过 SPSS 软件采用 Alpha 信度系数法进行信度检验,信度系数值应该在 0~1 之间。经过测算,本次问卷调查数据的 Cronbach Alpha＝0.822,达到了 Nunnally 和 Bemstein (1994)[①]所建议的 0.7 以上的良好水平,表明该问卷的内部一致性较为理想。

2. 数据效度检测

效度反映了待测量概念的真实性程度,包括内容效度和结构效度两个内容。本文对有效样本数据进行 Kaiser - Meyee - Olkin(KMO)样本测度和巴特利特(Bartlett)球形检验,得到数据显示,在 Bartlett 球形检验给出卡方值为 3 061.863 情况下,KMO 值为 0.794(Sig.＝0.00),表明该问卷的效度可以接受。

(二)休闲活动选择影响因素分析

1. 因子分析

为降低数据分析的复杂性,本研究采用探索性因子分析法并进行方差最大

---

① NUNNALLY JC, BERNSTEIN IH, Psychometric Theory[M]. New York: McGraw-Hill, 1994.

正交旋转,将旋转后因子载荷小于 0.4 的题项剔除(Kaiser,1974),最终从剩余的17 个题项中提取了 5 个特征值大于 1 的因子,可以解释 60% 的变量差异情况,每个因子项包含 3 至 4 项不等的题项,各项的 Cronbach's 系数范围在 0.65～0.73 之间,表明因子分析的结构是稳定且内部连贯的(Hair, et al, 1998)。

为进一步解释武汉居民休闲决策的影响因子,本文根据各因子聚合的题项所代表的含义对 5 个因子进行命名。武汉居民休闲活动选择影响因素的因子分析结果,见表 4-18。

表 4-18 武汉居民休闲决策影响因素的因子分析

因子	题 项	因子载荷	题项均值	信度	因子均值	特征值	方差贡献率
F1 休闲消费的自我心理	13 身体健康状况	0.740	2.83	0.696	2.745	2.280	13.412
	12 周围人参与休闲活动多少	0.678	2.44				
	14 心情	0.674	3.01				
	11 休闲场所离居住地距离	0.629	2.70				
F2 休闲活动的消遣功能	1 休闲方式趣味性	0.785	2.61	0.707	2.734	2.099	12.345
	2 休闲方式娱乐性	0.743	2.64				
	15 兴趣爱好	0.512	2.95				
F3 休闲产品服务与管理	8 休闲服务水平	0.776	2.74	0.692	2.608	2.049	12.054
	10 休闲场所管理水平	0.724	2.66				
	7 休闲设施质量	0.723	2.70				
	9 休闲产品宣传与推荐	0.509	2.33				
F4 休闲消费保障	17 休闲花费多少	0.860	2.70	0.725	2.772	1.984	11.671
	16 收入水平高低	0.802	2.78				
	18 闲暇时间多少	0.653	2.84				
F5 休闲活动的提升功能	4 休闲方式时尚性	0.739	2.28	0.634	2.370	1.789	10.524
	5 休闲方式知识性	0.696	2.37				
	3 休闲方式健身性	0.552	2.47				

注:按照李克特量表计算各因子的均值,1～4 表示受影响的程度,4 表示非常有影响,1 表示完全没有影响。

影响因子 F1 被命名为"休闲消费的自我心理",包含了 4 个题项。具有最高的个体变异题项(变异旋转前后其变异分别为 25% 和 13%)以及最高因素特征值(2.280)都分布在影响因子1里面。这4个影响因素分别为身体健康状况、周围人参与休闲活动多少、心情和休闲场所离居住地距离。这4个影响因素主要与居民个人心理方面的因素有关。

影响因子F2被命名为"休闲活动的消遣功能"。包含有3个影响因素:休闲方式趣味性、休闲方式娱乐性以及自身的兴趣爱好。这三个影响因素主要与休闲活动的消遣娱乐功能有关。F2解释了大约12.3%的变异情况,因素特征值为2.10。

影响因子F3被命名为"休闲产品服务与管理",解释了12.05%的变异情况,因素特征值为2.05。这四类因素包含休闲服务水平、休闲场所管理水平、休闲设施质量及休闲产品宣传与推荐。影响因子F3更多的是从休闲供给角度,考察休闲产品的服务及管理水平。

影响因子F4被命名为"休闲消费保障",主要包含三类影响因素:休闲花费多少、收入水平高低和闲暇时间多少。这三个影响因素主要是与闲暇时间和经济条件等休闲消费的基础条件有关。它解释了11.67%的变异情况,因素特征值为1.98。

影响因子F5被命名为"休闲活动的提升功能",包含了休闲方式时尚性、休闲方式知识性和休闲方式健身性三项。主要考虑的是居民通过休闲活动所体现的自我提升的功能。它解释了10.54%的变异情况,特征值为1.79。

从整体上来看,武汉居民休闲决策影响因素从高到低依次为F4,F1,F2,F3和F5,即居民进行休闲活动使受"休闲消费保障"的影响最大,而受"休闲活动提升功能"的影响最小。即多数居民在进行休闲活动决策时,将会很多的考虑自身闲暇时间和经济条件,而对休闲活动所能带来的知识性、时尚性等自我提升等因素的考虑相对较少。

2. 因子变化趋势分析

为进一步检验2004年至2014年10年间武汉居民休闲决策影响因素是否发生变化,本文采用独立样本 T 检验分析法,将前后两次获得的居民休闲决策影响因素的数据进行纵向比较,检验结果如下,见表4-19。

表 4-19　武汉居民休闲决策影响因素变化 T 检验结果($n=607$)

因　　子	2004 年 ($n=200$)	2014 年 ($n=407$)	均值差异 (d)	Sig.
F1 休闲消费的自我心理	2.85	2.69	-0.16	0.003
F2 休闲活动的消遣功能	2.81	2.70	0.11	0.051

因　　　子	2004 年 ($n=200$)	2014 年 ($n=407$)	均值差异 (d)	Sig.
F3 休闲产品服务与管理	2.50	2.66	0.16	0.001
F4 休闲消费保障	2.76	2.76	0.00	0.845
F5 休闲活动的提升功能	2.40	2.36	0.04	0.513
总均值	2.66	2.63	0.02	0.482

由分析结果可以看出,第一,从总体上看,10 年间武汉居民的休闲决策的影响因素变化不是特别明显。两次调查的样本总均值仅下降了 0.02(Sig.＝0.482)。第二,2004 年武汉居民休闲决策影响因素中休闲消费的自我心理感知、休闲活动的消遣功能和休闲消费的保障三个维度的影响力均大于总均值 2.66,而休闲产品服务与管理与休闲活动的提升功能两个温度的影响力小于总均值 2.66。然而 2014 年的数据显示,休闲消费的自我心理、休闲活动的消遣功能、休闲产品服务与管理及休闲消费的保障均大于总均值 2.63,仅休闲活动的提升功能一项低于总均值。第三,从各因子的变化趋势来看,"休闲消费的自我心理""休闲活动的消遣功能"及"休闲产品服务与管理"三个因子均有显著的变化。一方面,休闲消费的自我心理和消遣功能均比 2004 年有所下降,这表明近 10 年武汉居民已经逐渐接受"休闲"概念,了解休闲本身的消遣娱乐功能,但在休闲活动的选择和决策时,不再刻意考虑休闲活动本身的消遣功能,真正做到了休闲活动的"常态化"发展;另一方面,武汉居民受"休闲产品服务与管理"的影响显著增强(d＝0.16,Sig.＝0.001),上升的幅度最大,且超过了 2014 年的总均值 2.63,表明大多数居民在进行休闲活动决策时将更关注休闲产品服务与管理本身,一定程度上反映了居民对于休闲设施和产品服务的体验需求不断提升。

第五节　休闲满意度

一、休闲活动满意度

(一)武汉居民休闲活动满意度特征

本文参考布尔德以及瑞格赫布休闲体验的六大层面内容[①]和邱扶东《心理

[①]　BEARD J G, RAGHEB M G. Measuring leisure satisfaction[J]. Journal of Leisure Research,1980,12(1):20-33.

学范式的旅游决策研究》①,将休闲活动满意度细分为情绪体验、审美体验、健康体验、认知体验、个人价值体验及群体关系体验 6 个方面,设计了 19 个选项进行调查。经过调查统计,武汉居民休闲活动满意度情况,见表 4‑20。

表 4‑20　2004 年和 2014 年武汉居民休闲活动满意度情况

休闲生活满意度		选项均值		类别均值		均值差异	Sig.
		2004年	2014年	2004年	2014年		
情绪体验	减轻或消除生活、工作压力	2.73	2.84	2.64	2.64	0.00	0.888
	减轻或消除心理上的消极情绪	2.69	2.84				
	获得心灵的平静	2.66	2.49				
	暂时远离烦嚣的都市,回归自然	2.55	2.53				
	暂时远离拥挤的人群,回归自我	2.59	2.59				
审美体验	放松心情,获得愉快的体验	2.87	3.03	2.71	2.79	0.06	0.050
	丰富兴趣爱好	2.68	2.76				
	陶冶情操,获得审美需要满足	2.57	2.57				
健康体验	锻炼身体,保持健康	2.60	2.87	2.60	2.87	0.27	0.000
认知体验	扩大视野,获得新知识、经验	2.75	2.69	2.68	2.67	−0.01	0.902
	提高自己对社会的认知能力	2.61	2.66				
个人价值体验	加深对自己的了解	2.56	2.52	2.38	2.43	0.05	0.211
	挖掘自己的潜能	2.42	2.37				
	实现自己的价值	2.38	2.40				
	因完成某些活动获得成就感	2.52	2.59				
	刺激单调生活,满足冒险需要	2.16	2.36				
	满足挑战自我、挑战自然需要	2.21	2.33				
群体关系体验	调整亲朋关系,增进亲情和友情	2.80	2.98	2.69	2.92	0.23	0.000
	扩大交际范围,获得新的友谊或际遇	2.57	2.86				
休闲活动满意度				2.62	2.72	0.10	0.000

① 邱扶东.心理学范式的旅游决策研究[D].上海:华东师范大学,2004.

第一,从总体上说,武汉居民的休闲活动满意度已经有了显著的提升。从休闲活动满意度来看,已经由 2004 年的 2.62 上升至 2014 年 2.72。这说明,武汉居民对休闲活动所带来的情绪、审美、健康、个人价值及群体关系等多项体验成效比较满意。这从侧面体现了近 10 年来,武汉城市休闲产业的发展,居民休闲活动的丰富性以及休闲方式的多样性得到了大多数居民的认同。

第二,休闲活动的"健康体验"满意度逐渐提升,得到了武汉居民的认同,该项活动的满意程度由 2004 年 2.60 显著提升至 2014 年 2.87。这在一定程度上表明,居民对于休闲体育的重视。这种重视和提升来源于两方面的动力:一是城市生活及工作压力让多数城市居民处于"亚健康状态",深受困扰的居民希望能够通过休闲活动达到强身健体的目的;二是城市可供居民参与体育锻炼的设施设备日益完善。近年来,武汉市政府日益重视全民健身公共服务体系的建设,根据武汉市体育局统计数据显示,截至 2016 年底,武汉体育健身场地为 22 000 个,场地总面积达 1 460.24 万平方米,每万人拥有体育场地 18.80 个,人均体育场地面积(按常住人口计算)为 1.43 平方米,位居全国同类城市中游水平。随着武汉城市体育设施空间布局的日益完善,休闲的健康体验功能将进一步凸显。

第三,武汉居民对"群体价值体验"满意度的提升位列第二位,特别是居民对休闲活动能"扩大交际范围,获得新的友谊或际遇"的感知提升较快。这与近 10 年来,武汉居民日益凸显的"外出型、社交型"的休闲方式的转变趋势相吻合。2004 年更多的居民选择待在家里看电视来消磨闲暇时间,而随着城市休闲设施的建设和完善,居民外出的倾向明显,这与群体价值的提升直接相关。

(二)休闲活动满意度因子分析及变化趋势

1. 休闲活动满意度因子分析

为了将居民休闲活动满意度的现状归纳成更为简洁、更易于理解的条目,同时揭示出庞杂信息下隐含的结构内涵,本研究对休闲活动满意度进行了探索性因子分析,对问卷中影响休闲活动满意度的 19 个题项进行了方差极大旋转(Varimax rotation)的主成分分析(Principal component analysis)。因子分析过程中,变量间的相互关联矩分析结果显示绝大多数变量呈显著关联,且 KMO 检验和 Bartlett 球形检验均反映变量数据适合进行因子分析①,见表 4-21。

---

① HAIR J, ANDERSON R, TATHAM R, BLACK W. Multivariate Data Analysis, 5th edition [M]. Upper Saddle River, NJ: Prentice Hall, 1998.

表 4‑21　休闲活动满意度因子分析 KMO 和 Bartlett 的检验

取样足够度的 Kaiser‑Meyer‑Olkin 度量		0.853
Bartlett 的球形度检验	近似卡方	3 941.406
	df	171.000
	Sig.	0.000

在因子分析过程中，提取因子项的数目是通过计算变量的共同度以及检验因素特征值来控制的，因素特征值大于 1 的因素项可以保留，且对单个条目的特征值小于 0.4 的删除。总体变异解释信息以及因子载荷矩阵显示 19 条具体的休闲满意度条目可以归结到 6 个特征值大于 1 的因素项内，其累计解释变异为 64.5%。在研究过程中，对 6 个初步归纳出的因子项进行内在一致性检验可以发现，每个因子都能显示出清晰的内在显示含义，见表 4‑22。

表 4‑22　休闲活动满意度的因子分析结果($n=658$)

题项/因子	1	2	3	4	5	6	均值	共同度
因子 1：休闲放松功能								
减轻或消除生活、工作压力	0.805						2.80	0.696
减轻或消除心理上的消极情绪	0.829						2.79	0.723
放松心情，获得愉快的体验	0.712						2.97	0.575
因子 2：休闲发展功能								
因完成某些活动获得成就感		0.421					2.57	0.507
扩大视野，获得新知识、经验		0.616					2.71	0.654
陶冶情操，获得审美需要满足		0.679					2.57	0.559
锻炼身体，保持健康		0.687					2.77	0.589
丰富兴趣爱好		0.560					2.73	0.443
提高自己对社会的认知能力		0.449					2.64	0.486
因子 3：休闲心理调节功能								
刺激单调生活，满足冒险需要			0.828				2.28	0.750
满足挑战自我、挑战自然需要			0.758				2.29	0.721
因子 4：休闲情绪功能								
暂时远离烦嚣的都市，回归自然				0.834			2.54	0.781

123

题项/因子	1	2	3	4	5	6	均值	共同度
暂时远离拥挤的人群,回归自我				0.841			2.59	0.772
获得心灵的平静				0.594			2.53	0.620
因子 5　休闲自我实现功能								
加深对自己的了解					0.764		2.53	0.665
挖掘自己的潜能					0.771		2.39	0.712
实现自己的价值					0.766		2.39	0.668
因子 6　休闲群体社交功能								
调整亲朋关系,增进亲情和友情						0.77	2.91	0.689
扩大交际范围,获得新的友谊或际遇						0.721	2.75	0.655
因子特征值	2.557	2.267	2.156	2.035	1.754	1.495		
变异解释	13.458	11.93	11.349	10.711	9.230	7.869	合计:64.55%	
Cronbach alpha（α）	0.746	0.743	0.702	0.751	0.789	0.623		

结合以往文献研究[①]及实践意义,本文从休闲功能角度对 6 个因子进行命名。因子 1 可概括为休闲放松功能,主要是休闲活动能带来的消遣和娱乐目的,让人们从日常的工作之余解脱出来。因子 2 可以概括为休闲发展功能,主要是指居民在进行休闲活动以后,能够在知识获取、强身健体、陶冶情操等方面得到自我发展的收获,这往往是通过参与积极休闲活动后所带来的提升和发展。因子 3 休闲心理调节功能,通过参与休闲活动,调节自我心理的冒险及挑战自我的需求。因子 4 休闲情绪功能,通过休闲活动实现自我情绪的平复和心灵平静的目的。因子 5 休闲自我实现功能,通过休闲活动,达到认识自我,实现自我价值的高层次需求。因子 6 休闲群体社交功能,通过休闲活动达到社会交往、群体情感加深的目的。

2. 休闲活动满意度变化趋势及分析

在 2004 年至 2014 年的 10 年时间里,武汉居民休闲活动的满意度有一定程度的提升。首先,居民对休闲活动所带来的放松功能、心理调节功能和休闲群体

---

① 楼嘉军.休闲新论[M].上海:立信会计出版社,2005:160-173.

社交功能的满意度提升较为显著,其中以休闲群体社交功能的满意度提升最为明显。其次,居民在休闲功能情绪恢复、自我实现功能上的满意度略有下降,但是趋势不是特别显著,见表4-23。

表4-23　2004—2014年休闲活动满意度变化趋势

因　　子	2004 年 ($n=248$)	2014 年 ($n=407$)	均值差异 (d)	Sig.
因子1:休闲放松功能	2.76	2.90	0.14**	0.002
因子2:休闲发展功能	2.62	2.69	0.07	0.087
因子3:休闲心理调节功能	2.19	2.35	0.16**	0.005
因子4:休闲情绪功能	2.60	2.52	-0.08	0.129
因子5　休闲自我实现功能	2.45	2.43	-0.02	0.696
因子6　休闲群体社交功能	2.69	2.92	0.23**	0.000

注:带**值在95%的置信区间单位内,均值差异显著。

二、休闲环境满意度

休闲环境是指一个地区原有的自然环境和提供的服务环境两方面,在本次调查中又将其细化为休闲方式多样性、休闲活动设施完善性、休闲活动时尚性、休闲气氛浓厚性、休闲产业发达性及休闲环境安全性6个指标进行分类探讨。武汉市休闲活动环境满意程度的最终统计数据,见表4-24。

表4-24　2004—2014年武汉居民休闲环境满意度

休闲环境评价	2004 年	2014 年	均值差异	Sig.
休闲方式丰富多样	2.62(1)	2.99(4)	0.37	0.00
休闲活动设施完善	2.35(3)	3.05(2)	0.70	0.00
休闲时尚走在全国前列	1.98(6)	3.08(1)	1.10	0.00
休闲气氛浓厚	2.34(4)	2.87(6)	0.53	0.00
休闲产业发达	2.13(5)	2.94(5)	0.81	0.00
休闲环境安全性	2.46(2)	3.00(3)	0.52	0.00
休闲环境满意度	2.31	2.99	0.68	0.00

注:均值旁括号内的为均值的排序名次。

第一,从休闲环境满意度总值来看,武汉居民对现有的休闲环境评价的满意度已经有了大幅的提升。本次评价中休闲环境的满意度指数由 2004 年的 2.31 提升至 2014 年的 2.99,接近于比较满意。而所列举的六个指标均显著提升,其中以休闲时尚走在全国前列的评价提升最快,其次为休闲产业的发达程度,而对休闲方式多样性的评价提升最慢。

第二,武汉休闲环境评价已发生颠覆性变革,各评价指标均有不同程度的提升。2004 年的调查显示:武汉居民对休闲方式多样性比较认同,而休闲时尚所获得的认同度最低,反映出当时的武汉居民休闲方式还主要停留在逛街购物、文体娱乐、餐饮聚会等传统休闲项目上,时尚性、新颖性不足,缺乏一定的时代气息。但是 2014 年调查显示,武汉居民对休闲时尚性和休闲设施的完善性的认同度已经大大提升,从侧面解释了近年武汉当地对休闲氛围的营造及配套设施的建设做出了重大调整,武汉居民崇尚创新、富于开拓的地域品质已经在休闲方式的选择及对休闲生活质量的追求中得到了不断提升。

第五章 成都居民休闲方式与满意度分析

成都自古享有"天府之国"的美誉，气候宜人，物产富饶，有 2 300 多年的建城史。城市休闲实施完善，著名景点众多，居民休闲观念较强，现已成为我国休闲旅游热点城市之一。2004 年以来成都休闲产业不断发展和完善，休闲产业能力进一步提高。近 10 年来，成都第三产业占 GDP 的比重从 45.60％ 增长至 51.00％；社会消费品零售总额从 875.30 万元增长至 4 468.9 万元；人均可支配收入从 2004 年的 10 394 元增长至 2014 年的 32 665 元，此外城市居民人均消费性支出也增长了 2 倍之多，表明成都居民生活水平和消费水平都有所提升。同时随着成都近年来的国际事件增多，国际知名度有了明显的提高，见表 5-1。

表 5-1 2004 年和 2014 年成都休闲产业主要数据对比

年份（年）	第三产业占 GDP 的比重（％）	社会消费品零售总额（万元）	城市居民人均可支配收入（元）	城市居民家庭人均消费性支出（元）
2004	45.6	875.3	10 394	8 996.8
2014	51.0	4 468.9	32 665	21 711

资料来源：2005 年、2015 年成都统计年鉴。

本章主要以成都居民为研究对象，基于 2004 年和 2014 年两次调查数据，分析 2004 年和 2014 年成都居民在休闲方式、休闲活动选择影响因素及其满意度方面的差异和变化，旨在对成都居民的休闲状况有一个全面而翔实的把握，进而为成都休闲产业的规划和发展，以及城市居民休闲活动的开展提供借鉴和指导。

第一节 人口统计学特征

2004 年与 2014 年两次调研样本的人口学基本信息包括性别、年龄、婚姻状况、文化程度、职业和收入等，两次调研的受访者基本情况，见表 5-2。

表 5-2　人口统计学特征

类　别		2004 年	2014 年
性　别	男	53.20%	50.10%
	女	46.80%	49.90%
年　龄	18 岁以下	1.70%	12.90%
	18～25 岁	25.30%	27.10%
	26～35 岁	40.90%	16.50%
	36～45 岁	16.50%	19.90%
	46～60 岁	13.10%	16.00%
	60 岁以上	2.50%	7.50%
婚　姻	未婚	42.60%	38.50%
	已婚	57.40%	61.50%
月收入	1 000 元以下	20.30%	11.40%
	1 000～3 000 元	47.30%	22.00%
	3 000～5 000 元	23.20%	43.20%
	5 000～8 000 元	7.60%	8.00%
	8 000～10 000 元		7.80%
	10 000～15 000 元	1.70%	6.20%
	15 000～20 000 元		0.80%
	20 000 元以上		0.80%
文化程度	初中及以下	7.60%	11.10%
	高中、中专及职校	24.10%	31.50%
	本科及大专	61.20%	55.80%
	硕士（包括双学位）及以上	7.20%	1.60%
职　业	企、事业单位职工	27.00%	30.00%
	企、事业单位管理人员	29.50%	20.90%
	公务员	3.80%	12.40%
	私营企业主、个体经营者	2.10%	1.60%
	学生	8.40%	16.50%
	自由职业者	13.50%	7.20%
	离、退休人员	—	3.60%
	其他从业人员	15.60%	7.80%

第一,关于性别构成。2004 年的受访者中,53.20％为男性,46.80％为女性。2014 年的受访者中,50.10％为男性,49.90％为女性。两次调查中,性别比例基本持平,可以客观地反映出性别不同对休闲生活偏爱的基本特征。

第二,关于年龄结构。两次调研的核心受访者为 18～45 岁的中青年,与未进入社会的学生及老年人相比,他们对自己的生活认知更为明确,对休闲活动的参与有较强的主观能动性,对休闲活动的实现具有较强的保障性。

第三,关于婚姻状况构成。2004 年的受访对象中已婚人士的比例为57.4％;2014 年的受访对象中,已婚人士的比例提升至 61.5％。

第四,关于个人月收入情况。2004 年的受访者中月收入在 1 000 元以下、1 000～3 000 元、3 000～5 000 元、5 000～8 000 元、8 000 元以上的人数比重分别为 20.30％、47.30％、23.20％、7.60％及 1.60％;2014 年的受访者中月收入在1 000元以下、1 000～3 000 元、3 000～5 000 元、5 000～8 000 元、8 000 元以上的人数比重分别为 11.40％、22.00％、43.20％、8.00％及 15.60％。从调查结果中可以明显地看出 10 年来成都居民的收入明显提高,特别是中产阶级及高收入人群数量的激增可以更好地拉动城市休闲消费,推动居民休闲活动多样化发展。

第五,关于文化程度构成。2004 年的调研结果中,初中及以下所占比例为7.60％,高中(中专、职校)所占比例为 24.10％,本科及大专的人群所占比例最高,达到了 61.20％,而硕士及以上的人群所占比重也达到了 7.20％。2004 年调研样本中初中及以下、高中(中专、职校)、本科及大专和硕士及以上的人群所占比例分别为 11.10％、31.50％、55.80％和 1.60％。

第六,关于职业构成。2004 年的调研结果中,企、事业单位管理人员所占比例最高,达到了 29.50％;同时企、事业单位职工的比例达到 27.00％;公务员所占比重为 3.80％;私营企业主、个体经营者所占比例为 2.10％;学生群体占比为 8.40％;自由职业者所占比例为 13.50％;而其他从业人员的比例为15.60％。在 2014 的调研结果中企、事业单位职工,企、事业单位管理人员的依然占有 30.00％、20.90％的比重,但公务员人数得到明显的上升,为12.40％;学生群体所占比重为 16.50％;私营企业主、个体经营者所占比重为1.60％;自由职业者所占比重为 7.20％;离、退休人员所占比重为 3.60％;其他从业人员所占比重为 7.80％。

综上所述,受访者中,中青年和已婚人士占有较大比重,他们文化素质普遍较高,有着稳定的收入,这样的统计结果有利于研究成都居民休闲活动的特点,也为研究的真实性和普遍性奠定了基础。

第二节　休闲方式

一、休闲动机与同伴选择

（一）休闲动机

第一，从总体来看，两次调研结果的数据都显示，"放松身心、消除疲劳"是成都居民最为主要的休闲动机，且随着社会节奏的加快，工作压力的增大，以此为主要目的的居民数量有所增多，见表5-3。

表5-3　2004年和2014年成都居民休闲动机选择

休闲活动目的	2004年	2014年
放松身心、消除疲劳	27.71%	30.15%
审美愉悦、怡情养性	14.63%	17.14%
开阔眼界、增长认识能力	17.16%	2.50%
加强与外界沟通、扩大交际	14.77%	17.23%
锻炼身体	13.50%	16.88%
消磨时间	6.89%	10.34%
商务需要	4.92%	5.77%
其他	0.42%	0.00%

第二，成都居民自我发展的休闲动机的侧重有所变化。在2004年，成都居民选择"开阔眼界、增长认识能力"的比例为17.16%，其次为"审美愉悦、怡情养性"（14.63%），第三则是"锻炼身体"（13.50%）；而在2014年选择"开阔眼界、增长认识能力"的人数大幅度下降，下降了14.66个百分点，但是出于"锻炼身体"和"审美愉悦、怡情养性"休闲动机的人数均有所提升，分别占比16.88%和17.14%。表明随着工作压力的增大和生活节奏的加快，居民不再希望通过休闲时间来进行学习实现自我提升，而希望通过休闲活动强身健体、修身养性。

第三，成都居民出于社交需求进行休闲活动的比例有所上升。2014年成都居民选择"加强与外界沟通、扩大交际""商务需求"的比例均有所上升，表明随着社会经济的发展，商务活动开始占据人们日常生活的核心，通过进行休闲活动结交兴趣爱好相同的朋友,发展人际关系成为成都居民休闲动机的新趋势。

(二) 休闲同伴选择

从休闲同伴的选择结果来看,2004 年成都居民同伴选择的首选是家人,占比 42.6%;其次是朋友,占比 41.8%。结果表明,在当时选择休闲同伴对家人和朋友的依赖和信任并没有太大区别,这也是当时结伴进行休闲放松最主要的选择途径。在 2014 年的调研结果中我们发现,选择家人的比例相较于 2004 年出现大幅度下降,只占 10.90%,但是选择朋友和同事的比例显著上升,分别占到55.00%、22.50%。说明 10 年来成都居民参与休闲活动的感情重心发生了变化,表明成都居民参与休闲活动的社交开放性和活动自由性的价值观念增强。同时单独出行的比例也由 2004 年的 6.30% 上升到 2014 年的 9.60%,更加说明高社会群体的比例增加导致中国社会中持个人主义价值观的人群增多,以至于单独出行进行休闲活动的可能性增大。可以预计,随着时代的发展,80 后、90 后逐渐成为休闲活动的主体,其在同伴选择上表现出接受外来文化,走向个人主义的发展趋势,但同时也保留着中国传统中集体主义的观念,凸显了成都居民在休闲活动中两种价值倾向的相对稳定性。

成都 2004 年和 2014 年的同伴选择调研结果,见表 5 - 4。

表 5 - 4　2004 年和 2014 年成都居民休闲同伴选择

类　别		2004 年	2014 年
休闲同伴	家　人	42.6%	10.9%
	朋　友	41.8%	55.0%
	同　事	7.2%	22.5%
	单　独	6.3%	9.6%
	其　他	2.1%	2.1%

二、休闲活动倾向

(一) 平时休闲活动选择

从总体上看,在平时,由于时间和空间的局限,成都居民主要选择在家或在家附近进行消遣娱乐型休闲活动,选择"上网""看电视""看电影"的比例分别为 64.60%、44.96%、41.09%。居民在休闲活动选择上存在一定的失衡现象,表明在工作压力突增的现代社会环境中,成都居民平时休闲活动类型具有显著的单调性和趋同性,人们偏向于用最省力最便捷的休闲活动让自己的身心放松下来,且随着智能手机的普及,越来越多的居民将自己碎片化的时间用在手机上。

通过比较发现,一是,居民选择"逛街、购物、饮食"的比例从 2004 年的50.63%降至 2014 年的 21.71%。究其原因首先是因为成都居民休闲时间有限,其次因为以网络终端为工具的网络休闲逐步改变居民的休闲活动选择。根据《中国互联网络发展状况统计报告》的数据显示,四川省 2004 年的互联网普及率占本省总人口数的 6.00%,而到 2014 年,成都市网民规模达到 842 万户,互联网普及率达到 58.90%,比全国水平(47.90%)高出 11 个百分点,比四川省(37.30%)高出 21.60 个百分点[1],因此成都居民上网比例增加的同时,网络休闲活动逐渐多样化,满足居民即时购物、交流的需求,在一定程度上减少了对非网络休闲活动的依赖。

二是,成都居民选择参观访问的比例大幅度增加,选择比例从 4.22%上升至16.02%。一方面显示了居民在日常工作之余善于利用博物馆、科技馆等公共场所来扩充自己的知识;另一方面成都博物馆[2]数量从 2004 年的 13 个上升至2014 年的 33 个,分布在各个区县,很好地满足大部分成都居民了解成都文化,进行休闲放松的需要。

三是,选择"休闲健身"的人数从 29.11%下降至 12.92%,而"桌游、棋牌"等室内娱乐消遣型活动的选择人数却占 17.05%。表明一方面随着人们平时休闲时间的相对减少,人们不愿意投入过多的时间参与健身休闲运动;另一方面扎根于成都大街小巷的棋牌文化对成都居民传统休闲活动起到了一定的冲击作用,居民更偏向于通过棋牌来娱乐消遣,而很少选择健身休闲活动来提升自身素质。

四是,"休闲度假"的选择比例出现了一定程度的提升,从 2004 年的 7.17%上升至 2014 年的 17.31%。究其原因主要是因为当下我国"1+2+5+43"的休假体制逐渐成熟,居民在休闲时间和休闲活动的选择上更加自由,且随着农家乐、度假村的建设,越来越多的居民愿意在平时抽出时间进行休闲旅游,放松身心,见表 5-5。

---

① 中国互联网信息中心.2014 成都市互联网发展状况报告[EB/OL]. http://china.huanqiu.com/hot/2015-04/6302945.html.

② 博物馆总数为综合馆、专业馆和纪念馆的总和。

表 5 - 5　2004 年和 2014 年成都居民休闲活动选择(单位：%)

休闲活动	平　时		周　末		黄金周	
	2004 年	2014 年	2004 年	2014 年	2004 年	2014 年
休闲度假	7.17	17.31	19.83	13.18	72.57	58.91
参观访问	4.22	16.02	15.19	10.08	26.58	8.79
上网	89.45	64.60	59.92	41.60	34.18	41.86
电视		44.96		33.33		19.90
电影		41.09		38.76		23.77
演唱会、音乐会		10.34		19.64		14.99
逛街、购物、饮食	50.63	21.71	56.12	13.18	41.77	41.34
吧式消费	27.43	18.86	27.43	23.26	8.44	23.77
养花草宠物	14.35	3.36	6.75	4.13	3.80	4.91
业余爱好、桌游、棋牌	35.02	23.51	31.22	42.9	20.68	7.24
美容、家居装饰	5.06	—	10.55	—	5.06	—
休闲健身	29.11	12.92	29.54	20.41	22.78	4.13
社会活动	14.35	18.35	27.00	19.64	44.30	9.56
休闲教育	7.17	1.81	5.91	5.94	6.33	0.52
其他	0.42	0.78	1.69	0.78	1.27	0.78

注：百分比以响应者为基础。

(二)周末休闲活动选择

第一,从总体上来看,由于周末的休闲时间比平时相对更多且休闲空间的选择余地较大,因此成都居民的休闲活动选择发生了一定的变化。虽然在两次调研结果中,"电视、上网"依旧是最热门的休闲活动,但是相较于平时,各项选择比例均有所下降,而其他外出型和社交型休闲活动比例则有所上升。

第二,看电影已成为成都居民周末休闲活动的常态。2014 年成都拥有 100 家电影院,成都总票房首次超过 10 亿元,成为继北上广深之后第五个电影票房超过十亿的城市。电影成为成都居民周末最为喜爱的休闲活动之一,一方面是因为成都居民周末休闲时间相对减少,看电影可以使居民在较短的时间内接受新鲜事物的同时放松休息;另一方面,电影院是一个居民聚集的社交场所,在观影中可以找到趣味相投的伙伴,扩大人际交流。

第三,虽然"逛街、购物、饮食"依旧是成都居民周末休闲选择之一,占比56.12%,但在2014年的选择比例相较于2004年出现了大幅度的下降,仅占比13.18%;"桌游棋牌"的选择比例相较于平时有所上升。一方面是因为随着生活成本的增加,在周末的休闲时间中,成都居民选择购物消费的越来越少,而更多地将时间用于"桌游棋牌"这种可融入性强、成本小的社交类活动中,通过这种活动打发业余时间,并且与朋友保持联系;另一方面,因为随着成都"国家棋牌文化中心"的建立以及成都"棋城振兴计划"的实施,棋牌娱乐逐渐成为成都居民的生活方式,棋牌活动场所的广泛建设促使居民更多地参与到这类休闲活动中。

第四,在两次调研中居民"休闲健身"的选择比例相较于平时有所增加,表明在周末时间充裕的前提下,居民更多地通过休闲健身这种自我提升型休闲活动来代替传统的购物逛街,开始将自己的价值观念从"逛街、购物"的物质满足转向"休闲健身"所带来的精神满足,对健身休闲的诉求逐渐加强。根据国际经验,当人均GDP达到8 000~10 000的水平时,居民在休闲活动的选择上会逐渐表现出满足精神需求的趋势。

(三) 黄金周休闲活动选择

从总体上看,2004年黄金周期间,成都居民选择"休闲度假""社会活动""逛街、购物、饮食"的比例分别为72.57%、44.30%、41.77%。2014年黄金周期间,成都居民休闲活动偏好前三名的是"休闲度假""上网""逛街、购物、饮食",分别为58.91%、41.86%、41.34%。从两年的调研结果来看,在时间条件、经济能力和休闲动机的综合因素作用下,黄金周期间成都居民休闲活动选择呈现出了较强的"外出型""度假型"的特点。

第二,居民在黄金周期间选择休闲度假的比例有所下降。究其原因首先是因为当下休假制度的改革使得成都居民在休闲时间和休闲活动的选择上更加自由,而黄金周期间旅游人数剧增、旅游资源配置不均衡、旅游价格急剧上升,极大地影响了居民休闲旅游的体验,因此部分居民会选择带薪休假的方式来满足自身的旅游需求。2014年10月1日,九寨沟的旅游人数同比下降49%,峨眉山的旅游人数同比下降46%,都反映出成都居民黄金周期间出游的趋势减弱。其次周边动车短途旅行、自驾游开始成为热点,2014年,成都市有农家乐4 200余家,全市乡村旅游共接待游客占全市旅游接待总人数的47.78%,表现出错峰旅游、回归乡村的形式更能满足成都居民消除压力、陶冶情操的需求。

第三,选择参观访问的人数相较于2004年有所减少。一方面是因为成都在博物馆方面建设的投入,使得参观访问逐渐成为成都居民日常的休闲方式之一;另一方面如武侯祠、杜甫草堂等既是博物馆又是全国知名的旅游景区,在法定假日期间会吸引大量外部游客,在一定程度上降低了本地居民参观热情。

第四,"逛街、购物、饮食"依然是成都居民黄金周期间钟爱的休闲活动,与此同时"吧式消费"的选择人数相较于2004年有大幅度提升。一方面,购物中心、餐饮店、吧式场所等商家在黄金周期间的优惠活动是吸引居民的因素之一;另一方面,相较于平时或周末,居民会拥有更多的休闲时间,居民从平时比较封闭的户内家庭型活动逐渐走向户外社会型活动,表现出成都居民热爱开放式活动和社会交流的特点。

三、休闲场所选择

(一) 平时休闲场所选择

从总体来看,第一,2014年成都居民在平时偏向于在家中进行休闲活动,占比82.17%,表明工作了一天的成都居民更愿意进行一些便捷的家庭型休闲活动来放松身心,这也与成都居民平时喜爱进行上网、看电视等休闲活动相吻合;第二,有64.08%的成都居民会选择在附近的景区、公园和绿地进行休闲放松,表明随着成都配套休闲设施的完善以及公园免费化的转型,成都居民拥有了更多的公共休闲空间;第三,选择"文体娱乐场所"和"社区、企业活动中心"的比例也相对较高,表明在平时休闲时间有限的情况下,成都居民更多地会选择一些就近的电影院、健身房和社区活动中心来进行休闲活动;最后有33.33%的群体选择"商场、广场、夜市",这也与成都居民爱吃小吃的生活习惯有关,见表5-6。

表 5-6　2004 年和 2014 年成都居民休闲场所选择(单位: %)

休闲场所	平　　时		周　　末		黄金周	
	2004 年	2014 年	2004 年	2014 年	2004 年	2014 年
自己或别人家里	85.60	82.17	63.20	42.12	49.60	49.61
景区、公园、绿地	20.40	64.08	39.60	20.41	74.00	50.39
社区、企业活动中心	29.20	30.49	9.60	28.42	10.00	10.59
文体娱乐场所	19.60	38.50	39.60	11.37	43.20	19.12
商场、广场、夜市	42.40	33.33	42.00	71.06	27.60	60.98

休闲场所	平　时		周　末		黄金周	
	2004 年	2014 年	2004 年	2014 年	2004 年	2014 年
餐饮场所	29.20	3.10	28.40	40.83	25.60	28.42
网吧、酒吧、咖吧	20.80	19.64	23.60	39.28	7.60	10.34
培训机构	10.40	1.81	6.40	0.52	3.60	—
图书馆	28.00	10.08	31.60	9.30	22.00	18.86
博物馆、纪念馆	4.80	1.29	5.60	0.52	13.20	29.97
宗教活动场所	2.40	—	3.60	—	4.40	—
其他	1.20	3.39	2.40	19.12	11.20	10.59

注：百分比以响应者为基础。

从变化趋势上来看，2004 年和 2014 年成都居民最常选择的休闲场所都是家，这与成都居民日常休闲时间有限和日常休闲活动选择高度吻合，但在 2014年选择"景区、公园、绿地"的比例相较于 2004 年上升 43.68 个百分点，选择"文体娱乐场所"的比例相较于 2004 年上升 18.90%，而选择"餐饮场所""培训机构""图书馆"的比例相较于 2004 年分别下降 26.10%、8.59%、17.92%，这样的变化趋势表明随着成都公共休闲场所建设的投入，成都居民平时休闲场所范围开始逐步从室内转向更开放的社区公共休闲空间，同时成都公园内大量设置茶歇、棋牌等休闲设施，也为居民进行相关休闲活动提供了便利。

（二）周末休闲场所选择

在国家实行双休日以后，居民的周末休闲时间更加充足，两天的周末闲暇时间使居民的休闲场所选择与工作日的休闲场所选择有所不同。2004 年，在周末成都居民休闲活动范围明显增大，"自己或别人家里""社区、企业活动中心"的选择比例明显降低，而"景区、公园、绿地""文体娱乐场所"的选择比例相对提升，表明在有大量休闲时间的基础上，成都居民在休闲场所的选择上更具有开放性的特点。2014 年的调研结果显示，选择在家进行休闲活动的比例相较于 2004 年下降了 21.08%，选择"景区、公园、绿地"的比例相较于 2004 年下降 19.19%，选择图书馆看书的比例相较于 2004 年下降了 22.30%，选择"培训机构"的比例较2004 年下降了 5.88%，与 2004 年不同的是，周末选择在"商场、广场、夜市""餐饮场所""网吧、酒吧、咖吧"进行休闲活动的人数明显增加，其次选择"其他"休闲场所的比例也有所增大。

上述变化趋势表明,随着时代的发展和平时工作学习压力的增大,居民在周末更多地选择走出家门放松身心,选择教育培训类休闲活动场所进行学习和图书馆看书的热度逐渐降低,休闲教育和休闲健身不再是成都居民休闲活动的主要选择,同时成都居民在周末更倾向于选择逛街、泡吧这类消遣娱乐型休闲活动,因此去相关场所的人数有所增加;其次选择逛公园和景区的人数有所下降,但选择其他休闲活动的人数有所增加,表明随着全民休闲时代的到来和全域旅游的发展,居民不再仅仅尝试周围知名的景区来进行休闲度假,而是会去选择更多如农家乐、度假村、民宿休闲等新型的休闲活动,满足自身日益增长的休闲需求。

(三)黄金周休闲场所选择

2014 年,从总体上看,成都居民在黄金周期间休闲场所的选择上分布更为均衡,这与成都居民在黄金周期间丰富的休闲活动选择保持一致;且与平时和周末的场所选择相比,黄金周期间成都居民活动空间分布更为广泛,体现了居民在黄金周休闲的多样性和开放性特点。成都居民黄金周休闲场所选择比例最高的是"商场、广场、夜市",占比 60.98%,这与黄金周期间居民喜爱逛街购物及进行吧式消费的休闲活动相吻合。其次选择"景区、公园、绿地"比例为 50.39%,相对于平时,在黄金周期间选择景区休闲的人数有所减少,表明成都居民具有避开黄金周出游的倾向。

从黄金周休闲场所选择变化的角度来看,选择"景区、公园、绿地"的比例有所下降,表明黄金周出游不再是成都居民黄金周休闲的首要选择;其次成都居民对"商场、广场、夜市""餐饮场所""网吧、酒吧、咖吧"的选择都有所提升,表明成都居民在黄金周期间对商业性、娱乐性休闲活动的热情变高,如今购物中心等消费场所配套设施的完善和黄金周期间的促销活动等因素,也促使成都居民黄金周期间休闲活动选择的转型。

四、时间分配与休闲花费

(一)休闲时间分配

2004 年,成都居民平时休闲时间主要集中在 1～3 小时,占调研人数的将近一半;周末休闲时间主要集中在 4～10 小时和 10～15 小时;黄金周休闲时间主要集中于 3 天以上。2014 年,46.69% 成都居民平时的休闲时间为 1～3 小时;在周末,50.03% 的居民拥有 4～10 小时的休闲时间;在黄金周,居民休闲时间则主要集中在 1～3 天和 3～5 天,见表 5-7。

表 5 - 7   2004 年和 2014 年成都居民休闲时间利用情况

休闲时间	平　　时		休闲时间	周　　末		休闲时间	黄金周	
	2004 年	2014 年		2004 年	2014 年		2004 年	2014 年
1 小时以下	17.30%	12.02%	4 小时以下	16.46%	18.68%	1 天以下	7.63%	10.26%
1～3 小时	42.19%	46.69%	4～10 小时	35.44%	50.03%	1～3 天	17.80%	39.53%
3～5 小时	24.05%	20.78%	10～15 小时	29.96%	21.03%	3～5 天	40.25%	30.83%
5 小时以上	16.46%	20.52%	15 小时以上	18.14%	10.26%	5 天以上	34.32%	19.38%

横向对比来看,由于从平时到周末再到黄金周,成都居民工作时间逐渐减少,因此可投入休闲活动的时间逐渐增多。而从纵向对比来看,在平时 1 小时以下休闲时间的居民人数有所下降;周末拥有 4～10 小时休闲时间的居民人数大幅上升。然而在黄金周,成都居民较长时间参与休闲的比例有所下降,选择 3 天以下参与休闲的人数有所增加,而选择 3 天以上参与休闲的比例下降明显。

究其原因来看,首先,受访者的核心群体为中青年群体,较多为大学生或企业员工,此外还包括一些公务员,这部分群体是社会的核心力量,随着社会的发展他们逐渐承担较多的工作,因此拥有较少的休闲时间。其次,忽视休息、超时工作已逐渐成为常态。根据美国 Project Time Off 的调查显示[①],在从事与网络相关工作的人士中有 35% 表示,互联网、邮件及手机无形中增加了他们的工作时间,且 41% 的美国人在 2015 年没有休过一天假。最后,黄金周期间成都居民选择 1～3 天进行休闲活动的人数大幅增长,而拥有 3 天以上休闲时间的人数有所减少,主要是因为从 2008 年开始,"五一"黄金周的取消,增加清明、端午、中秋小长假,居民更多地会去选择短距离出行。此外,成都近年来大力发展乡村旅游,打造天府古镇旅游圈,乡村旅游接待量从 2004 年的 1 511.0 人次上升至 2014 年的 8 896.43 人次,在一定程度上使得成都居民选择在周边进行短距离贴近自然的休闲度假活动。

（二）休闲花费

2004 年,成都居民平时休闲花费主要集中在 100 元以下,占比达到 75% 以上;周末休闲花费 300 元以下,占比亦达到 75% 以上;在黄金周,休闲花费在 500 元以下、500～1 000 元和 1 000～3 000 元的占比均在 1/3 左右。在 2014 年,成都居民平时休闲花费仍主要集中于 50 元以下和 50～100 元两个水平上,这一消

---

① 　http://www.projecttimeoff.com/research/work-martyrs-cautionary-tale.

费结构与平时大多数居民休闲时间有限及休闲活动内涵单调有关。在周末,由于休闲时间的增多以及休闲空间的扩展,成都居民休闲花费数额也出现了一定的增长,休闲消费在100～300元的占49.28%、300～500元的占26.20%。在黄金周期间,成都居民休闲花费总体上有所提高,有30.39%的居民消费支出在500～1000元的水平上,3000元以上休闲花费的人群占比出现一定增加。显然,时间和空间限制的解除,一定程度上有助于提升城市居民的休闲消费,见表5-8。

表5-8　2004年和2014年成都居民休闲消费情况

休闲消费	平　时		休闲消费	周　末		休闲消费	黄金周	
	2004年	2014年		2004年	2014年		2004年	2014年
50元以下	44.30%	49.35%	100元以下	33.76%	22.32%	500元以下	33.90%	30.26%
50～100元	31.22%	40.65%	100～300元	42.19%	49.28%	500～1000元	26.69%	30.39%
100～300元	18.14%	7.36%	300～500元	18.14%	26.20%	1000～3000元	32.20%	28.68%
300元以上	6.33%	2.64%	500元以上	5.91%	2.20%	3000元以上	7.20%	10.67%

从纵向对比的角度来看,在平时,休闲消费100元以上的城市居民人数有所增加,反映出成都居民平时休闲花费水平有所下降,主要原因在于平时休闲时间的减少使更多的居民偏向在家进行上网、看电视等娱乐消遣型休闲活动。根据美国劳工统计局"美国人时间安排调查"的报告中的数据显示,美国人有近一半的闲暇时间是在电视机前度过的。与美国等发达国家一样,平时休闲方式的简单化、节约化已成为当下成都居民生活的常态。

在周末,相较于2004年,100元以下休闲消费居民所占比例减少了约11个百分点,而100～300元和300～500元休闲花费居民的数量大幅增加。究其原因,一方面,随着成都休闲配套设施的完善,大众化休闲趋势加强,成都居民的人均可支配收入从2004年的10394元增长2014年的32665元,促使居民周末总体休闲消费水平有所提升;另一方面,成都居民周末进行短期自助游的比例提升,同时在周末棋牌、麻将已成为居民社会交际的重要方式,而这两种休闲方式也在一定程度上拉动成都居民休闲消费。

在黄金周期间,相较于2004年,3000元以上的高休闲消费人数有所增加,同时500元以下休闲花费的比例有所下降,然而更多的城市居民休闲花费仍集中于1000元以下。首先,旅游不再是黄金周休闲的唯一热点,购物、逛街成为成都居民黄金周休闲活动的重要选择,使得休闲花费总额不会有大幅度的增加。

根据成都市商务局的数据显示,2004 年"十一"黄金周期间,全市 15 家重点零售商场销售额达到 3.7 亿元,而 2014 年国庆黄金周期间,成都居民购物刷卡消费超过 84 亿,表现出黄金周期间居民对购物消费的偏爱。其次,虽然黄金周出游的人数相对减少,但黄金周期间人均消费有所提升。根据中国国家旅游局的统计数据显示,在 2004 年春季黄金周期间,全国游客人均消费性支出 458 元,而到 2014 年春季黄金周期间,全国游客人均消费性支出为 547.14 元,表现出当下城市居民为获得更好的旅游体验而愿意进行更多的旅游消费,并且随着旅游业态的多样化发展,休闲度假市场也更能满足"有钱人群"和"有闲人群"的享受需求,从而拉动黄金周期间休闲经济的快速发展。

第三节　休闲活动选择的群体比较

本节以人口学特征为基础,对成都不同性别、不同家庭收入、不同文化水平的休闲活动选择差异进行深入的研究,旨在通过两次调研结果的对比,对城市居民生活特征进一步细化,从而发现成都休闲细分市场的演变趋势,提出对成都休闲发展途径的深入思考。

一、不同性别的比较

从 20 世纪 80 年代开始,国内外对休闲性别差异的研究日益丰富,国外研究者多从女性主义和后现代主义视角对男女居民在休闲时间、休闲感受、休闲质量的差异进行多角度的分析,试图解释男女不同的休闲特征[1];国外研究者还就休闲机会的性别差异[2]、休闲空间的性别差异[3]等方面进行了深入的探讨,从研究中可以观察出随着时代的进步,男女居民休闲方式选择的差异。当下男性和女性对休闲的理解和休闲活动偏好也有所差异,过往研究表明,女性更乐意将时间用在社交活动,而男性更倾向于将时间用在体育锻炼和上网活动中[4]。因此本节将通过对比 2004 年和 2014 年不同时间段男女休闲活动的选择状况,来探讨成都居民性别与休闲活动选择的关系。

---

① CULP R H. Adolescent girls and outdoor recreation: A case study examining constraint and effective programming[J]. Journal of Leisure Research, 1998, 30(3): 356-379.

② YARNAL C M, CHICK G, KERSTETTER D L. "I Did Not Have Time to Play Growing Up … So This Is My Play Time. It'the Best Thing I Have Ever Done for Myself": What Is Play to Older Women? [J]. Leisure Sciences, 2008, 30(3): 235-252.

③ SHAW S M. The meaning of leisure in everyday life[J]. Leisure Sciences, 1985, 7(1): 1-24.

④ 许晓霞,柴彦威.北京居民日常休闲行为的性别差异[J].人文地理,2012,01: 22-28.

（一）平时休闲活动选择

第一,2004 年成都男性比成都女性更热衷于"电视、娱乐、上网""休闲度假""休闲健身""吧式消费";第二,成都女性比成都男性更偏向于选择"逛街、购物、饮食""养花草宠物""美容、家居装饰"等休闲活动。这表明当时女性受贤妻良母的社会期望的影响仍在不断塑造着女性的家庭责任意识,时常扮演工作者和家庭女主人两种角色,因此在平时的休闲时间内需要承担比男性更多的家务和日常料理等工作,从而造成女性用更多的精力进行购物和养花草植物,而男性则在平时休闲活动的选择中自由度更大。

2014 年的调研结果中,"电视、娱乐、上网"仍然是男女群体主要选择的休闲活动。女性群体更偏向于"休闲度假""参观访问""逛街、购物、饮食";男性群体更偏向于选择"吧式消费""社会活动""桌游、棋牌"等休闲活动,在其他休闲活动的选择比例上,男女群体基本持平。随着社会的进步,女性被赋予更多的休闲选择权利,在休闲空间和休闲机会上受到的限制相较于 2004 年有所减少,而男性在休闲活动选择中偏向社会交际的同时,更多地参与到娱乐消遣型活动中,见表 5-9。

表 5-9　2004 年和 2014 年不同性别群体平时休闲活动选择(单位：%)

休闲活动	男　性		女　性	
	2004 年	2014 年	2004 年	2014 年
休闲度假	7.94	15.46	6.31	19.17
参观访问	4.76	11.86	3.60	20.21
上网	91.27	61.86	87.39	67.36
电视		45.36		44.56
电影		41.75		40.41
演唱会、音乐会等		8.76		11.92
逛街、购物、饮食	36.51	21.13	66.67	22.28
吧式消费	38.10	22.16	15.32	15.54
养花草宠物	9.52	3.61	19.82	3.11
业余爱好、桌游、棋牌	35.71	14.74	34.23	22.28
美容、家居装饰	0.79	——	9.91	——
休闲健身	34.92	12.37	22.52	13.47

休闲活动	男　性		女　性	
	2004 年	2014 年	2004 年	2014 年
社会活动	15.87	22.16	12.61	14.51
休闲教育	7.94	2.58	6.31	1.04
其他	0.79	1.03	0.00	0.52

注：百分比以响应者为基础。

从变化上来看，第一，随着互联网的普及以及互联网对当下居民日常方式的改变，使得成都男女在日常休闲生活中更多地选择上网这种简便的休闲活动。第二，由于成都居民开始将一部分精力投入到桌游棋牌等消遣型娱乐休闲活动中，导致成都男性和女性都对其他休闲活动的热度有所下降，且男性居民在平时更偏爱这样的活动方式，因此桌游棋牌在一定程度上已成为成都居民的一种社交方式。第三，女性相较于 2004 年来看休闲活动选择呈丰富性和开放性的态势，而男性则由于要承担更多家庭的压力，休闲活动的选择更趋向于娱乐消遣和提升自我。

（二）不同性别群体周末休闲活动选择

在 2004 年的调研中，由于周末时间空间限制的降低，男性女性对"电视、娱乐、上网"的选择比例相较于平时大幅度减少，从而参与到更多的外出型休闲活动中。其中男性比女性更偏向于选择"吧式消费""业余爱好"等休闲活动，这符合成都男性一直以来生活有情调、不疾不徐的特点。成都女性比男性更偏向于选择"逛街、购物、饮食""社会活动""休闲度假"等休闲活动，表现出成都女性在周末更倾向与亲朋好友进行范围较广的外出型休闲活动。总体来看，在当时压力较小的社会环境中，成都男女性在周末休闲活动的选择上趋向于多元化发展。

2014 年，"电视、娱乐、上网"依然是成都男性女性最主要的周末休闲活动，但是相较于平时，其所占比例有所下降，表现出成都男性女性在摆脱工作的羁绊后，休闲活动的选择更加自由。男性相较于女性更偏向于选择"休闲度假""休闲健身"等自我提升型休闲活动，而女性更偏向于选择"吧式消费""社会活动""桌游、棋牌"等以交友为目的休闲活动。

从变化上来看，第一，随着生活压力的增大和互联网的普及，成都男性和女性在周末对"电视、娱乐、上网"选择偏好程度有所上升，反映出在短暂周末中成都居民休闲活动简单化的心态。第二，成都男性女性居民对"参观访问""休闲健身""业余爱好"的选择比例相较于2004年也都有所减少,而选择"桌游、棋牌"的人数却占有较大比例,表明成都男女由于日常工作压力的增大,在周末更愿意和朋友一起参与消遣娱乐型休闲活动。第三,成都男性选择"吧式消费"的比例减少,而女性选择通过"吧式消费"进行休闲活动的人数有所增加,泡吧不再是男性的专属,而逐渐演化成成都女性的"新宠",见表5-10。

表5-10　2004年和2014年不同性别群体周末休闲活动选择(单位:%)

休闲活动	男 性		女 性	
	2004 年	2014 年	2004 年	2014 年
休闲度假	18.25	17.53	21.62	8.81
参观访问	18.25	10.31	11.71	9.84
上网	60.32	40.72	59.46	42.49
电视		33.51		33.16
电影		35.57		41.97
演唱会、音乐会等		20.62		18.65
逛街、购物、饮食	47.62	14.43	65.77	11.92
吧式消费	34.13	20.62	19.82	25.91
养花草宠物	7.14	2.58	6.31	5.70
业余爱好、桌游、棋牌	38.86	43.81	22.52	41.97
美容、家居装饰	4.76	——	17.12	——
休闲健身	31.75	24.23	27.03	16.58
社会活动	25.40	17.01	28.83	22.28
休闲教育	4.76	5.15	7.21	6.74
其他	1.59	1.03	1.80	0.52

注:百分比以响应者为基础。

(三)不同性别群体黄金周休闲活动选择

2004年,"休闲度假"是男性和女性居民黄金周休闲活动的首选,分别占70.63%、74.77%。在其他休闲活动的选择中,男性更偏向于选择"社会活动""电视、娱乐、上网""参观访问";而女性更偏向于选择"逛街、购物、饮食""社会活动""电视、娱乐、上网"。综合来看,由于平时"男主外、女主内"的家庭模式的存在,女性在平时生活中休闲时间被工作和家居生活大大压缩,因此在黄金周休闲时间充裕的情况下,女性休闲活动的选择更具有交往性和开放性的特点,见表 5 - 11。

表 5 - 11　2004 年和 2014 年不同性别群体黄金周休闲活动选择(单位:%)

休 闲 活 动	男 性		女 性	
	2004	2014	2004	2014
休闲度假	70.63	61.34	74.77	56.48
参观访问	30.95	8.25	21.62	9.33
上网		43.81		39.90
电视	35.71	16.49	32.43	23.32
电影		24.23		23.32
演唱会、音乐会等		12.37		17.62
逛街、购物、饮食	30.95	43.30	54.05	39.38
吧式消费	9.52	20.10	7.21	27.46
养花草宠物	2.38	4.64	5.41	5.18
业余爱好、桌游、棋牌	23.02	5.15	18.02	9.32
美容、家居装饰	1.59	—	9.01	—
休闲健身	26.19	5.15	18.92	3.11
社会活动	49.21	13.40	38.74	5.70
休闲教育	6.35	0.00	6.31	1.04
其他	1.59	1.03	0.90	0.52

注:百分比以响应者为基础。

从变化趋势来看,第一,2014 年,在黄金周期间成都男性女性的休闲活动选择更加多样,自家休闲活动型休闲活动,如"电视、娱乐、上网""桌游、棋牌"的选择比例有所减少,而户外休闲活动的选择比例相对增加,表现出居民对享受多样化休闲的渴望。第二,成都男性女性在黄金周期间选择"休闲度假"的人数相较于 2004 年有所降低,并且表现出男性在黄金周更希望进行休闲度假的特点,表明由于带薪休假、黄金周制度的修改、生活压力的增大,成都男女在黄金周选择出行的比例减少,而男性通常在日常的工作中承担着更大的压力,因此在黄金周期间表现出较强的休闲度假倾向。第三,在黄金周期间成都男性对于"逛街、购物、饮食"的选择相较于 2004 年有所提升,而女性则有所下降,表明黄金周期间商场、餐厅等消费场所会进行大量的促销活动,便于男性进行购物送礼、请客吃饭维持交际。第四,女性在黄金周期间选择"吧式消费"的比例有所增加,表明女性居民在节假日更多地选择就近、热闹氛围的场所享受休闲时光,休闲活动成本较低且更为便捷。

二、不同收入群体的比较

人们在参与休闲活动的时候,不仅仅需要花费时间,还需要经济条件支撑,更多时候还要依赖于一定的产品设施和服务[①],因此收入水平是影响居民休闲活动选择的重要因素之一。良好的经济收入有助于促进居民进行休闲消费、拓展休闲活动、提升休闲生活满意度。在 2004 年,本研究根据当时社会经济情况将家庭收入分为 1 000 元以下,1 000~3 000 元,3 000~5 000 元,5 000~8 000 元,8 000 元以上五个类别;在 2014 年,社会经济快速发展,人均收入大幅度提升,因此我们将收入类别再次细分,分为 1 000 元以下,1 000~3 000 元,3 000~5 000 元,5 000~8 000 元,8 000~10 000 元,10 000~15 000 元,15 000~20 000 元,20000 元以上 8 个档次,以此来分析不同时期收入不同的群体在休闲活动选择上呈现的特征及变化趋势[②]。

(一) 不同收入群体平时休闲活动选择

2004 年的数据显示,第一,各收入层次群体平时主要选择的休闲活动为"电视、娱乐、上网",且随着收入水平的上升,选择比例逐渐下降,而"社会活动"的选择比例则随着收入的增加而提升,表现出可支配收入更高的群体,更注意在日常休闲生活中通过社会活动维持和朋友之间的交际。第二,选择"休闲度假"的人数比例则随着收入的提升有所增加,表明成都中高收入人群在平时时间条件允许的情况下,会选择休闲度假让自己得到放松。第三,"吧式消费"的选择情况则呈现低收入人群选择比例较高,高收入人群选择比例较低的特点。成都本就有浓厚的闲适氛围,低收入的人群愿意选择"酒吧""茶吧"这样偏向市井的休闲场所来减轻日常工作带来的压力,见表 5-12。

---

① 宋瑞,沈向友.我国国民休闲制约:基于全国样本的实证分析[J].北京第二外国语学院学报,2014(01):1-15.

② 因样本数量少,2004 年 8 000 元以上收入群体及 2014 年 15 000 元以上收入群体例外。

表 5‑12　2004 年不同收入群体平时休闲活动选择(单位：%)

收入水平 休闲活动	1 000 元 以下	1 000～ 3 000 元	3 000～ 5 000 元	5 000～ 8 000 元
休闲度假	6.25	6.25	9.09	11.11
参观访问	0.00	5.36	7.27	0.00
上网、电视、电影、演唱会、音乐会	91.67	91.07	87.27	77.78
逛街、购物、饮食	60.42	46.43	45.45	55.56
吧式消费	22.92	31.25	23.64	22.22
养花草宠物	10.42	14.29	14.55	22.22
业余爱好、桌游、棋牌	27.08	40.18	30.91	44.44
美容、家居装饰	8.33	4.46	3.64	5.56
休闲健身	37.5	21.43	40.00	22.22
社会活动	14.58	10.71	18.18	27.78
休闲教育	2.08	10.71	7.27	0.00
其他	0.00	0.89	0.00	0.00

注：百分比以响应者为基础。

　　2014 年，第一，随着互联网和智能手机的普及，各收入水平群体在平时休闲活动的选择中还是以"电视、娱乐、上网"为主，但是可以看到的是低收入群体(3 000 元以下收入群体)更偏向于看电视、看电影，而中高收入群体更偏向于选择上网，这是因为低收入群体通常是一些退休老人和社保群体，接触网络的机会没有中高收入群体多，并且互联网已经改变中高收入群体的生活，他们更多地使用网络进行购物和社交。第二，各收入水平居民选择"参观访问"的比例相较于2004 年都有所提升，表明居民在日常生活中都愿意通过参观访问来增长自己的见识，也反映出成都的博物馆、文化馆建设逐渐完善，为居民参观访问提供休闲空间。第三，中等收入群体(3 000～8 000 元的收入群体)相较于低收入和高收入群体在平时更注重参加社会活动和进行逛街购物来扩大自身的人际关系和满足物质需求。第四，2014 年成都各层次收入居民对于业余爱好的选择相较于2004 年大幅降低，表明在工作压力增大休闲时间减少的当下，居民很难用多余的时间和精力满足自身这一需求。第五，选择"养花草宠物"的人数虽然相较于2004 年来说有所降低，但仍呈现高收入群体选择人数相对较多的特点，表明高收入群体可承担这方面的休闲开支，并通过这样的休闲活动达到怡情养性的效果，见表 5‑13。

表 5-13　2014 年不同收入群体平时休闲活动选择(单位：%)

收入水平 休闲活动	1 000 元 以下	1 000～ 3 000 元	3 000～ 5 000 元	5 000～ 8 000 元	8 000～ 10 000 元	10 000～ 15 000 元
休闲度假	0.00	18.82	23.95	6.45	16.67	12.50
参观访问	15.91	14.12	17.37	6.45	10.00	33.33
上网	65.91	58.82	64.67	77.42	60.00	75.00
电视	72.73	54.12	31.14	54.84	40.00	54.17
电影	68.18	38.82	36.53	32.26	43.33	37.50
演唱会、音乐会	2.27	9.41	13.17	6.45	6.67	12.50
逛街、购物、饮食	13.64	36.47	12.57	54.84	16.67	12.50
吧式消费	20.45	12.94	18.56	19.35	36.67	12.50
养花草宠物	0.00	1.18	3.59	3.23	10.00	8.33
业余爱好、桌游、棋牌	15.91	20.00	20.96	16.13	20.00	20.83
休闲健身	4.55	17.65	26.35	6.45	16.67	8.33
社会活动	6.82	11.75	26.35	12.90	6.67	8.33
休闲教育	2.27	3.53	0.60	0.00	6.67	0.00
其他	2.27	1.18	0.00	0.00	3.33	0.00

注：百分比以响应者为基础。

(二) 不同收入群体周末休闲活动选择

第一，从总体来看，各层次收入群体休闲活动选择多样性明显增加，平时很多选择比例不高的休闲活动都在周末有所突破，其中选择"电视、娱乐、上网"的比例大幅度减少。第二，随着家庭收入的增加，居民选择"电视、娱乐、上网"的比例逐渐降低，而选择"休闲度假""逛街、购物、饮食""美容、家居装饰""休闲健身"的比例不断增加，表明成都居民在有时间且具备可支配收入的基础上，乐于体验各类外出型休闲活动。第三，各收入水平人群对于"吧式消费"的选择都具有一定的比例，反映出吧式消费在成都的平民性和日常性，见表 5-14。

表 5-14　2004 年不同收入群体周末休闲活动选择(单位：%)

收入水平 休闲活动	1 000 元 以下	1 000～ 3 000 元	3 000～ 5 000 元	5 000～ 8 000 元
休闲度假	12.50	15.18	29.09	38.89
参观访问	14.58	9.82	27.27	16.67

休闲活动 ＼ 收入水平	1 000 元以下	1 000～3 000 元	3 000～5 000 元	5 000～8 000 元
上网、电视、电影、演唱会、音乐会	75.00	58.93	58.18	27.78
逛街、购物、饮食	68.75	52.68	56.36	38.89
吧式消费	22.92	33.04	18.18	27.78
养花草宠物	2.08	9.82	5.45	5.56
业余爱好、桌游、棋牌	31.25	37.50	27.27	11.11
美容、家居装饰	8.33	8.93	10.91	27.78
休闲健身	18.75	32.14	34.55	33.33
社会活动	20.83	28.57	21.82	38.89
休闲教育	2.08	7.14	3.64	16.67
其他	2.08	1.79	0.00	5.56

注：百分比以响应者为基础。

第一，从总体来看，在周末各收入水平的居民对于休闲活动的选择比例相较于 2004 年更为多样，表明通过 10 年发展，成都为满足城市居民日益增长的休闲需要，逐渐完善休闲场所和配套休闲设施建设。第二，"电视、娱乐、上网"成为成都居民最为主要的周末休闲活动，除 1 000 元以下低水平收入居民以外，上网人群的比例随着收入的增加而增长。第三，选择"社会活动"的比例相较于 2004 年有一定程度的提升，且出现中等收入人群更偏向于周末参与社会活动、高收入人群很少参加周末社会活动的趋势，表明中等收入人群在周末依旧希望融入社会，建立丰富社会关系，加强与亲人朋友的联系。第四，高收入人群由于日常的繁忙，更偏向在周末进行"逛街、购物、饮食"等消遣型娱乐活动，但是与 10 年前相比选择此类休闲活动的总人数有所减少。第五，"休闲健身"的选择比例随着收入水平的增加而有所提升，除去以往的休闲健身活动外，现在健身房、养生会所等高端休闲健身场所的兴起有利于促进高收入群体消费，也表明中高收入人群在周末，愿意投入到自我提升型休闲活动中。第六，由于农家乐、度假村等新型休闲活动的出现，在周末选择休闲度假的比例也随着收入的增加逐渐升高，表明高收入人群趋向于在周末体验与众不同的休闲活动来放松身心，但同时相较于 2004 年各收入水平人群选择休闲度假的比例都有所降低，表明虽然成都居民的收入有所增加，但是休闲时间相对减少，导致成都居民休闲范围受到限制，见表 5－15。

表 5‑15　2014 年不同收入群体周末休闲活动选择(单位:%)

休闲活动＼收入水平	1 000 元以下	1 000～3 000 元	3 000～5 000 元	5 000～8 000 元	8 000～10 000 元	10 000～15 000 元
休闲度假	9.09	11.76	16.17	3.23	13.33	20.83
参观访问	9.09	10.59	8.38	19.35	13.33	4.17
上网	56.82	36.47	39.52	45.16	33.33	58.33
电视	29.55	37.65	35.93	38.71	33.33	20.83
电影	50.00	42.35	34.73	38.71	36.67	33.33
演唱会、音乐会	15.91	16.47	19.76	9.98	10.00	62.50
逛街、购物、饮食	9.09	12.94	10.78	16.13	20.00	29.17
吧式消费	13.64	24.71	22.16	12.90	60.00	4.17
养花草宠物	2.27	5.88	3.59	3.23	10.00	0.00
业余爱好、桌游、棋牌	52.52	40.00	29.94	12.9	10.00	8.33
休闲健身	13.64	11.76	22.16	19.35	33.33	20.83
社会活动	20.45	28.24	39.52	58.06	23.33	8.33
休闲教育	2.27	8.24	4.19	9.68	10.00	4.17
其他	0.00	1.18	0.00	3.23	3.33	0.00

注:百分比以响应者为基础。

(三) 不同收入群体黄金周休闲活动选择

第一,从总体来看,黄金周期间,"休闲度假"作为成都居民主要的休闲活动,其选择比例和家庭收入呈正相关。第二,随着黄金周期间休闲时间的增加,选择"电视、娱乐、上网"的数量随着收入水平的增加大幅度减少,而选择"社会活动""吧式消费"的比例则随着收入的增加而出现增长。这也体现在黄金周期间成都居民休闲活动的选择逐渐从家庭内部向户外延伸,且家庭收入越高的群体,在休闲活动的选择上更表现出开放性和社会性的特点,见表 5‑16。

表 5‑16　2004 年不同收入群体黄金周休闲活动选择(单位:%)

休闲活动＼收入水平	1 000 元以下	1 000～3 000 元	3 000～5 000 元	5 000～8 000 元
休闲度假	54.17	76.79	78.18	72.22
参观访问	27.08	27.68	21.82	33.33
上网、电视、电影、演唱会、音乐会	50.00	28.57	34.55	27.78
逛街、购物、饮食	52.08	41.07	34.55	38.89

收入水平　休闲活动	1 000 元以下	1 000～3 000 元	3 000～5 000 元	5 000～8 000 元
吧式消费	6.25	8.04	9.09	16.67
养花草宠物	2.08	5.36	1.82	5.56
业余爱好、桌游、棋牌	14.58	24.11	23.64	5.56
美容、家居装饰	4.17	5.36	3.64	5.56
休闲健身	27.08	24.11	18.18	22.22
社会活动	37.5	39.29	61.82	38.89
休闲教育	4.17	8.04	1.82	16.67
其他	0.00	1.79	1.82	0.00

注：百分比以响应者为基础。

第一，总体来看，"休闲度假"的选择比例相较于 2004 年随着收入的增加而减少，与此同时选择"参观访问""吧式消费""演唱会、音乐会"的比例则随着收入的增加而有所提升，表现出低收入人群如老人在黄金周期间会通过选择跟团游等度假产品来休闲享乐，并且只有在黄金周期间子女才会有更多的时间陪伴自己一起旅行，而中高收入人群，则因为黄金周制度的改变和带薪休假制度的完善，为得到更好的游玩体验不愿在黄金周期间出游，而会选择相对新颖、高消费的休闲活动来放松身心。第二，随着休闲场所和休闲配套设施的逐步完善，相较于 2004 年，成都各收入水平的群体在休闲活动的选择上更加多元，且如购物广场、酒吧、茶吧等休闲场所的消费升级，选择"吧式消费""逛街、购物、饮食"的人数也比 2004 年大幅度增加。第三，低收入人群对于"养花草宠物""业余爱好"这类怡情休闲类活动的选择比例相较于 2004 年有所增加，而高收入人群的选择比例有所减少，且呈现随着收入的增加，选择人数逐渐降低的现象，表明高水平收入人群在黄金周期间更愿意外出，尝试新的休闲活动，而低水平收入人群则会选择在收入水平范围内通过日常休闲活动来自得其乐，见表 5-17。

表 5-17　2014 年不同收入群体黄金周休闲活动选择（单位：%）

收入水平　休闲活动	1 000 元以下	1 000～3 000 元	3 000～5 000 元	5 000～8 000 元	8 000～10 000 元	10 000～15 000 元
休闲度假	77.27	58.82	56.29	61.29	60.00	41.67
参观访问	4.55	7.06	9.58	6.45	10.00	12.50

休闲活动 ＼ 收入水平	1 000 元以下	1 000～3 000 元	3 000～5 000 元	5 000～8 000 元	8 000～10 000 元	10 000～15 000 元
上网	36.36	37.65	46.11	35.48	40.00	50.00
电视	11.36	17.65	21.56	16.13	10.00	41.67
电影	20.45	30.59	23.35	19.35	16.67	20.83
演唱会、音乐会	6.82	14.12	16.77	22.58	0.00	29.17
逛街、购物、饮食	29.55	50.59	39.52	48.39	46.67	29.17
吧式消费	20.45	16.47	19.76	38.71	46.67	33.33
养花草宠物	13.64	4.71	3.59	3.23	0.00	8.33
业余爱好、桌游、棋牌	36.36	11.76	7.78	3.23	3.33	0.00
休闲健身	9.09	5.88	11.38	6.45	20.00	4.17
社会活动	0.00	1.18	0.00	0.00	0.00	8.33
休闲教育	0.00	0.00	0.00	3.23	0.00	4.17
其他	0.00	0.00	1.20	0.00	0.00	4.17

注：百分比以响应者为基础。

三、不同文化程度群体的比较

过往研究表明，随着文化程度的增加，居民休闲活动选择的丰富程度也随之增加，高学历不仅意味着居民有机会获得更高的收入，而且受过良好教育的居民的思想比较前瞻和时尚，懂得用理性的思维去进行质量较高的休闲活动[①]。因此本文将受访人群分为初中以下、高中、本科及大专、硕士以上四种不同教育程度群体，通过比较他们之间休闲活动选择的差异来探讨文化程度对休闲活动的影响。

（一）不同文化程度群体平时休闲活动选择

2004 年调研结果显示，第一，从总体来看，"电视、娱乐、上网"是各文化程度群体平时最主要的休闲活动，并且文化程度越高选择"电视、娱乐、上网"的比例就越大，而选择"逛街、购物、饮食"的比例则随着文化程度的增加而减少。第二，高文化程度人群对于"参观访问""业余爱好""休闲健身"等富有文化含量的休闲

---

① 楼嘉军，徐爱萍，岳培宇.城市居民休闲活动满意度研究——上海、武汉和成都的比较分析[J].华东经济管理，2008（4）：32－38.

活动的选择明显高于低文化程度的群体,表示文化程度越高,居民越注重自身健康和修养,更注重外在的社交类活动。

2014年的调研结果显示,第一,"电视、娱乐、上网"仍是各文化程度群体平时最主要的休闲活动,但在各群体间所占比例大致相同;第二,选择"逛街、购物、饮食""吧式消费"的比例随着文化程度的增加而增加,低文化程度人群在平时更偏向于选择"休闲健身""休闲度假"的休闲活动。第三,在平时的休闲时间中,高文化程度人群偏向于选择"社会活动"等方式来增加与朋友、家人之间的沟通和交往,见表5-18。

表5-18 2004年和2014年不同文化程度群体
平时休闲活动选择(单位: %)

休 闲 活 动	初中及以下		高中 (中专、职校)		本科 及大专		硕士 及以上	
	2004年	2014年	2004年	2014年	2004年	2014年	2004年	2014年
休闲度假	5.56	23.26	7.02	18.03	7.59	16.20	5.88	0.00
参观访问	0.00	18.60	10.53	6.56	2.76	20.83	0.00	16.67
上网	83.30	65.12	92.99	63.11	88.28	65.74	94.12	50.00
电视		55.81		46.72		42.13		33.33
电影		32.56		53.28		35.19		66.67
演唱会、音乐会		6.98		2.46		15.28		16.67
逛街、购物、饮食	55.56	9.30	52.63	27.87	51.72	20.37	29.41	33.33
吧式消费	16.67	11.63	26.32	18.85	30.34	19.91	17.65	33.33
养花草宠物	33.33	2.33	22.81	4.92	8.97	2.78	11.76	0.00
业余爱好、桌游、棋牌	16.67	32.56	22.81	18.03	40.00	25.00	52.94	16.67
美容、家居装饰	0.00	—	10.53	—	4.14	—	0.00	—
休闲健身	22.22	34.88	22.81	13.93	30.34	7.87	47.06	16.67
社会活动	33.33	2.33	5.25	19.67	14.48	21.30	23.53	0.00
休闲教育	11.11	2.33	5.25	1.64	6.90	1.85	11.76	0.00
其他	0.00	0.00	1.75	0.82	0.00	0.93	0.00	0.00

注:百分比以响应者为基础。

从变化趋势来看,第一,高文化程度人群由于工作压力大,收入水平高的特征,在平时偏向于选择能够迅速释放压力的休闲活动,如逛街、购物、美食、吧式消费等,且随着城市商圈、购物中心、酒吧、餐吧等消费场所的服务升级,这样的休闲活动也更能满足高文化人群的物质需求。第二,相较于 2004 年,高文化群体减少了在自身业余爱好和休闲健身上的时间投入,低文化程度群体则随着城市基础设施的完善,在这两项休闲活动上的选择比例均有所增加。第三,相较于2004 年,当下低文化程度群体在平时选择"休闲度假"的比例较高且在 2014 年选择比例有了进一步的提升,这是因为与节假日相比,平时休闲度假价格较低,且伴随着如今农家乐、度假村等省内市内短期休闲活动的发展,这一类休闲度假产品更能满足低文化群体的内在诉求。

(二) 不同文化程度群体周末休闲活动选择

2004 年的调研结果显示,第一,相较于平时,在周末各文化程度的居民对"电视、娱乐、上网"的选择比例有所减少,且高文化程度群体更偏向于选择"休闲度假""逛街、购物、饮食",表示高文化程度群体在休闲时间充裕的情况下,周末休闲活动选择的开放性增加。第二,高文化程度群体,更偏向于选择平时无从顾及的"业余爱好"和"休闲健身"来告别工作的压力,丰富休闲生活;而低文化程度的群体则偏向于参与社会活动,抓住机会扩大自己的人际关系,提升自身能力。

2014 年,第一,各文化程度的群体对于"电视、娱乐、上网"的选择比例相较于平时有所降低,且低文化程度群体对这种居家消遣型休闲活动更表现出依赖性。第二,吧式消费场所环境的改善以及成都居民对桌游棋牌爱好的提升,使得这两种休闲活动在各文化程度的居民中都占有一定的比重。第三,"休闲健身"的选择比例随着文化程度的提升而降低,而选择"逛街、购物、饮食"则在高文化程度群体中占有较大比重,见表 5 - 19。

表 5 - 19　2004 年和 2014 年不同文化程度群体周末休闲活动选择(单位: %)

休闲活动	初中及以下		高中 (中专、职校)		本科 及大专		硕士 及以上	
	2004 年	2014 年	2004 年	2014 年	2004 年	2014 年	2004 年	2014 年
休闲度假	11.11	13.95	22.81	18.85	20.00	9.72	17.65	69.77
参观访问	11.11	16.28	15.79	6.56	13.10	10.65	35.29	13.95
上网	61.11	39.53	63.16	54.92	57.93	34.72	64.17	41.86
电视		53.49		26.23		32.87		30.23
电影		41.86		49.18		31.94		11.63
演唱会、音乐会		9.30		4.10		30.56		11.63

续 表

休 闲 活 动	初中及以下		高中（中专、职校）		本科及大专		硕士及以上	
	2004 年	2014 年	2004 年	2014 年	2004 年	2014 年	2004 年	2014 年
逛街、购物、饮食	55.56	6.98	64.91	13.11	57.24	14.81	17.65	32.56
吧式消费	16.67	25.58	24.56	12.30	31.03	28.7	17.65	37.21
养花草宠物	16.67	6.98	10.53	4.10	4.83	3.24	0.00	2.33
业余爱好、桌游、棋牌	16.67	46.51	24.56	57.38	31.72	44.26	64.71	9.30
美容、家居装饰	16.67	—	7.02	—	11.03	—	11.76	—
休闲健身	27.78	25.58	31.58	23.77	28.28	18.06	35.29	4.65
社会活动	38.33	6.98	17.54	12.30	29.66	26.85	29.41	2.33
休闲教育	5.56	2.33	5.56	4.92	6.90	6.94	0.00	0.00
其他	5.56	0.00	0.00	0.82	2.07	0.93	0.00	0.00

注：百分比以响应者为基础。

从变化趋势来看，第一，2014 年除"电视、娱乐、上网"外，成都居民在其他休闲活动选择上的分散性逐步增强，且更偏向于选择娱乐性和消遣性较强的休闲活动。第二，低文化程度群体对"休闲健身""参观访问"的选择比例有所增加，而高文化程度群体则偏向于选择"吧式消费""音乐会、演唱会"，表明低文化程度群体希望通过周末的时间来增强自身体质，增长自己的知识，而高文化程度群体则希望在周末远离日常的工作，通过消遣和高消费的休闲方式来解放压力。第三，选择"养花草植物"的比例相较于 2004 年有所减少，并且呈现出随着文化程度增加而减少的特点，低文化程度群体对于"业余爱好"的选择也明显高于高文化群体，表现出高文化群体在周末对怡情养性类休闲活动的热度降低。

（三）不同文化程度群体黄金周休闲活动选择

2004 年的调研结果显示，第一，各文化程度群体最为主要的休闲活动是休闲度假，且选择"休闲度假"的比例随着文化程度的增加而上升，而选择"电视、娱乐、上网"等简单休闲活动的比例则随着文化程度的增加而减少，表现出高文化群体由于日常的繁忙和工作的压力，在黄金周期间迫切需要回归自然告别城市，通过休闲度假来放松身心。第二，选择"逛街、购物、饮食"的比例随着文化程度的提升而减少，而选择"吧式消费"的比例则随着文化程度的提升而增加。第三，高中、本科及大专的居民群体,在黄金周期间会用一部分时间来满足自身的业余爱好,而初中以下低文化程度群体的居民在活动选择上较为单调。

2014年的调研结果显示,第一,从总体上看除了少量硕士及以上群体外,居民随着文化程度的提升选择"休闲度假"比例降低。第二,中等学历层次的成都居民在黄金周的休闲方式更加的多样化,并且更偏向于选择"逛街、购物、饮食"。第三,随着黄金周期间音乐节等节庆活动的增多,高文化程度群体在黄金周期间选择"音乐会、演唱会"的比例随着文化程度的提升而增加,通过这样新兴的休闲活动来满足娱乐需求,见表5-20。

表5-20　2004年和2014年不同文化程度群体黄金周休闲活动选择(单位：%)

休 闲 活 动	初中及以下		高中(中专、职校)		本科及大专		硕士及以上	
	2004年	2014年	2004年	2014年	2004年	2014年	2004年	2014年
休闲度假	44.44	69.77	73.68	64.75	73.79	53.24	88.24	66.67
参观访问	38.89	13.95	26.32	3.28	23.45	10.65	41.18	16.67
上网	55.56	41.86	29.82	38.52	34.48	44.44	23.53	16.67
电视		30.23		16.39		18.98		50.00
电影		11.63		29.51		23.61		0.00
演唱会、音乐会		11.63		6.56		19.91		33.33
逛街、购物、饮食	50.00	32.56	42.11	45.08	41.38	41.2	35.29	33.33
吧式消费	5.56	37.21	7.02	16.39	8.97	25.00	11.76	33.33
养花草宠物	22.22	2.33	1.75	7.38	2.76	3.70	0.00	16.67
业余爱好、桌游、棋牌	0.00	9.30	19.30	14.75	24.14	2.77	17.65	0.00
美容、家居装饰	11.11	—	7.02	—	3.45	—	5.88	—
休闲健身	22.22	4.65	26.32	5.74	21.38	3.24	23.53	0.00
社会活动	44.44	2.33	38.6	9.02	46.21	11.57	47.06	0.00
休闲教育	0.00	0.00	7.02	0.00	7.59	0.93	0.00	0.00
其他	0.00	0.00	1.75	0.00	1.38	1.93	0.00	0.00

注：百分比以响应者为基础。

从变化趋势来看,第一,初中及以下文化群体选择休闲度假的比例相较于2004年有所增加,而硕士及以上群体和本科大专群体则大幅减少,表现出低文化群体倾向于选择传统的黄金周出游的休闲活动,高文化程度群体在选择黄金周出游上有所斟酌,为享受更好的度假体验,他们减少了黄金周休闲度假的投入。第二,"吧式消费"在各文化程度群体中的选择比例大幅度增长,表现出无论是低文化群体需要的茶吧网吧,还是高文化群体需要的酒吧,都可以满足不同文化群体消遣休闲的需求,也反映出了吧式消费是成都居民休闲的常态,不同文化程度的居民都可以在吧式场所中得以放松,寻求心灵的归宿。第三,从总体变化趋势来看,相较于2004年,低学历群体在黄金周休闲活动的选择从相对集中变得更加多元化,在表现形式上热衷于休闲消费并且更倾向于个人兴趣及休闲度假,而高学历群体黄金周的休闲活动比较集中,以娱乐消遣型休闲活动为主。

第四节　休闲活动选择影响因素

一、描述性统计

休闲活动选择影响因素是指城市居民根据自身休闲动机进行休闲活动选择的主观性和客观性因素的总和。通过对比成都居民19项影响因素偏好程度的选择结果,我们可以找出影响成都居民休闲活动选择的主要因素,从而能够对其休闲活动作出引导,为调整和改善他们的休闲生活提供依据和参考。我们同样根据影响程度的大小,将影响因素分成完全无影响、影响比较小、影响比较大、影响非常大四个层次,其中1代表完全无影响、2代表影响比较小、3代表影响比较大、4代表影响非常大。通过调查和数据的整理,2004年和2014年成都居民休闲活动选择影响因素均值及排序情况如下,见表5-21。

表5-21　2004年和2014年成都居民休闲活动选择影响因素均值及排序情况

类　　　别	2004 年		2014 年	
	均　值	排　序	均　值	排　序
1. 休闲方式趣味性	1.68	10	2.71	9
2. 休闲方式娱乐性	1.55	14	2.83	7
3. 休闲方式健身性	1.51	15	3.10	2
4. 休闲方式时尚性	1.03	19	2.29	17
5. 休闲方式知识性	1.61	12	2.46	15
6. 休闲方式参与性	1.57	13	2.54	13
7. 休闲设施质量	1.84	7	2.63	10

类　　　别	2004 年		2014 年	
	均　值	排　序	均　值	排　序
8. 休闲服务水平	1.88	5	2.83	7
9. 休闲产品宣传与推荐	1.30	17	2.22	18
10. 休闲场所管理水平	1.79	8	2.41	16
11. 休闲场所离居住地距离	1.61	11	2.53	14
12. 周围人参与休闲活动多少	1.19	18	2.21	19
13. 身体健康状况	1.76	9	2.85	4
14. 心情	1.97	2	3.12	1
15. 兴趣爱好	2.06	1	3.10	3
16. 收入水平高低	1.97	3	2.85	5
17. 休闲花费多少	1.91	4	2.85	5
18. 闲暇时间多少	1.85	6	2.58	12
19. 家人朋友支持	1.51	16	2.63	10

从表 5-21 我们可以看出,2004 年成都居民休闲活动选择影响因素呈现如下特征。第一,居民休闲活动选择影响因素的影响程度普遍偏低,除了"兴趣爱好"对其影响程度在 2.00 以上水平之外,其他因素均显示影响程度较小。第二,从各影响因素均值排序可知,排名前五位的是兴趣爱好、心情、收入水平高低、休闲花费多少和休闲服务水平,而排名后五位的是"休闲方式健身性""家人朋友支持""休闲产品宣传与推荐""周围人参与休闲活动多少"和"休闲方式时尚性"。分析认为,2004 年成都居民休闲活动选择主要基于自身的兴趣爱好和心情,具有自发性、自由性和随意性的特点,同时也受到经济条件的诸多限制。

2014 年成都居民休闲活动选择影响因素的均值及排序显示,影响因素的均值均在 2.00 水平以上,其中有 3 项超过 3.00,表明居民的休闲参与受到各因素的影响程度在加大。这在一定程度上可以说明,随着成都居民休闲参与广度和深度的增加,居民对休闲活动选择影响因素的认知和重视程度也在不断增大。从各影响因素均值排序可以看出,排名前五位的是心情、休闲方式健身性、兴趣爱好、身体健康状况和收入水平高低,排名后五位的是休闲方式知识性、休闲场所管理水平、休闲方式时尚性、休闲产品宣传与推荐和周围人参与休闲活动多少。可以认为,2014 年成都居民休闲活动选择的主要影响因素有自身心理诉求和经济条件,以及休闲活动的特定属性。

二、纵向比较

对比 2014 年与 2004 年成都居民休闲活动选择的影响因素可以发现,一方面,均值计算显示出各因素的影响程度得以普遍提高,休闲日益成为成都居民生活中的重要组成部分;另一方面,均值排序结果显示,在 2004 年,影响成都居民休闲参与的主要因素是自身对于休闲活动的期待以及自身的休闲条件的完备情况,而休闲活动的属性、休闲参与的环境和外在条件对居民的休闲活动选择影响相对较小。然而在 2014 年,在成都居民休闲活动选择的影响因素中,除了居民自身条件,休闲方式本身的特定属性也成为重要影响因素之一。需要注意的是,居民休闲活动选择不仅仅受到经济条件和心理状态的影响,身体健康状况对其休闲参与的影响日益凸显,我们可以认为,居民对于休闲活动参与的深度体验需求愈发明显。

第五节 休闲满意度

一、休闲活动满意度

(一) 描述性统计

休闲满意度是指休闲活动满足参与者需求的程度或休闲参与者从休闲活动中获得的积极感受,反映的是休闲参与者对休闲活动的整体评价,因此也称为休闲活动满意度。参考布尔德和瑞格赫布休闲体验的六个层面[①]和邱扶东的相关研究成果[②],将休闲活动满意度划分为情绪体验、审美体验、健康体验、认知体验、个人价值体验以及群体关系体验 6 个方面,分别对应问卷中的 19 项指标,同时根据收获大小,将满意度划分为完全无收获、收获比较小、收获比较大、收获非常大 4 个层次,其中 1 代表完全无收获、2 代表收获比较小、3 代表收获比较大、4 代表收获非常大。通过 2004 年和 2014 年调查数据的描述和对比,进而考察成都居民休闲满意度的状况和变化。2004 年和 2014 年成都居民休闲满意度均值及排序情况,见表 5 - 22。

---

① BEARD J G., RAGHEB M G., Measuring leisure satisfaction[J]. Journal of Leisure Research,1980,12(1): 20 - 33.

② 邱扶东.心理学范式的旅游决策研究[D].上海:华东师范大学,2004.

表 5‑22 2004 年和 2014 年成都居民休闲满意度均值及排序情况

类 别	2004 年		2014 年	
	均 值	排 序	均 值	排 序
1. 减轻或消除生活、工作压力	1.82	4	2.61	11
2. 减轻或消除心理上消极情绪	1.77	5	2.71	9
3. 放松心情,获得愉快体验	2.01	1	3.17	1
4. 因完成某些活动获得成就感	1.63	12	2.29	19
5. 扩大视野,获得新知识、经验	1.70	9	2.98	3
6. 陶冶情操,满足审美需要	1.54	14	2.89	4
7. 锻炼身体、保持健康	1.77	6	3.00	2
8. 丰富兴趣爱好	1.75	7	2.88	5
9. 提高自己对社会认识能力	1.57	13	2.49	12
10. 刺激单调生活,满足冒险需要	1.18	19	2.40	15
11. 满足挑战自我、挑战自然需要	1.21	18	2.30	18
12. 暂时远离烦嚣都市,回归自然	1.66	10	2.71	7
13. 暂时远离拥挤人群,回归自我	1.65	11	2.39	16
14. 获得心灵平静	1.70	8	2.49	12
15. 加深对自己了解	1.49	15	2.48	14
16. 挖掘自己潜能	1.44	16	2.31	17
17. 实现自己价值	1.41	17	2.71	7
18. 调整与家人朋友关系,增进亲情友情	2.00	2	2.82	6
19. 扩大交际范围,获得新的友谊或经历	1.93	3	2.61	10

从表 5‑22 我们可以看出,在 2004 年,成都居民休闲活动满意度均值显示,"放松心情,获得愉快体验"满意度水平在 3.00 以上,其余各项满意度水平在 2.00 以上。从满意度均值排序情况来看,排名前五位的分别是"放松心情,获得愉快体验""调整与家人朋友关系,增进亲情友情""扩大交际范围,获得新的友谊或经历""减轻或消除生活、工作压力"和"减轻或消除心理上消极情绪",排名后五位的分别是"加深对自己了解""挖掘自己潜能""实现自己价值""满足挑战自我、挑战自然需要"和"刺激单调生活,满足冒险需要"。可以发现,2004 年成都居民对休闲活动满意程度较高的多为满足自身生理、心理和社会交往层面的需求,而对于高层次需要的满足程度相对较小。

2014 年成都居民休闲活动满意度均值显示,"放松心情,获得愉快体验"和"锻炼身体、保持健康"满意度水平在 3.00 以上,其余各项满意程度也有所提升。从满意度均值排序情况来看,排名前五位的是"放松心情,获得愉快体验""锻炼身体、保持健康""扩大视野,获得新知识、经验""陶冶情操,满足审美需要"和"丰富兴趣爱好",排名后五位的是"刺激单调生活,满足冒险需要""暂时远离拥挤人群,回归自我""挖掘自己潜能""满足挑战自我、挑战自然需要"和"因完成某些活动获得成就感"。通过分析可以看出,2014 年成都居民对休闲活动满意程度较高的方面,除了与自身生理、心理有关,还涉及审美、自我能力提升等需要的满足,但是更高层面的满足程度仍显不足。

(二)纵向比较

对比 2014 年与 2004 年成都居民休闲活动的满意度可以发现,一方面,各调查问项代表的休闲活动满意程度有所提高,说明成都居民的休闲活动参与效果趋好,居民的休闲生活质量得到一定程度的改善;另一方面,均值排序结果显示,在 2004 年,成都居民休闲活动满意度较高的主要为满足自身生理、心理和社会交往层面。在 2014 年,居民对于审美、自我能力提升等方面也得到较高程度的满足。需要指出的是,2014 年休闲活动的参与对于成都居民个人发展、价值实现等高层次需求的满足能力仍显有限。当然,实现这一休闲功能目标的达成并非易事,需要休闲者本人、社会休闲供给、休闲文化引领等方面的共同努力。

二、休闲环境满意度

本研究对成都居民的城市休闲环境满意度进行了调查研究,主要基于休闲活动的多样性、休闲活动设施的完善、休闲活动的时尚性、休闲气氛的浓厚性、休闲产业的发达程度以及休闲环境的安全性等方面进行了考察,以此反映成都居民对城市休闲状况的总体满意程度。根据同意程度划分四个等级,1 代表完全不同意、2 代表不太同意、3 代表基本同意、4 代表完全同意。2004 和 2014 年成都居民城市休闲环境满意度结果,见表 5 - 23。

表 5 - 23　2004 年和 2014 年成都居民城市休闲环境满意度

类　　别	2004 年		2014 年		均值差异	排序
	均值	排序	均值	排序		
1. 休闲方式丰富多样	1.82	5	2.90	4	1.08	4
2. 休闲活动设施完善	1.78	6	2.90	5	1.12	2

类　　别	2004 年		2014 年		均值差异	排序
	均值	排序	均值	排序		
3. 休闲时尚走在全国前列	1.90	3	3.00	3	1.10	3
4. 休闲气氛浓厚	2.26	1	3.32	1	1.06	5
5. 休闲产业发达	1.83	4	3.22	2	1.39	1
6. 休闲环境安全性	2.15	2	2.80	6	0.65	6

从表 5-23 可以看出,一方面,成都居民城市休闲环境满意度均值显示,在2004 年,仅"休闲气氛浓厚"和"休闲环境安全性"打分在 2.00 以上;在 2014 年,"休闲气氛浓厚""休闲产业发达"和"休闲时尚走在全国前列"超过 3.00 水平。这表明,成都居民对于城市休闲环境的总体评价明显提高。另一方面,从城市休闲环境满意度的均值排序情况来看,"休闲氛围浓厚"的排名始终最高,而"休闲产业发达"排名在 2014 年明显提升,说明成都休闲需求和供给的差距在逐步缩小。

第六章　上海、武汉和成都休闲方式与满意度比较

　　上海、武汉、成都是长江流域下游、中游、上游地区三大城市群的核心城市，并且横跨同一流域的东、中、西部。它们不仅自然条件差异颇大，而且社会经济发展水平也存在一定差距。本章选择这三个城市作为实证研究对象，分别选取2004年和2014年为时间断点，以三地居民休闲方式选择倾向、影响因素以及休闲满意度为主要内容，进行多角度的分析和多层面的比较。同时对10年间三地居民休闲生活方式的变迁进行多维对照，以期寻找中国城市居民休闲方式变迁的规律性，并通过城市间的相互借鉴，为最终提升居民的休闲生活质量提供指导和参考。

第一节　居民休闲方式的比较

　　城市居民休闲方式的比较主要围绕休闲动机与同伴选择、休闲活动和休闲场所的选择、休闲时间利用和休闲花费等方面展开，通过城市间的比较分析，考察三个城市居民休闲生活方式的共性与差异。

一、休闲动机与同伴选择的共性与差异

（一）休闲动机

　　对休闲动机的调查分析是考察休闲生活方式的重要前提性工作。休闲动机受到城市居民物质生活水平和精神文化需求等多方面的影响，一定程度上能够反映他们的生活状况和生活质量。休闲动机又对城市居民的休闲生活方式产生决定性影响，休闲动机不同，休闲活动和休闲场所的选择、休闲时间的利用，以及休闲花费的多少也会存在明显差异。

　　2004年上海、武汉和成都居民休闲动机调查统计结果显示，"放松身心、消除疲劳"是上海、武汉和成都居民休闲的首要目的。然而，"开阔眼界、增长认识能力"对于上海居民而言相对重要，"增强与外界沟通、扩大交际"则是武汉和成

都居民休闲的重要目的。休闲首先可以视为工作的对立面，因此休闲有别于工作，缓解因工作带来的压力和疲惫是休闲需要达成的目标，这对于三地居民同样重要，因而是他们共同的首要选择。休闲对于人的全面发展具有着重要的积极影响，这在上海居民休闲动机的选择中显得尤为突出。"开阔眼界、增长认识能力"更多地与个人成长和发展有关，而"增强与外界沟通、扩大交际"则可能体现个体生活的内在需求，也可能是为了开拓或延伸工作，并未完全体现休闲之于个人的意义，见表 6-1。

表 6-1　2004 年上海、武汉和成都居民休闲动机统计

选　　项	上　海	武　汉	成　都
放松身心、消除疲劳	30.08%	28.20%	27.71%
开阔眼界、增长认识能力	22.62%	15.84%	14.63%
增强与外界沟通、扩大交际	14.40%	23.11%	17.16%
锻炼身体	12.85%	14.39%	14.77%
审美愉悦、怡情养性	12.34%	10.61%	13.50%
商务需要	4.63%	4.80%	6.89%
消磨时间	3.08%	2.47%	4.92%
其他	0.00%	0.58%	0.42%

根据 2014 年上海、武汉和成都居民休闲动机的调查，结果显示"放松身心、消除疲劳"和"开阔眼界、增长认识能力"是三地居民的主要休闲动机，占比达到 30% 以上。"增强与外界沟通、扩大交际"在上海和成都居民休闲动机中占到相对较多的比重，而"审美愉悦、怡情养性"则是武汉居民休闲的重要目的。从区域比较中可以发现，三地居民休闲动机并不存在特别大的差异，也就是说，休闲之于人的意义从本质上来说是一致的，见表 6-2。

表 6-2　2014 年上海、武汉和成都居民休闲动机

选　　项	上　海	武　汉	成　都
放松身心、消除疲劳	30.78%	31.34%	30.15%
开阔眼界、增长认识能力	20.48%	14.59%	17.14%
增强与外界沟通、扩大交际	18.73%	13.52%	17.23%
锻炼身体	7.01%	11.11%	2.50%

选　　　项	上　　海	武　　汉	成　　都
审美愉悦、怡情养性	11.28%	14.76%	16.88%
商务需要	9.64%	11.28%	10.34%
消磨时间	1.42%	2.24%	5.77%
其他	0.66%	1.16%	0.00%

（二）同伴选择

休闲同伴的选择首先反映出居民在特定的地域和社区休闲生活中个体和群体的关系及其深层次的文化价值取向。2004 年上海、武汉和成都三地居民休闲同伴选择的统计结果比较显示,三地居民参与休闲活动基本都以亲情或友情为基础。在上海、武汉、成都分别都有 87.73%、80.50%和 84.40%的受访者选择家人或朋友作为休闲同伴。这表明,在城市居民休闲方式选择的过程中,对亲情和友情的依赖和信赖,是人们解除工作疲劳或降低生活压力最为直接的选择,见表 6 - 3。

表 6 - 3　2004 年上海、武汉和成都居民休闲同伴选择

选　　　项	上　　海	武　　汉	成　　都
家　人	36.80%	21.00%	42.60%
朋　友	50.93%	59.50%	41.80%
同　事	5.95%	11.00%	7.20%
单　独	5.20%	5.00%	6.30%
其　他	1.12%	3.50%	2.10%

从区域差异来看,三地居民在具体的休闲同伴的选择比重上各有侧重。上海和武汉居民选择朋友的比例均远高于家人。这体现出两地居民开放性的价值倾向,基本符合上海人海纳百川、兼收并蓄的精神特征,以及武汉人宽容、重情与善于开拓的文化品格[①]。而在成都,选择家庭和朋友的比例非常接近,这表明成都居民既依恋亲情,又偏爱友情,二者并举凸显了成都居民参与休闲活动时具有相对稳定的价值倾向。

2014 年上海、武汉和成都居民休闲同伴选择结果显示,家人和朋友是三

---

①　姚伟钧,胡俊修.论武汉人文化品格［J］.中南民族大学学报(人文社会科学版),2004(2)：122.

地居民休闲活动开展的主要伙伴,同时,武汉和成都居民也有较多的比例选择同事作为主要休闲同伴。从区域比较来看,上海和成都居民在家人和朋友的选择比例中较为接近,而武汉居民更多则是选择朋友作为休闲同伴,见表 6-4。

表 6-4 2014 年上海、武汉和成都居民休闲同伴选择

选 项	上 海	武 汉	成 都
家 人	43.83%	32.91	30.90%
朋 友	42.53%	49.50	35.00%
同 事	6.17%	11.56	22.50%
单 独	5.84%	4.02	9.60%
其 他	1.62%	2.01	2.10%

二、休闲活动倾向的共性与差异

在休闲活动选择的调查中,本研究分别设置了平时、周末和节假日三个时段,旨在揭示和把握城市居民休闲活动选择与休闲时间的关系。2004 年上海、武汉和成都三地居民平时、周末和节假日休闲活动选择的统计结果比较,见表 6-5。可以看出,总体上,三地居民平时主要选择的休闲活动排名前两位的均为"电视、娱乐、上网"和"逛街、购物、饮食、闲聊"。此外,上海和成都居民在"业余爱好"和"体育健身"方面也有较高比例的选择,同时在"其他"选项上也略有体现,尤其是上海居民休闲活动选择的多样化倾向更为明显。需要指出的是,三地居民平时休闲活动呈现"电视、娱乐、上网"休闲活动"一类独大"的局面,尤其是武汉和成都居民在此类休闲活动选择的比例上占到三分之一左右。王雅林对上海、天津、哈尔滨三地城市居民时间分配的考察显示,看电视是居民最主要的休闲活动,工作日平均每天看电视的时间是 104.22 分,占到一天全部休闲时间的三分之一左右[1]。与此研究结论相似,本研究也发现,在三地居民休闲方式选择中,看电视、娱乐和上网选择比例最多,这表明,三地城市居民平时休闲活动的可能选择仍显局限,导致休闲活动具有明显的趋同性和单调性,见表 6-5。

---

[1] 王雅林.城市休闲——上海、天津、哈尔滨城市居民时间分配的考察[M].北京:社会科学文献出版社,2003:28.

表 6 - 5　2004 年上海、武汉和成都居民休闲活动选择(单位: %)

休闲活动	平　时			周　末			黄金周		
	上海	武汉	成都	上海	武汉	成都	上海	武汉	成都
旅游度假	2.97	6.44	2.52	5.95	7.35	6.81	24.54	34.01	25.22
参观访问	2.23	2.06	1.48	4.58	2.89	5.22	6.82	3.78	9.24
电视、娱乐、上网	27.88	38.92	31.45	19.33	22.57	20.58	12.14	18.02	11.88
逛街、购物、饮食、闲聊	21.56	23.71	17.80	19.83	25.46	19.28	14.37	12.79	14.52
吧式消费(酒吧、咖吧、茶吧、氧吧)	3.22	3.87	9.65	5.70	6.30	9.42	2.35	1.45	2.93
养花草宠物	4.58	3.61	5.05	3.59	4.72	2.32	1.61	2.91	1.32
业余爱好(书画、阅读、摄影、收藏等)	11.28	7.47	12.31	9.05	8.40	10.72	7.68	3.78	7.19
美容、家居装饰	3.35	1.29	1.78	4.58	1.57	3.62	3.35	1.74	1.76
体育健身	10.16	9.02	10.24	10.16	8.40	10.15	5.95	6.10	7.92
社会活动(民间节庆、宗教活动、公益活动、走亲访友及各种场合的聚会)	3.59	2.06	5.05	6.82	8.66	9.27	12.14	11.34	15.39
桌游、棋牌	—	—	—	—	—	—	—	—	—
休闲教育(学习美术、声乐、插花等)	2.11	1.55	2.52	3.84	3.15	2.03	2.35	3.49	2.20
其他	7.06	0.00	0.15	6.57	0.52	0.58	6.69	0.58	0.44

　　在周末,三地居民休闲活动选择排名前两位的仍为"电视、娱乐、上网"和"逛街、购物、饮食、闲聊",但是与平时相比较,选择比例有所下降,尤其是上海居民体现更为明显。同时,"旅游度假""吧式消费"和"社会活动"的选择比例在三地城市居民休闲活动中呈现上升趋势。主要原因在于,随着休闲时间的增多和连续性的增强,城市居民的休闲活动有了更多的可能选择。

　　在黄金周,"电视、娱乐、上网"和"逛街、购物、饮食、闲聊"在三地城市居民休闲活动选择中仍占有相对较多的比例,而"旅游度假"则成为他们最主要的选择。同时,"参观访问"和"社会活动"具有明显的上升比例,而"吧式消费"和"养花草宠物"的选择比例则呈现一定程度的下降。分析认为,除了休闲时间的进一步增加为居民户外和远距离休闲提供便利之外,休闲观念的增强、需求层次的提升,以及社会文化的引领，为休闲活动的多元化、个性化选择特征做出了更为有利的注解。

　　2014年上海、武汉和成都居民平时休闲活动选择中，"上网、电视、电影"和"逛街、购物、饮食、闲聊"是他们主要参与的休闲活动类型，均占到60%左右。从区域比较来看，上海和武汉居民更多地从事"体育健身"和"旅游度假"休闲活动，而成都居民更倾向于"吧式消费"和"社会活动类"休闲活动。可以发现，受人均收入水平不均衡的影响，休闲活动的消费属性体现整体上有着东中西部依次递减的特点。2014年与2004年相比，一个很大的变化是"旅游度假"选择比例得以明显提升。分析认为，随着弹性工作制和带薪假期的逐步推进，部分居民对休闲时间有了相对更多的控制权，这为平时进行户外和远距离的休闲活动提供了可能，见表6-6。

表6-6　2014年上海、武汉和成都居民休闲活动选择(单位：%)

休闲活动	平时			周末			黄金周		
	上海	武汉	成都	上海	武汉	成都	上海	武汉	成都
旅游度假	6.13	4.76	5.86	8.80	5.89	4.60	23.65	23.21	22.62
参观访问	3.01	2.56	5.42	3.99	5.36	3.51	7.44	6.41	3.37
上网	56.53	23.96	21.85	41.67	14.16	14.50	29.53	9.75	16.07
电视		20.79	15.21		10.99	11.62		6.87	7.64
电影		13.48	13.90		13.46	13.51		6.31	9.13
演唱会、音乐会等		1.23	3.50		4.22	6.85		2.32	5.75
逛街、购物、饮食、闲聊	9.25	8.54	7.34	16.78	16.18	4.60	15.85	14.86	15.87
吧式消费(酒吧、咖吧、茶吧、氧吧)	2.43	1.94	6.38	4.11	3.16	8.11	2.16	2.88	9.13
养花草宠物	4.86	4.14	1.14	3.29	3.08	1.44	2.40	2.23	1.89
业余爱好(书画、阅读、摄影、收藏等)	3.82	4.32	2.19	4.34	5.01	3.51	4.56	4.18	2.48
美容、家居装饰	—	—	—	—	—	—	—	—	—
体育健身	8.32	7.84	4.37	7.16	6.69	7.12	4.92	5.94	1.59
社会活动(民间节庆、宗教活动、公益活动、走亲访友及各种场合的聚会)	1.50	2.03	6.21	4.11	4.31	6.85	3.60	4.73	3.67

续　表

休闲活动	平　时			周　末			黄金周		
	上海	武汉	成都	上海	武汉	成都	上海	武汉	成都
桌游、棋牌	2.89	2.99	5.77	3.64	5.63	11.44	3.72	6.31	0.30
休闲教育(学习美术、声乐、插花等)	0.58	0.88	0.61	1.17	1.14	2.07	1.32	2.04	0.20
其他	0.69	0.53	0.26	0.94	0.70	0.27	0.84	1.95	0.30

上海、武汉和成都居民周末休闲活动选择(表6-6)排序上呈现出与平时相类似的特点,然而一个明显的区别在于,"上网、电视"选择比例大幅下降,而"逛街、购物、饮食、闲聊"比例大有上升。可以发现,在周末,城市居民更倾向于进行户外和近家的休闲活动。可以判断,休闲时间的延长对这一变化特征产生了决定性影响。区域比较可知,上海和武汉居民"逛街、购物、饮食、闲聊"选择比例相对较高,而成都居民选择"桌游、棋牌"的人数较多,同样说明上海和武汉居民休闲活动的消费性更加明显。2014年与2004年统计结果比较发现,"旅游度假"休闲活动选择比例得以进一步上升。

在黄金周,2014年上海、武汉和成都居民主要的休闲活动选择为"旅游度假"和"逛街、购物、饮食、闲聊",见表6-6。除了"上网、电视、电影"外,从区域差异来看,上海居民"参观访问"选择比例相对较高,而成都居民"吧式消费"选择比例较高。2014年与2004年比较得知,三地城市居民在"旅游度假"上的选择比例在10年间不升反降,分析其原因,主要是由于人们的休闲消费更加趋于理性,通过黄金周制度的不断成熟,人们由最初推行的井喷式出游逐渐转变为分散式的度假旅游。

三、休闲场所选择的共性与差异

休闲场所是休闲活动开展和休闲方式呈现的空间载体。在时空二元对应的变化态势中,居民不同的休闲活动所依赖的场所会有所不同,即使相同的休闲活动也会因不同的休闲时段,在场所空间选择上存在差异[①]。2004年上海、武汉和成都三地居民平时、周末和节假日休闲场所选择的统计结果比较如下,见表6-7。

---

① 岳培宇.长江流域城市居民休闲方式及影响因素研究[D].上海:华东师范大学,2006.

表 6-7　2004 年上海、武汉和成都居民休闲场所选择(单位％)

休闲场所	平　时			周　末			黄金周		
	上海	武汉	成都	上海	武汉	成都	上海	武汉	成都
自己或者别人家里	26.77	60.30	29.12	17.60	17.59	21.38	17.35	18.09	16.99
景区、公园、绿地	7.68	5.53	6.94	12.89	17.59	13.40	21.56	37.69	25.34
社区、企业活动中心	3.47	7.54	9.93	2.11	6.03	3.25	1.49	4.02	3.42
文体娱乐场所	7.19	6.53	6.67	11.28	17.09	13.40	9.79	8.04	14.79
商场、广场、夜市	18.09	7.54	14.42	12.76	14.57	14.21	11.03	8.04	9.45
餐饮场所	14.00	4.02	9.93	11.28	8.54	9.61	9.79	4.52	8.77
网吧、酒吧、咖吧	1.98	2.01	7.07	4.46	6.53	7.98	3.10	2.51	2.60
培训机构	6.69	3.02	3.54	5.82	5.03	2.17	1.49	2.01	1.23
图书馆	6.07	3.52	9.52	10.04	3.52	10.69	8.92	7.54	7.53
博物馆、纪念馆等	1.49	0.00	1.63	2.73	1.51	1.89	5.20	2.51	4.52
宗教活动场所	0.12	0.00	0.82	1.24	1.01	1.22	0.87	1.01	1.51
其他	6.44	0.00	0.41	7.81	1.01	0.81	9.42	4.02	3.84

　　从总体上看,上海、武汉和成都三地居民平时休闲活动主要选择在"自己或别人家里"进行,其中武汉居民的选择比例高达 60％左右。此外,上海和成都居民选择"商场、广场、夜市"的也占到较大比例,而上海居民在"餐饮场所"开展休闲活动也相对较多。这表明,三地居民平时的休闲场所主要是以家庭为中心,与上海、武汉和成都居民休闲活动类型选择的主要特征相吻合,同样体现出休闲参与的趋同性和单调性,当然,这与休闲时间较短以及日常工作后亟须静态休整不无关系。

　　上海、武汉和成都周末休闲场所的选择体现出更为多样性和多元化的倾向。"自己或别人家里"选择比例有着比较明显的减少,而"景区、公园、绿地""文体娱乐场所""商场、广场、夜市"和"餐饮场所"的选择比例均有不同程度的增加,并且上海和成都居民选择开展"图书馆"休闲参与的人数也占到相当多的比例。这表明,三地居民休闲场所选择逐渐由以家庭为中心,开始向城市公共休闲服务区域或部门渗透,并且呈现出休闲参与消费性、文化性和体验性导向特征。

　　在黄金周,休闲场所的选择随休闲时间的进一步延长而发生相应变化,尤其是"景区、公园、绿地"的选择比例得到大幅提高。此外,总体上来看,不同休闲场所的选择差异有进一步缩小的趋势，而选择"其他"的人数也占到一定比重，这说明，上海、武汉和成都居民休闲场所选择面有着较大程度的扩展，休闲活动的结构更加趋向均衡和合理。从区域差异来看，上海和成都居民选择"文体娱乐场所""商场、广场、夜市"和"餐饮场所"的比例要高于武汉居民，而后者在"景区、公园、绿地"的选择上要多于前者，这说明，上海和成都居民更多地选择近距离和日常化的休闲消费活动，而武汉居民的休闲消费呈现出远距离和间歇性的特点，这与武汉居民"旅游度假"休闲活动参与较多的现象不谋而合。

2014 年上海、武汉和成都居民休闲场所选择情况统计结果显示，"自己或者别人家里""景区、公园、绿地"和"商场、广场、夜市"是三地居民休闲场所的主要选择，约占 60%，这与他们平时较多参与的休闲活动类型相一致。从区域比较来看，上海和成都居民"文体娱乐场所"选择所占比例较多，而上海和武汉居民"餐饮场所"所占比例较多。2014 年与 2004 年对比发现，"景区、公园、绿地"和"文体娱乐场所"比例具有相对明显的提升。随着收入水平的稳步提高和休闲设施的不断完善，人们的休闲空间也得到进一步的拓展和扩大，见表 6-8。

表 6-8　2014 年上海、武汉和成都居民休闲场所选择情况(单位%)

休闲场所	平　时			周　末			黄金周		
	上海	武汉	成都	上海	武汉	成都	上海	武汉	成都
自己或者别人家里	31.37	31.46	28.54	18.59	14.85	14.89	16.85	13.50	17.17
景区、公园、绿地	16.67	19.49	22.26	18.59	19.51	7.21	20.82	17.63	17.44
社区、企业活动中心	6.50	8.25	10.59	3.88	5.01	10.04	6.02	7.25	3.67
文体娱乐场所	10.17	9.43	13.37	12.47	11.51	4.02	10.11	8.36	6.62
商场、广场、夜市	14.22	11.70	11.58	18.24	19.86	25.11	17.33	13.96	21.11
餐饮场所	10.91	6.07	1.08	12.82	10.46	14.43	13.00	10.28	9.84
网吧、酒吧、咖吧	2.57	4.71	6.82	3.53	4.83	13.88	2.17	4.96	3.58
培训机构	0.86	1.45	0.63	2.82	3.87	0.18	0.84	2.85	0.00
图书馆	3.19	3.26	3.50	4.94	4.48	3.29	3.73	4.41	6.53
博物馆、纪念馆等	1.10	1.72	0.45	1.65	2.28	0.18	4.93	9.09	10.37
宗教活动场所	0.25	0.36	0.00	0.59	0.97	0.00	0.60	1.47	0.00
其他	2.21	2.09	1.18	1.88	2.37	6.76	3.61	6.24	3.67

在周末,上海、武汉和成都居民主要选择"自己或者别人家里""景区、公园、绿地""商场、广场、夜市"和"餐饮场所"等休闲场所。区域比较可以看出,上海和武汉居民选择"景区、公园、绿地"和"文体娱乐场所"的相对较多,而成都居民在"社区、企业活动中心"和"网吧、酒吧、咖吧"上有着较高的选择比例。2014 年与 2004 年对照则显示,"商场、广场、夜市"和"餐饮场所"选择占比提升较大。

黄金周休闲场所选择中,"自己或者别人家里""景区、公园、绿地""商场、广场、夜市"和"餐饮场所"仍然占据较高比例。区域比较显示,上海居民"景区、公园、绿地"和"餐饮场所"选择比例较高,而武汉和成都居民在"博物馆、纪念馆等"选择上人数较多。2014 年与 2004 年比较发现,"商场、广场、夜市"和"餐饮场所"选择比例有所提升,而"景区、公园、绿地"选择比例则有一定程度的下降。可以说,除了休闲参与的消费性逐渐凸显外,城市居民更多地由异地旅游向本地休闲转变的趋势开始显现。

四、时间分配与休闲花费的共性与差异

(一) 休闲时间利用

休闲时间是休闲活动开展的重要条件和保证,同时休闲时间的长短和连续性直接影响到休闲活动的开展和选择。本研究对于休闲时间的调查研究同样划分为三个不同的时段,以此关注三地居民在不同的条件下,对休闲时间的占有和使用情况。2004 年上海、武汉和成都居民休闲时间利用统计比较显示,上海、武汉和成都居民平时每天休闲时间主要集中在 3 小时以内,尤其是上海居民比例高达近 70%。这在一定程度上可以反映出,上海居民整体生活和工作节奏较快,需要有更多的时间投入到工作之中,部分原因来自城市通勤时间挤占了可自由支配的休闲时间。从区域差异来看,每天休闲时间在"1 小时以下"和"1~3 小时"的城市居民以上海居多,而选择为"3~5 小时"和"5 小时以上"比例较多的则是成都居民。这一特点从一定程度上反映出,随着城市由长江下游向中游或上游递进,或是由东部向中部及西部延伸,居民休闲时间的占有量逐步递增。需要指出的是,这一现象同目前东中西部经济发展水平方向相反,而与城市工作节奏表现相一致。2004 年上海以 87.21% 的选择比例高居"工作节奏快、职场压力大"十大城市排名榜首,而成都则以工作节奏慢、工作压力小、生活悠闲而同样成为众多白领向往之处[①]。可以认为,工作节奏快慢与休闲时

① 2004 白领最心仪就业城市.新华网[EB/OL][2004 - 12 - 22]. http://news. xinhuanet. com/employment/2004 - 12/22/content_2367534.htm.

间的占有形成了鲜明的对照,而这正成为三地居民休闲方式特点各异的重要依据,见表6-9。

表6-9 2004年上海、武汉和成都居民休闲时间利用(单位:%)

休闲时间	平 时			休闲时间	周 末			休闲时间	黄金周		
	上海	武汉	成都		上海	武汉	成都		上海	武汉	成都
1小时以下	20.07	14.50	17.30	4小时以下	18.59	11.50	16.46	1天以下	4.09	6.00	7.63
1~3小时	49.81	48.00	42.19	4~10小时	44.24	44.00	35.44	1~3天	35.32	29.00	17.80
3~5小时	21.93	23.50	24.05	10~15小时	23.79	25.00	29.96	3~5天	40.89	33.00	40.25
5小时以上	8.18	14.00	16.46	15小时以上	13.38	19.50	18.14	5天以上	19.70	32.00	34.32

从周末休闲时间利用情况来看,三地居民选择10小时以内的占一半以上,并且上海居民选择比例相对较高,达到62.83%。区域比较可以发现与平时休闲时间利用相类似的特点,然而武汉居民选择"15小时以上"所占比例略高,这与武汉居民周末更倾向于选择户外远距离休闲活动相吻合。从城市居民时间利用态势可知,一方面,在周末时段,三地居民休闲时间比平时均有明显增加;另一方面,休闲时间利用在地域上的差异与平时呈现出的趋势基本保持一致。

在黄金周,上海、武汉和成都居民休闲时间利用量主要集中在1~5天,尤其是上海居民选择占比在3/4以上。三地大部分居民都能够较为充分地利用相对最长的闲暇时间来进行休闲活动,这与节假日期间旅游度假选择比例的大幅提升直接相关,因此黄金周成为城市居民中长线旅游的高峰期。区域比较可以发现,从"3~5天"和"5天以上"休闲时间利用较多的选择来看,三地城市排名仍为成都、武汉和上海,这与平时和周末休闲时间利用状况呈现出来的特点一致。

我们发现,三地居民平时的休闲时间主要为1~3小时,占比在50%左右。区域比较来看,上海居民休闲时间在1小时以下相对较多,武汉居民在3~5小时所占比例较大,而成都居民休闲时间在5小时以上人数较多。休闲时间的多少与工作和通勤时间的长短呈反比例关系,虽然国家有着8小时工作制的基本规定和要求,然而由于工作节奏和生活压力的关系,成都、武汉和上海居民的实际工作时间基本呈递增趋势,因而休闲时间利用上呈现上述特征。2014 年与 2004 年对比发现,1 小时以下和 5 小时以上所占比例均有增长,说明在休闲时间的利用方面城市居民的分化特征逐渐展现出来,见表 6‐10。

表 6‐10　2014 年上海、武汉和成都居民休闲时间利用(单位:%)

休闲时间	平 时			休闲时间	周 末			休闲时间	黄金周		
	上海	武汉	成都		上海	武汉	成都		上海	武汉	成都
1 小时以下	25.57	16.96	12.02	4 小时以下	20.20	18.86	18.68	1 天以下	8.97	10.00	10.26
1~3 小时	55.74	51.62	46.69	4~10 小时	51.32	50.12	50.03	1~3 天	47.18	50.00	39.53
3~5 小时	15.74	24.94	20.78	10~15 小时	20.86	19.60	21.03	3~5 天	33.55	27.00	30.83
5 小时以上	2.95	6.48	20.52	15 小时以上	7.62	11.41	10.26	5 天以上	10.30	13.00	19.38

周末城市居民休闲时间主要集中在 4~10 小时,区域差异特征与 2004 年基本相似。然而与 2004 年比较,休闲时间在 10 小时以上的比例有所下降。在黄金周,城市居民休闲时间主要集中在 1~3 天,3~5 天也占有相对较高的比例。区域比较来看,上海居民休闲时间在 3~5 天所占比例较高,武汉居民在 1~3 天所占比例较高,而成都居民在 1 天以内和 5 天以上人数相对较多。与 2004 年相对照,休闲时间在 3 天以上的比例有所下降。不难发现,无论是在平时、周末还是黄金周,城市居民的休闲时间均有一定程度的减少。一家世界知名办公方案提供商雷格斯调查指出,中国内地上班族在过去一年内所承受的压力位列全球第一[①]。在全球 80 个国家和地区的 1.6 万名职场人士中,认为压力高于去年的,中国内地占 75%,大大超出全球的平均值 48%。其中,上海、北京分别以 80%、67%排在城市的前列。人口庞大、社会转型、欲望膨胀,使得国人普遍倍感压力,而休闲时间利用量的减少一定程度上即是重要表现之一。

(二)休闲花费情况

休闲消费是人们日常消费的重要组成部分,同时也是城市居民休闲生活方式的重要反映和体现。通过对不同时段城市居民休闲消费支出的调查比较,旨

---

① 调查称中国人压力全球第一,上海北京位前列.新华网[EB/OL].[2012‐10‐17]http://news.xinhuanet.com/fortune/2012‐10/17/c_113406879.htm.

在从经济支出这一与居民利益直接相关的层面来反映城市居民休闲生活水平以及该地居民对休闲生活方式的认同程度和价值观,见表 6-11。

表 6-11　2004 年上海、武汉和成都居民休闲花费情况(单位:%)

休闲花费	平　时			休闲花费	周　末			休闲花费	黄金周		
	上海	武汉	成都		上海	武汉	成都		上海	武汉	成都
50 元以下	33.83	44.50	44.30	100 元以下	23.79	32.50	33.76	500 元以下	25.28	34.00	33.90
50～100 元	36.43	33.50	31.22	100～300 元	44.24	41.50	42.19	500～1 000 元	30.11	28.00	26.69
100～300 元	24.54	17.50	18.14	300～500 元	24.54	19.00	18.14	1 000～3 000 元	36.80	25.50	32.20
300 元以上	5.20	4.50	6.33	500 元以上	7.43	7.00	5.91	3 000 元以上	7.81	12.50	7.20

表 6-11 显示,2004 年上海、武汉和成都居民平时休闲花费在 100 元以内的占比高达 70%以上;周末休闲花费在 300 元以内的占比在 70%左右,其中上海居民选择"300～500 元"的也占有相对较多的比例;黄金周休闲花费在 500～3 000 元的占比在半数以上,其中上海占比最高近 70%,然而休闲花费在 500 元以内的仍占有一定比例,尤其是武汉和成都仍超过 1/3。分析认为,由于平时休闲时间的利用相对有限,因而在休闲消费支出上也相对单调,数额不大。随着休闲时间的延长,休闲花费总额有着明显的增长趋势。

从区域差异比较来看,2004 年上海居民在平时、周末和黄金周的休闲消费支出均相对最高,这与城市居民人均收入多寡直接相关。需要指出的是,虽然上海休闲花费绝对数量相对较大,但相对于收入而言仍有很大的上升空间。特别关注的是,武汉黄金周休闲花费在"3 000 元以上"占有相对较多的比例,分析认为,这与武汉居民黄金周期间更多选择旅游度假等户外远距离休闲活动直接相关。

2014 年上海、武汉和成都居民休闲花费情况统计结果显示,三地居民平时休闲花费在 100 元以内的占比仍高达 80%左右;周末休闲花费主要集中在 100～500 元之间,占比在 75%以上;黄金周休闲花费在 500～3 000 元的占比在 60%左右,休闲花费在 500 元以内的仍占有一定比例,尤其是成都仍接近 1/3。从区域比较来看,无论是平时、周末还是黄金周,上海居民的休闲花费均相对较高,这仍然与城市居民人均收入多寡直接相关,见表 6-12。

表6－12　2014年上海、武汉和成都居民休闲花费情况(单位：%)

休闲花费	平　时			休闲花费	周　末			休闲花费	黄金周		
	上海	武汉	成都		上海	武汉	成都		上海	武汉	成都
50元以下	41.12	48.04	49.35	100元以下	15.95	21.13	22.32	500元以下	23.92	21.32	30.26
50~100元	38.49	36.52	40.65	100~300元	52.16	54.05	49.28	500~1000元	28.57	37.99	30.39
100~300元	17.76	13.73	7.36	300~500元	26.25	21.62	26.20	1000~3000元	31.89	31.13	28.68
300元以上	2.63	1.72	2.64	500元以上	5.65	3.19	2.20	3000元以上	15.61	9.56	10.67

通过与2004年城市居民休闲花费情况比较发现,三地城市居民平时休闲花费在100元以下水平的占比有一定程度的提高,也就是说,平时休闲花费在减少。随着城市公共休闲空间的不断扩大,以及新的时尚休闲娱乐活动的开展,如对于广场舞的极力追捧,城市居民免费或低水平支出的休闲参与活动日益增多。然而在周末,休闲花费在100~500元间的比例有所上升,也就是说,居民休闲花费处于相对中等的水平,表明消费性的休闲活动参与越来越多,但支出成本受到一定程度的限制。在黄金周,上海居民休闲花费在3000元以上增幅较大,武汉居民在500~3000元水平增幅较大,而成都居民则在500~1000水平上具有明显的增加。可以看出,三地居民在长假期间休闲的花费数额开始出现逐步拉大的趋势。

第二节　休闲活动选择影响因素的比较

从社会发展背景来看,目前我国正进入全面小康建设时期,2004年大中型城市社会经济的发展也正处于人均国内生产总值3000~5000美金的转折阶段。根据国际经验,这一阶段是城市居民休闲生活进行调整的重要时期,而且影响城市居民休闲生活方式选择和休闲生活质量的因素也必然随之发生演变。及时准确地把握居民休闲活动选择的影响因素,对于提升居民休闲生活质量,完善城市休闲设施,都将具有重要的现实指导意义。

通过对19项城市居民休闲活动选择影响因素的调查和统计,可以分析各因素对休闲活动选择的影响程度,把握影响城市居民休闲活动选择的关键指标,从而有针对性地引导城市居民的休闲活动开展和深入。

根据2004年上海、武汉和成都居民休闲活动选择影响因素均值及排序可以看出,通过对上海居民休闲活动选择影响因素的均值计算,发现排名前五位的分别是兴趣爱好、心情、休闲服务水平、休闲场所管理水平和休闲设施质量;武汉居民休闲活动选择影响因素中排名前五位的是心情、兴趣爱好、身体健康状况、闲暇时间多少和休闲场所离居住地距离;成都居民休闲活动选择影响因素中排名前五位的是兴趣爱好、心情、收入水平高低、休闲花费多少和休闲服务水平。我们发现,兴趣爱好和心情是影响三地居民休闲活动选择共有的重要因素,这说明休闲活动参与更多是基于个体的自由选择,这也正印证了休闲的本质,它是人们在摆脱工作束缚后的相对自由的一种生活方式,见表6-13。

表 6-13　2004 年上海、武汉和成都休闲活动选择影响因素均值及排序

类　　　别	上　海		武　汉		成　都	
	均值	排序	均值	排序	均值	排序
1 休闲方式趣味性	1.85	7	2.67	9	1.68	10
2 休闲方式娱乐性	1.77	10	2.70	7	1.55	14
3 休闲方式健身性	1.53	15	2.57	13	1.51	15
4 休闲方式时尚性	1.23	19	2.32	17	1.03	19
5 休闲方式知识性	1.60	14	2.30	18	1.61	12
6 休闲方式参与性	1.61	13	2.43	16	1.57	13
7 休闲设施质量	1.95	5	2.60	12	1.84	7
8 休闲服务水平	2.03	3	2.66	10	1.88	5
9 休闲产品宣传与推荐	1.38	16	2.21	19	1.30	17
10 休闲场所管理水平	1.96	4	2.51	14	1.79	8
11 休闲场所离居住地距离	1.62	12	2.79	5	1.61	11
12 周围人参与休闲活动多少	1.32	17	2.51	14	1.19	18
13 身体健康状况	1.83	8	2.99	3	1.76	9
14 心情	2.07	2	3.11	1	1.97	2
15 兴趣爱好	2.19	1	3.05	2	2.06	1
16 收入水平高低	1.81	9	2.75	6	1.97	3
17 休闲花费多少	1.71	11	2.69	8	1.91	4
18 闲暇时间多少	1.90	6	2.86	4	1.85	6
19 家人朋友支持	1.25	18	2.66	10	1.51	16

注:按照李克特量表计算各因子均值,1~4 表示受影响的程度,4 表示非常有影响,1 表示完全没有影响。

从区域差异比较来看,我们发现以下特征:第一,休闲供给如休闲服务水平、休闲设施质量和休闲管理能力,是影响上海居民休闲活动选择的主要因素。第二,社会客观条件和身体状况,如闲暇时间多少、休闲场所位置和身体健康状况,是影响武汉居民休闲活动选择的主要因素。第三,经济收入水平和休闲花费在成都居民休闲活动选择中起着关键性作用。可以说,上海居民更加关注休闲参与的质量及其对自身生活的影响,武汉居民更加关注休闲参与的可能性和便利性,而成都居民仍会考虑休闲参与的经济性和经济约束。分析认为,虽然理论上来讲经济水平并非是影响休闲活动参与的最主要因素,然而在处于社会经济转型过程中的中国,经济发展水平对人们社会生活的方方面面均产生着重要影响,休闲的消费性体现的比较明显。由于上海、武汉和成都地处中国的东、中、西部,在经济发展水平和阶段上呈现依次递减的梯度变化,因而经济因素对三地居民休闲活动参与的影响程度依次递增,进而成为城市居民休闲活动选择影响因素存在上述特征和差异的根本原因。

根据 2014 年上海、武汉和成都居民休闲活动选择影响因素均值及排序显示,上海居民休闲活动选择影响因素均值排名前五位的分别是兴趣爱好、心情、休闲服务水平、身体健康状况和休闲设施质量;武汉居民休闲活动选择影响因素中排名前五位的是兴趣爱好、收入水平高低、家人朋友支持、休闲花费多少和休闲服务水平;成都居民休闲活动选择影响因素中排名前五位的是心情、休闲方式健身性、兴趣爱好、身体健康状况和收入水平高低。我们发现,兴趣爱好仍然是影响三地居民休闲活动选择共有的重要因素,见表 6-14。

表 6-14　2014 年上海、武汉和成都居民休闲活动选择影响因素均值及排序

类　　　别	上　　海		武　　汉		成　　都	
	均值	排序	均值	排序	均值	排序
1 休闲方式趣味性	2.84	8	2.58	12	2.71	9
2 休闲方式娱乐性	2.82	9	2.61	11	2.83	7
3 休闲方式健身性	2.48	16	2.42	15	3.10	2
4 休闲方式时尚性	2.25	19	2.26	19	2.29	17
5 休闲方式知识性	2.38	18	2.40	16	2.46	15
6 休闲方式参与性	2.65	13	2.47	14	2.54	13
7 休闲设施质量	2.93	5	2.76	6	2.63	10

类　　别	上　海		武　汉		成　都	
	均值	排序	均值	排序	均值	排序
8 休闲服务水平	3.01	3	2.78	5	2.83	8
9 休闲产品宣传与推荐	2.45	17	2.39	18	2.22	18
10 休闲场所管理水平	2.90	7	2.73	8	2.41	16
11 休闲场所离居住地距离	2.81	10	2.66	10	2.53	14
12 周围人参与休闲活动多少	2.55	15	2.52	13	2.21	19
13 身体健康状况	2.93	4	2.40	16	2.85	4
14 心情	3.11	2	2.75	7	3.12	1
15 兴趣爱好	3.13	1	2.96	1	3.10	3
16 收入水平高低	2.75	12	2.89	2	2.85	5
17 休闲花费多少	2.77	11	2.80	4	2.85	6
18 闲暇时间多少	2.92	6	2.71	9	2.58	12
19 家人朋友支持	2.61	14	2.82	3	2.63	11

注：按照李克特量表计算各因子的均值，1～4 表示受影响的程度。其中，4 表示非常有影响，1 表示完全没有影响。

从区域差异比较来看，休闲设施质量是影响上海居民休闲活动选择的主要因素，休闲花费多少和家人朋友支持是影响武汉居民休闲活动选择的主要因素，而休闲方式的健身性成为影响成都居民休闲活动选择的主要因素。我们发现，成都居民更加关注休闲活动本身的属性，上海居民则更加关注休闲活动所依托的载体，而成都居民更多地受到休闲活动参与外部因素的影响。

通过与 2004 年的比较可以看出，上海居民休闲活动选择影响因素变化较小，然而身体健康状况对休闲活动参与的影响得以凸显，这与上海快节奏生活方式带来的精神压力趋大有着一定的关联。武汉居民休闲活动选择影响因素重要性发生相对较大的变化，"九省通衢"的地理位置及崇尚自由和开拓的楚文化传统使得武汉居民的休闲活动选择更易受外在因素影响，值得关注的是，武汉居民越来越重视休闲服务的水平以及由此带来的休闲体验和效果。成都居民一个很重要的变化，即是休闲方式健身性和身体健康状况对休闲活动选择的影响越来越大，这是因为休闲在成都的大众化和平民化使得居民更加关注休闲对于自身状况的影响。

第三节　居民休闲满意度的比较

一、休闲活动满意度的共性和差异

休闲活动满意度指的是休闲参与对于个体身体、心理和社会诸层面影响的满意程度。通过对城市居民休闲活动满意度的调查分析，可以了解休闲活动之于参与者发生作用的程度和大小，从而有助于引导和调整城市居民参与休闲活动的类型和方式。2004 年上海、武汉和成都休闲活动满意度均值及排序状况显示，上海休闲活动满意度均值排名前三位的是"放松心情，获得愉快体验""减轻或消除心理上消极情绪"和"调整与家人朋友关系，增进亲情友情"；武汉为"放松心情，获得愉快体验""调整与家人朋友关系，增进亲情友情"和"扩大视野，获得新知识、经验"；成都为"放松心情，获得愉快体验""调整与家人朋友关系，增进亲情友情"和"扩大交际范围，获得新的友谊或经历"。其中，"放松心情，获得愉快体验"和"调整与家人朋友关系，增进亲情友情"是三地居民对于休闲活动均较为满意的方面，这与三地居民"居家"或"近家"休闲活动的较多选择紧密相关，见表6－15。

表 6－15　2004 年上海、武汉和成都休闲活动满意度均值及排序

类　　别	上　海		武　汉		成　都	
	均值	排序	均值	排序	均值	排序
1 减轻或消除生活、工作压力	1.86	5	1.72	4	1.82	4
2 减轻或消除心理上消极情绪	1.91	2	1.69	5	1.77	5
3 放松心情，获得愉快体验	2.11	1	1.87	1	2.01	1
4 因完成某些活动获得成就感	1.65	14	1.52	15	1.63	12
5 扩大视野，获得新知识、经验	1.88	4	1.75	3	1.70	9
6 陶冶情操，满足审美需要	1.72	12	1.57	12	1.54	14
7 锻炼身体、保持健康	1.69	13	1.68	6	1.77	6
8 丰富兴趣爱好	1.80	8	1.60	9	1.75	7
9 提高自己对社会认识能力	1.72	11	1.61	8	1.57	13
10 刺激单调生活，满足冒险需要	1.32	18	1.16	19	1.18	19
11 满足挑战自我、挑战自然需要	1.30	19	1.21	18	1.21	18

类　　别	上　海		武　汉		成　都	
	均值	排序	均值	排序	均值	排序
12 暂时远离烦嚣都市,回归自然	1.79	9	1.55	14	1.66	10
13 暂时远离拥挤人群,回归自我	1.82	7	1.59	10	1.65	11
14 获得心灵平静	1.83	6	1.66	7	1.70	8
15 加深对自己了解	1.64	15	1.56	13	1.49	15
16 挖掘自己潜能	1.43	16	1.42	16	1.44	16
17 实现自己价值	1.42	17	1.38	17	1.41	17
18 调整与家人朋友关系,增进亲情友情	1.90	3	1.80	2	2.00	2
19 扩大交际范围,获得新的友谊或经历	1.74	10	1.57	11	1.93	3

注：按照李克特量表计算各因子的均值,1~4 表示受影响的程度。其中,4 表示非常有影响,1 表示完全没有影响。

从区域差异来看,上海居民对休闲活动的"减轻或消除心理上消极情绪"满意度较高,武汉居民对休闲活动的"扩大视野,获得新知识、经验"的满意度较高,而成都居民对休闲活动的"扩大交际范围,获得新的友谊或经历"满意度较高。满意度是人们对于事物评价的主观体验,极易受到心理层面因素的影响。由于上海居民日常工作压力相对较大,对于能够减轻和缓解心理压力和负面情绪活动显得相对敏感,休闲活动参与的较低程度就可能带来心理上的极大释放,因而对于"减轻或消除心理上消极情绪"的满意度较高也就顺理成章了。相对而言,武汉居民对休闲之于工作发挥积极作用的期待,以及成都居民注重休闲之于个体的效应,都对于人们休闲活动的最终满意度产生相应影响。

从休闲活动满意度均值排序后三位情况可以发现,上海、武汉和成都的统计结果相似,均为"刺激单调生活,满足冒险需要""满足挑战自我、挑战自然需要"和"实现自己价值"。这说明,目前城市生活中休闲设施和服务的供给,以及人们对于休闲活动的选择,均未能够满足城市居民高层次的休闲需求。分析原因认为,这与我国休闲产业起步较晚,休闲社会文化引领相对缺乏理论根基不无关系,当然这也正是需要进一步努力的方向。

根据 2014 年上海、武汉和成都休闲活动满意度均值及排序状况显示,上海休闲活动满意度均值排名前三位的是"放松心情,获得愉快体验""减轻或消除生活、工作压力"和"调整与家人朋友关系,增进亲情友情";武汉为"放松心情,获得愉快体验""调整与家人朋友关系,增进亲情友情"和"锻炼身体、保持健康";成都为"放松心情,获得愉快体验""锻炼身体、保持健康"和"扩大视野,获得新知识、经验"。其中,"放松心情,获得愉快体验"仍是三地居民对于休闲活动最为满意的方面。从区域差异来看,上海居民对休闲活动的"减轻或消除生活、工作压力"满意度较高,成都居民对休闲活动的"扩大视野,获得新知识、经验"的满意度较高,这在一定程度上折射出上海和成都居民对于休闲活动的不同诉求。此外,"调整与家人朋友关系,增进亲情友情"和"锻炼身体、保持健康"对于城市居民的积极影响也得到相对较大的体现,见表6-16。

表6-16　2014年上海、武汉和成都休闲活动满意度均值及排序

类　　别	上海		武汉		成都	
	均值	排序	均值	排序	均值	排序
1. 减轻或消除生活、工作压力	2.93	2	2.84	6	2.61	11
2. 减轻或消除心理上消极情绪	2.90	4	2.84	5	2.71	9
3. 放松心情,获得愉快体验	3.07	1	3.03	1	3.16	1
4. 因完成某些活动获得成就感	2.59	14	2.59	10	2.29	19
5. 扩大视野,获得新知识、经验	2.76	8	2.69	8	2.97	3
6. 陶冶情操,满足审美需要	2.67	13	2.58	12	2.89	4
7. 锻炼身体、保持健康	2.77	6	2.87	3	3.00	2
8. 丰富兴趣爱好	2.77	7	2.76	7	2.88	5
9. 提高自己对社会认识能力	2.69	12	2.66	9	2.49	12
10. 刺激单调生活,满足冒险需要	2.42	18	2.36	18	2.40	15
11. 满足挑战自我、挑战自然需要	2.38	19	2.33	19	2.30	18
12. 暂时远离烦嚣都市,回归自然	2.79	5	2.53	13	2.71	7
13. 暂时远离拥挤人群,回归自我	2.74	9	2.59	11	2.39	16
14. 获得心灵平静	2.74	10	2.46	15	2.49	13
15. 加深对自己了解	2.50	15	2.52	14	2.48	14
16. 挖掘自己潜能	2.50	16	2.42	16	2.31	17
17. 实现自己价值	2.47	17	2.40	17	2.71	8

类　别	上　海		武　汉		成　都	
	均值	排序	均值	排序	均值	排序
18. 调整与家人朋友关系,增进亲情友情	2.93	3	2.98	2	2.82	6
19. 扩大交际范围,获得新的友谊或经历	2.73	11	2.86	4	2.61	10

从休闲活动满意度均值排序后三位情况可以发现,上海和武汉的统计结果相同,均为"刺激单调生活,满足冒险需要""满足挑战自我、挑战自然需要"和"实现自己价值",而成都居民在"挖掘自己潜能"和"因完成某些活动获得成就感"方面满意度相对较低。可以看出,三地城市居民休闲活动的参与对于满足其高层次的休闲需求仍显不足。

二、休闲环境满意度的共性和差异

本研究从休闲活动类型的丰富性、休闲活动设施的完善程度、休闲时尚的展现、休闲气氛的营造、休闲产业的发展水平以及休闲环境的安全性六大方面对城市休闲总体状况进行了调查。2004年上海、武汉和成都休闲环境满意度均值及排序如下,见表6-17。

表6-17　2004年上海、武汉和成都休闲环境满意度均值及排序

类　别	上　海		武　汉		成　都	
	均值	排序	均值	排序	均值	排序
1. 休闲方式丰富多样	2.01	2	2.62	1	1.82	5
2. 休闲活动设施完善	1.81	4	2.35	3	1.78	6
3. 休闲时尚走在全国前列	2.09	1	1.98	6	1.90	3
4. 休闲气氛浓厚	1.68	6	2.34	4	2.26	1
5. 休闲产业发达	1.80	5	2.13	5	1.83	4
6. 休闲环境安全性	1.83	3	2.46	2	2.15	2

可以看出,上海、武汉和成都居民城市休闲环境满意度高低不一。上海居民更多地认为城市休闲时尚走在全国前列,而休闲气氛则不够浓厚;武汉居民认为休闲活动类型多样,但休闲时尚体现不明显;成都居民认为城市休闲气氛浓厚,但休闲活动设施还不够健全。上海属于国际性商业大都市,消费文化的时尚性和国际化特征表现得淋漓尽致,然而工作和生活的快节奏必然在一定程度上影

响到城市整体休闲氛围的营造。与之相对应,武汉和成都则在休闲活动开展和休闲氛围呈现上,在城市居民心目中略占优势,但是在城市休闲产业发展和休闲公共设施建设方面显得略有不足,见表6-18。

表6-18 2014年上海、武汉和成都休闲环境满意度均值及排序

类 别	上 海		武 汉		成 都	
	均值	排序	均值	排序	均值	排序
1. 休闲方式丰富多样	2.99	4	2.99	4	2.90	4
2. 休闲活动设施完善	3.06	2	3.05	2	2.90	5
3. 休闲时尚走在全国前列	3.09	1	3.08	1	3.00	3
4. 休闲气氛浓厚	2.88	6	2.87	6	3.32	1
5. 休闲产业发达	2.94	5	2.94	5	3.22	2
6. 休闲环境安全性	3.00	3	3.00	3	2.80	6

综上所述可知,上海居民的评价与2004年有着相同的结论,认为城市休闲时尚走在全国前列,而休闲气氛不够浓厚。武汉居民的评价发生较大变化,与上海居民的评价类似。成都居民的评价发生轻微变化,仍然认为城市休闲气氛浓厚,但是对于休闲环境安全性表示堪忧。

第七章 研究结论及展望

第一节 研究结论

一、关于上海居民的休闲方式

第一,休闲动机。从两次调查看,居民的休闲动机未发生显著变化,始终以"放松身心、消除疲劳"以及"开阔眼界、增长知识能力"为主要目的,体现了上海居民休闲动机的基本特征。

第二,休闲同伴。从两次调查的相关数据比较看,呈现出由"以朋友为核心"逐渐向"以亲情为核心"的倾向转变,表现出居民对家庭的重视程度不断提高,以及对亲情的依恋程度逐渐上升的演变趋势。

第三,休闲活动与场所。对于休闲活动和休闲场所的选择折射出了清晰的演变轨迹,也即在形式上由静态走向动态,在内容上由单一走向多元,在空间上由室内走向室外,在距离上由近程转向远程。具体来看,首先,受制于平时休闲时间的碎片化,居民在平时的休闲活动主要以看电视、上网为主,选择比例在10年间上升了将近一倍。表现在空间上,就是以家庭或其他室内场所为主,体现了比较显著的"宅"的特征。当然,在休闲活动内容上,也辅之以一定的电影、演唱会等娱乐活动。其次,在周末,休闲活动主要以逛街、购物、餐饮等具有一定社交特点的活动为主要表现形式,在空间上体现出比较强烈的离家外出的特征。而上网、电视等平时占主体的休闲活动的选择比例在周末有比较明显的下降,表明居民周末休闲活动的多样性和分散性趋势十分明朗。最后,在黄金周长假里,居民选择旅游度假的比例占据首位,自然而然,户外休闲活动与外出旅游活动成为最主要的活动形式。

第四,休闲时间。一是,关于日常休闲时间。居民日常休闲时间的整体性使用被不断削弱,休闲时间碎片化的趋势进一步强化。这一变化,与居民对于生活压力和工作压力日渐递增的真实感受基本吻合。二是,关于周末休闲时间。居民在周末拥有整体性休闲时间的比例，呈现出稳中趋升的发展态势。三是，关于长假。黄金周是居民集中休闲的重要时段，但是由于自 2008 年起五一黄金周被取消，导致居民拥有 5 天以上休闲长假的比例相比于 10 年前下降了约有 10 个百分点，降速明显。

第五，休闲花费。从对比数据看，在平时，居民休闲花费在 100 元以下的比例相比于 10 年前提高了约有 10 个百分点。这与近年来居民休闲时间碎片化，宅家时间进一步延长的活动特征基本相符。在周末，由于居民整体性休闲时间得到保障，外出从事休闲活动倾向明显，所以促进居民休闲消费水平比也获得相应提升。在长假，居民从事中长距离旅游活动增大，导致人均休闲消费 3 000 元以上的比例选择比例大幅上升。

第六，休闲影响因素。在影响居民休闲方式的 19 项因素中，从 2004 年与 2014 年的统计数据分析看，影响大与影响非常大两者合计得分排名前三的因素依次是心情、兴趣爱好与休闲设施质量。虽然三项因素的具体数值略有变化，但是相比于其他因素得分依然遥遥领先，说明居民个人的兴趣爱好与心情好坏等心理因素对休闲活动产生很大影响。同时，居民又非常注重休闲设施的质量，因为设施质量的高低必然影响居民休闲活动的感受度与满足感。

第七，休闲活动满意度。从比较看，居民对休闲活动最满意的三项结果的选项没有变化，即放松心情、减轻压力、消除消极情绪，都与心情、精神或情绪有关，但是选择的倾向度进一步提升。2004 年三项因素的分值分别是放松心情、减轻压力、消除消极情绪；2014 年，三项选项排序没有变化，但是各项分值都有了明显的提高，其中首项放松心情的分值递增了将近 9 个百分点，说明居民为了应对日益沉重的工作与生活压力，期待休闲活动能够成为缓解或释放压力的载体与渠道。

第八，休闲环境满意度。居民总体上认同上海休闲环境比较好，休闲安全感受度高。2004 年，高度认可上海休闲时尚走在全国前列，也认为日常休闲生活比较丰富多样。2014 年，变成高度认可日常休闲生活丰富多样，关于休闲时尚走在全国前列的选项则退居其次。需要指出的是关于休闲安全性得分递增至 80.85%，位列第三。这一变化表明，上海城市休闲体系经过 10 年的发展，城市休闲状况得到进一步完善，休闲基础设施不断完善，休闲方式进一步得到丰富，休闲产业取得较好的发展，休闲环境更加安全。

二、关于武汉居民的休闲方式

第一，休闲动机。武汉居民休闲动机主要是以"放松功能"为主要目的，且随着时间的推移,放松功能占据着更为显著的优势;对休闲活动发展功能的侧重由开阔眼界、增长知识、怡情养性逐渐转移到锻炼身体和审美愉悦、怡情养性上;休闲参与的社交功能逐渐弱化。

第二,休闲同伴。武汉居民在休闲伙伴的选择时充分体现了武汉特有的社交开放性和活动自由性的价值倾向,其选择朋友的比例要明显高于选择家庭成员,但是随着以家庭为主导的消费理念日益深入,武汉居民的休闲观念也呈现出细微的调整。相比于2004年,居民选择家庭成员的比例提升了约12个百分点,回归家庭的趋势十分显著。

第三,休闲活动与场所。关于休闲活动选择。一是,居民平时休闲活动的选择体现出高度集中化与单一化特征;二是,周末休闲活动呈现多元化与户外化特征;三是,黄金周期间则表现出休闲活动的开放型和外向型特征。从纵向比较来看,一方面,在长假期间"旅游度假"的增长幅度没有显著增加;另一方面,武汉居民在黄金周期间除了选择外出旅游度假外,更多的居民会选择"逛街、购物""吧式消费"等社交活动消磨时间。关于休闲活动场所。首先,居民平时休闲活动场所由以家为中心逐渐拓宽到家庭或居住地附近的休闲娱乐场所。其次,周末休闲场所的选择时体现出教育文化类休闲活动场所的选择比例逐渐提升的趋势,而消遣类休闲活动场所的选择比例呈现下滑趋势。最后,黄金周期间,居民休闲活动场所选择以商业性、娱乐性活动场所为主。

第四,休闲时间。一是,在平时。居民平时休闲时间在5小时以内的比例有着明显的提升,但是平时拥有"5小时以上"休闲时间的居民比例,相比于10年前却大幅下降。二是,在周末,居民休闲时间的获取主要集中在4~10个小时之间,拥有10小时以上休闲时间的居民与过去相比,呈现出下降的趋势。三是,在黄金周期间,居民休闲时间的总量主要集中在1~3天之间,拥有3天以上休闲时间的居民数量相比于以往呈现出下降的特点。

第五,休闲花费。武汉居民的休闲消费发生了理性转变,一方面,居民更愿意在休闲活动上花费金钱,旅游不再是日常休闲的唯一热点,餐饮消费、文体娱乐都成为居民休闲活动的重要选择;另一方面,高端休闲消费的市场逐渐减少,休闲的大众化、常态化趋势日益明显。

第六,休闲影响因素。武汉居民休闲活动选择受"休闲消费保障"的影响最高,受"休闲活动提升功能"的影响最低,也就是说,多数居民在进行休闲活动选择时,将会更多地考虑自身闲暇时间和经济条件,而对休闲活动所能带来的知识性、时尚性等自我提升等因素的考虑相对较少。此外,"休闲消费的自我心理"

"休闲活动的消遣功能"及"休闲产品服务与管理"三个因子均存在显著的变化。

第七,休闲活动满意度。武汉居民休闲活动满意度总体上出现较为显著的提升,从情绪体验、审美体验、健康体验、认知体验、个人价值体验及群体关系体验等六个方面进行分析可以发现,健康体验的满意度上升最快,其次是"群体价值体验"满意度。

第八,休闲环境满意度。武汉居民对于城市休闲环境满意度评价逐渐趋好,其中,对于"休闲时尚走在全国前列"的评价提升最快,其次为休闲产业的发达程度,对休闲方式多样性的评价提升最慢。

三、关于成都居民休闲方式

第一,休闲动机。成都居民进行休闲活动时最主要动机为"放松身心、消除疲劳",然而出于自我发展的休闲动机有所下降,而选择"锻炼身体"和"审美愉悦、怡情养性"休闲动机的人数均有所提升,同时,出于社交需求进行休闲活动的比例有所上升。

第二,休闲同伴。成都居民休闲同伴选择主要集中于家人和朋友,但10年间休闲活动的感情重心发生了微妙变化,选择朋友的比例提升较快,表明成都居民参与休闲活动的社交开放性和活动自由性的价值观念增强。

第三,休闲活动与场所。由于受时间和空间的局限,成都居民平时主要选择在家或在家附近进行消遣娱乐型休闲活动,选择"上网""电视""电影"的比例最高。周末休闲活动选择发生了一定的变化,外出型和社交型休闲活动比例均有所上升,比如看电影、"逛街、购物、饮食"和"休闲健身"等。在黄金周期间,则更多地选择"休闲度假""社会活动"和"逛街、购物、饮食"等。从休闲活动场所看,成都居民平时以室内的家庭休闲为主,然而近年来,选择"景区、公园、绿地"和"文体娱乐场所"的比例有所上升。在周末,居民更多地选择走出家门放松身心,倾向于选择消遣娱乐型休闲场所以及公园和景区等。在黄金周期间,成都居民更倾向于选择"商场、广场、夜市""餐饮场所""网吧、酒吧、咖吧"等休闲场所。

第四,休闲时间。近10年间,成都居民平时1小时以下休闲时间的居民人数有所下降,周末拥有4～10小时休闲时间的居民人数大幅上升。然而黄金周期间,获得较长时间参与休闲的比例有所下降,即选择3天以下参与休闲的人数有所增加,而选择3天以上参与休闲的比例上升下降明显。

第五,休闲消费。一是,成都居民平时休闲消费100元以上的人数有所增加;二是,周末100元以下休闲消费居民所占比例大为降低,而100～300元和

300～500 元休闲花费居民的数量大幅增加;三是,黄金周 3 000 元以上的高休闲消费人数有所增加,同时 500 元以下休闲花费的比例有所下降。不过,更多的城市居民休闲花费仍集中于 1 000 元以下。

第六,休闲影响因素。从分析看,兴趣爱好、心情、收入水平高低、休闲花费多少和休闲服务水平是影响成都居民休闲活动选择的主要因素。2004 年成都居民休闲活动选择主要是基于自身的兴趣爱好和心情,具有自发性、自由性和随意性的特点,同时也受到经济条件的限制。2014 年成都居民休闲活动选择的主要影响因素除了自身心理诉求和经济条件外,还涉及休闲活动的特定属性,居民对于休闲活动参与的深度体验需求体现得愈发明显。

第七,休闲活动满意度。成都居民的休闲活动满意度最初多为满足自身生理、心理和社会交往层面的需求,对于高层次需要的满足程度相对较小,后期逐渐转变为除了与自身生理、心理有关,还涉及审美、自我能力提升等需要的满足,但是更高层面的满足程度仍显不足。

第八,休闲环境满意度。成都居民城市休闲环境满意度也明显提高,并且"休闲氛围浓厚"的排名始终最高,而"休闲产业发达"排名在 2014 年明显提升,说明成都休闲需求和供给的差距在逐步缩小。

四、关于上海、武汉、成都居民休闲方式的比较

(一) 休闲动机

第一,三地居民的休闲动机呈现出多样化发展趋势。2014 年三地居民休闲动机除"放松身心、消除疲劳"之外,其他选项逐渐趋于平衡。第二,居民的休闲动机更加注重休闲的发展性。2004 年三地居民参与休闲的主要动机是缓解因工作带来的压力和疲惫,2014 年三地居民休闲动机更加关注个人的成长和发展,更倾向于满足人们更高层次的需求。"开阔眼界、增长认识能力""增强与外界沟通、扩大交际"和"审美愉悦、怡情养性"等休闲动机的选择,均占到了相对较高的比例。

(二) 休闲同伴

第一,三地居民休闲同伴选择的横向比较显示,2004 年三地居民参与休闲活动基本都以亲情或友情为基础,主要选择家人或朋友作为休闲同伴。但是在休闲同伴的选择比重上各有侧重。上海和武汉居民选择朋友的比例均远高于家人,而成都选择家庭和朋友的比例相对接近。第二,随着社会经济的快速发展,城市居民社会网络逐步扩大,社交联系进一步增强,城市居民休闲同伴的选择在

以亲情和友情为主的基础上,更加趋于多元化和多样性。在休闲同伴的选择上表现为:① 家人和朋友的选择比例在绝对数上有所减少,说明城市居民在休闲同伴上有了更多的可能选择;② 上海居民选择家人作为休闲同伴的比例有所上升;③ 同事逐渐成为居民休闲同伴的重要选择。

(三) 休闲活动与场所

第一,关于休闲活动。从休闲活动偏好的选择可以看出,三地居民平时的休闲活动主要以"电视、娱乐、上网"和"逛街、购物、饮食、闲聊"为主。在周末,"电视、娱乐、上网"和"逛街、购物、饮食、闲聊"选择比例有所下降,尤其以上海居民体现更为明显。而"旅游度假""吧式消费"和"社会活动"的选择比例在三地城市居民休闲活动中呈现上升趋势。在黄金周,"旅游度假"逐渐成为他们最主要的选择,而"电视、娱乐、上网"和"逛街、购物、饮食、闲聊"仍占有相对较多的比例。

第二,关于休闲场所。10 年间,上海、武汉和成都三地的休闲场所选择呈现出一定的相似性。2004 年,上海、武汉和成都三地居民平时主要选择在"自己或别人家里"进行休闲活动。在周末,休闲场所选择逐渐由以家庭为中心,开始向城市公共休闲服务区域或部门渗透,并且呈现出休闲参与消费性、文化性和体验性导向。在黄金周,上海和成都居民更多地选择近距离和日常化的休闲消费活动,而武汉居民的休闲消费呈现出远距离和间歇性的特点。2014 年,平时"自己或者别人家里""景区、公园、绿地"和"商场、广场、夜市"是三地居民休闲场所的主要选择;周末和黄金周"餐饮场所"所占比例亦逐渐增大。

(四) 休闲时间

三地居民的休闲时间的占有量逐步增加。2004 年,三地居民平时每天休闲时间主要集中在 3 小时以内,尤其是上海居民比例最高。周末选择 10 小时以内的占一半以上。黄金周休闲时间利用量主要集中在 1~5 天。因此,随着城市由长江下游向中游或上游递进,或是由东部向中部及西部延伸,居民休闲时间的占有量逐步递增。2014 年,三地居民在平时的休闲时间主要为 1~3 小时,占比在 50% 左右;周末主要集中在 4~10 小时;黄金周主要集中在 1~3 天,3~5 天也占有相对较高的比例。同时,上海、武汉和成都居民的休闲时间总体上呈现依次递减的规律。

从三地不同时段休闲时间利用的趋势可以归纳出以下特征:第一,随着大众休闲时代的来临,城市居民休闲时间长度的占有随着不同时间段休闲时间的增加而增加。这体现了休闲时间日益成为人们日常生活的重要组成部分,城市居民的传统生活结构在发生着显著变化。第二,随着城市经济的发展,工作压力越来越大,节奏越来越快,在尚未达到发达国家的工作效率和发展水平时,居民闲暇时间有逐渐减少的趋势,且在工作强度和生存压力越大的城市,休闲时间长度的占有越趋于低量度。

(五) 休闲花费

横向比较发现,2004 年上海居民在平时、周末和黄金周的休闲消费支出均相对最高,这与城市居民人均收入多寡直接相关。随着休闲时间的延长,休闲花费总额有着明显的增长趋势。2014 年,三地居民平时休闲花费在 100 元以内的占比有绝对优势。周末休闲花费主要集中在 100～500 元之间。黄金周休闲花费在 500～3 000 元的占比在 60% 左右,休闲花费在 500 元以内的仍占有一定比例。可以看出,无论是平时、周末还是黄金周,上海居民的休闲花费均相对较高。

(六) 休闲影响因素

从三地居民休闲活动选择影响因素的横向比较来看,2004 年兴趣爱好和心情是影响三地居民休闲活动选择共有的重要因素。然而,休闲供给如休闲服务水平、休闲设施质量和休闲管理能力,是影响上海居民休闲活动选择的主要因素,社会客观条件和身体状况,如闲暇时间多少、休闲场所位置和身体健康状况,是影响武汉居民休闲活动选择的主要因素,而经济收入水平和休闲花费在成都居民休闲活动选择中起着关键性作用。可以说,上海居民更加关注休闲参与的质量及其对自身生活的影响,武汉居民更加关注休闲参与的可能性和便利性,而成都居民仍会考虑休闲参与的经济性和经济约束。2014 年兴趣爱好仍然是影响三地居民休闲活动选择共有的重要因素。然而,休闲设施质量是影响上海居民休闲活动选择的主要因素,休闲花费多少和家人朋友支持是影响武汉居民休闲活动选择的主要因素,而休闲方式的**健身性**成为影响成都居民休闲活动选择的主要因素。

(七) 休闲活动满意度

休闲活动满意度的横向比较显示,2004 年兴趣爱好和心情是影响三地居民休闲活动选择共有的重要因素。"放松心情,获得愉快体验"和"调整与家人朋友关系,增进亲情友情"是三地居民对于休闲活动均较为满意的方面。然而,上海居民对休闲活动的"减轻或消除心理上消极情绪"满意度较高,武汉居民对休闲活动的"扩大视野,获得新知识、经验"的满意度较高,而成都居民对休闲活动的"扩大交际范围,获得新的友谊或经历"满意度较高。2014 年"放松心情,获得愉快体验"仍是三地居民对于休闲活动最为满意的方面。然而,上海居民对休闲活动的"减轻或消除生活、工作压力"满意度较高,成都居民对休闲活动的"扩大视野,获得新知识、经验"的满意度较高,这在一定程度上能够折射出上海和成都居民对于休闲活动的不同诉求。

(八)休闲环境满意度

从横向比较来看,2004 年,上海、武汉和成都居民城市休闲环境满意度高低不一。上海居民更多地认为城市休闲时尚走在全国前列,而休闲气氛则不够浓厚;武汉居民认为休闲活动类型多样,但休闲时尚体现不明显;成都居民认为城市休闲气氛浓厚,但休闲活动设施还不够健全。2014 年,上海居民的城市休闲环境满意度与 2004 年有着相同的结论,认为城市休闲时尚走在全国前列,而休闲气氛不够浓厚;武汉居民城市休闲环境满意度发生较大变化,与上海居民类似;成都居民城市休闲环境满意度发生轻微变化,仍然认为城市休闲气氛浓厚,但是对于休闲环境安全性表示堪忧。

第二节　研究展望

当前,中国社会十分重视对人们休闲生活方式的引导,同时高度关注休闲生活方式与生活满意度和整体生活质量的关系问题。本研究从休闲方式、休闲满意度等相关文献出发,基于生活方式和休闲社会学等理论成果,分别以 2004 年和 2014 年为研究的时间断面,并以长江流域下游、中游、上游的中心城市上海、武汉和成都作为研究的核心空间,紧紧围绕休闲方式问题展开实证研究,比较分析 3 个城市居民的休闲方式选择倾向,包括同伴选择、休闲活动、休闲场所、休闲时间和休闲消费,休闲活动选择的影响因素及其满意度,从而针对城市居民休闲生活质量的提升途径,以及发展兼有都市文明和地方特色的现代城市休闲提出建议,无疑具有着重要的现实意义,同时更是对国内现有休闲生活方式研究的有力补充。

从目前国内研究整体情况来看,休闲生活方式的研究成果仍显不足,休闲满意度与生活满意度、生活质量等关系的研究相对滞后,研究的视野和范式不尽开阔和全面。因此,基于我国休闲文化传统、休闲产业发展实际和休闲研究现状,后续相关研究着重从以下四个方面入手。

一、现有研究量表的检验

基于国外休闲生活方式和休闲满意度的成熟量表,验证中国情境下现有研究量表的适用性,进而研究这些量表的调整和修正问题。一方面,国外休闲生活方式量表的开发和发展历经时间相对较短,虽然国外学者对其信效度进行了科学和合理的检验,并且也有部分学者应用该量表开展了实证研究,但是在中国情境下,对该量表的检验和修正仍然是国内休闲生活方式研究的主要内容之一。另一方面,国外休闲满意度量表提出已有 30 多年时间,并得到了国外和台湾学者的广泛应用,这足以证明该量表具有一定的理论指导价值,然而国内研究仍以自行设计问项的调查研究居多,鲜有对该量表的使用和验证,这在一定程度上制约了国内学者对于休闲满意度研究的贡献,因此亟须根据研究对象的不同对该量表进行修正和检验。

二、休闲生活方式的区域和城乡差异研究

基于中国的样本数据,研究休闲生活方式区域之间、城市或乡村等的差异,进而探索影响休闲生活方式和休闲满意度的主要因素,是我国休闲生活方式研究的重要研究方向之一。目前,中国正处于社会经济的转型期,受区域和城乡发展不平衡的影响,人们的休闲生活方式和休闲满意度也在发生相应改变,呈现诸多差异。所以,对不同地区居民的休闲生活方式和休闲满意度进行调查研究,探讨影响休闲生活方式和休闲满意度的主要因素,进而把握其规律性是研究的重要内容。

三、多学科、多维度的系统分析和理论审视

从国外现有研究文献来看,研究视野和方法仍显狭窄和单一,比如休闲生活方式与生活质量关系考察中,大多研究成果局限于以生活满意度或幸福感等主观标准对生活质量予以衡量,然而社会经济发展的客观标准是生活质量重要的衡量指标,这些问题的研究需要借助经济学、管理学、地理学等学科的理论和方法。此外,国外休闲满意度研究之所以大多基于社会心理学的视角,可能的原因是对休闲满意度的界定暗含休闲行为满意度的意味,但是若将休闲满意度的理论视野加以拓展和延伸,我们可以从休闲生活满意度角度重新进行理解和把握。因此,多学科、多维度的研究和考察理应成为休闲生活方式和休闲满意度未来研究的主要方向。

四、我国居民休闲生活方式的特殊性研究

中国文化源远流长,在世界文明中占有十分重要的位置,中国的休闲文化也就具有了悠久和独特的传统,使得中国居民的休闲生活方式在某些方面必然与

国外现有休闲生活方式存在一定的差异。因此,中国居民休闲生活方式的独特性研究,能够补充和丰富国外相关研究的现有成果,有着重要的研究价值和意义。

参考文献

［1］KELLY J R. Leisure Styles and Leisure Choices［J］. The Family Coordinator, 1975, 24(2): 185 - 190.

［2］VEAL A J. The Concept of Lifestyle: A Review［J］. Leisure Studies, 1993, 12(4): 233 - 252.

［3］GLYPTIS S. Leisure Life-styles［J］. Regional Studies, 1981, 15(5): 311 - 326.

［4］MANNELL R C. Iso-Ahola, S. E. Psychological Nature of Leisure and Tourism Experience［J］. Annals of Tourism Research, 1987, 14(3): 314 - 331.

［5］MANNELL R C, Kleiber D A. A Social Psychology of Leisure［M］. State College, PA: Venture, 1997.

［6］HEINTZMAN P, Mannell R C. Spiritual Functions of Leisure and Spiritual Well-Being: Coping with Time Pressure［J］. Leisure Sciences, 2003, 25(2 - 3): 207 - 230.

［7］YOON S-Y, Seo S Y. A Preliminary Study on the Leisure Life Style in Korea: Based on the Life Value System and Leisure Life Type［J］. International Journal of Human Ecology, 2007, 8(1): 109 - 116.

［8］SOHN Y M. The Development Study of the Leisure Life Style Scale［J］. Journal of Leisure Studies, 2009, 7(1): 1 - 26.

［9］SOHN Y M. Validation of the Leisure Life Style Scale［J］. The Korean Society of Sports Science, 2010, 19(2): 71 - 82.

［10］SOHN Y M. The Study on the Criterion-related Validity of the Leisure Life Style Scale ［J］. Korean Journal of leisure &. recreation, 2010, 34(2): 111 - 124.

［11］CHOI B A, Choi J, Lee J. Validation of Leisure Life Style Scale in Golf Player using Rasch Model［J］. The Korean Society of Sports Science, 2014, 23(1): 61 - 75.

［12］KIM H. A Study on Dividing the Leisure Activities into Category and Items for Korean Leisure Lifestyle Survey［J］. Korean Journal of Leisure &. Recreation, 2007, 31(1): 223 - 234.

［13］PELTZER K, Pengpid S. Leisure Time Physical Inactivity and Sedentary Behaviour and Lifestyle Correlates among Students Aged 13 - 15 in the Association of Southeast Asian

Nations (ASEAN) Member States, 2007 - 2013[J]. Journal of Environmental Research and Public Health, 2016, 13(2): 217.

[14] SIN H G. A Study on the Characteristics of Leisure Behavior and Preference for Leisure Environment of the Five-Day Workweek Company Employees According to Gender[J]. Journal of Korean Home Management Association, 2007, 25(3): 107 - 118.

[15] KIM M-L. The Study on Middle-aged Men's Leisure Life Style and Family Function[J]. Korean Journal of Leisure & Recreation, 2008, 32(2): 139 - 150.

[16] LEE S. A Research on Leisure Cognition and Leisure Style of Urban Women in China [J]. Korean Comparative Government Review, 2008, 12(2): 457 - 468.

[17] IRVING H R, GILES A R. Examining the Child's Impacts on Single Mothers' Leisure [J]. Leisure Studies, 2011, 30(3): 365 - 373.

[18] PARRY D C, SHINEW K J. The Constraining Impact of Infertility on Women's Leisure Lifestyles[J]. Leisure Sciences, 2004, 26(3): 295 - 308.

[19] JUNG S-H. An Analysis of the Using Pattern of Leisure Time for Elderly[J]. Journal of Korean Family Resource Management Association, 2004, 8(1): 101 - 116.

[20] KANG I, KO H. Local Leisure Identities and Interactions as a Basis for the Promotion and Development of Leisure Activities: the Case of Kyeongju Region[J]. Korean Journal of Tourism Research, 2009, 23(4): 455 - 478.

[21] EIJCK K, MOMMAAS H. Leisure, Lifestyle, and the New Middle Class[J]. Leisure Sciences, 2004, 26(4): 373 - 392.

[22] CHATZITHEOCHARI S, ARBER S. Identifying the Third Agers: An Analysis of British Retirees' Leisure Pursuits[J]. Sociological Research Online, 2011, 16(4): 3.

[23] HAN B-S. Differentiation between Social Class Leisure Consumption in Korea: By Focusing on Art and Culture[J]. Journal of Tourism Sciences, 2011, 35(10): 181 - 199.

[24] FLOYD M F, SHINEW K J. Convergence and Divergence in Leisure Style Among Whites and African Americans toward an Interracial Contact Hypothesis[J]. Journal of Leisure Research, 1999, 31(4): 359 - 384.

[25] BURCH W R. The Social Circles of Leisure: Competing Explanations[J]. Journal of Leisure Research, 2009, 41(3): 313 - 335.

[26] PAYNE L L, MOWEN A J, JULIAN M-R. The Role of Leisure Style in Maintaining the Health of Older Adults with Arthritis[J]. Journal of Leisure Research, 2006, 38(1): 20 - 45.

[27] CHENG J-S, YANG M-C, TING P-H, et al. Leisure, Lifestyle, and Health-related Physical Fitness for College Students[J]. Social Behavior and Personality, 2011, 39(3): 321 - 332.

［28］ YANG M-C, CHENG J-S, YU S-W. Leisure Lifestyle and Health-related Quality of Life of Taiwanese Adults［J］. Social Behavior and Personality, 2012, 40(2): 301 – 317.

［29］ KIRKCALDY B D, COOPER C L. The Relationship between Work Stress and Leisure Style-British and German Managers［J］. Human Relations, 1993, 46(5): 669 – 680.

［30］ HAN J-S. Exploring Leisure Styles to Relieve a Depressed Mood State: Focusing on Young Adults［J］. Journal of Tourism and Leisure Research, 2011, 23(2): 327 – 344.

［31］ SOHN Y M. The Effect of Leisure Lifestyle on Leisure Consumption and Psychological Characteristics among University Students［J］. Korean Journal of leisure & recreation, 2011, 35(2): 33 – 48.

［32］ MANNELL R C, et al. Older Adults Caring for Older Adults: Physically Active Leisure Lifestyles as a Coping Resource for the Health of Caregivers［J］. Loisir et Société/Society and Leisure, 2002, 25(2): 397 – 420.

［33］ CHUN S, et al. The Contribution of Leisure Participation and Leisure Satisfaction to Stress-Related Growth［J］. Leisure Sciences, 2012, 34(5): 436 – 449.

［34］ NAM S, KIMMEEHYE. The Influences of a Leisure Lifestyle, Retirement Preparation, and Leisure Activities with a Spouse on the Life Satisfaction of Baby Boomers［J］. Journal of the Korea Gerontological Society, 2014, 34(1): 183 – 203.

［35］ JOO H-C, KIM S-H. The Relationship among Leisure Life Style, Leisure Satisfaction and Life Satisfaction of College Students［J］. Korean society for Wellness, 2013, 8(4): 57 – 72.

［36］ GAGLIARDI C, et al. Changes in Leisure Styles and Satisfaction of Older People: A Five Years Follow-up［J］. International Journal of Aging & Human Development, 2012, 75(3): 185 – 215.

［37］ HAN T Y. Effect of Leisure-Life Style on Flow and Life Satisfaction of Water Leisure Sports Participants［J］. The Korean Society of Sports Science, 2009, 18(4): 549 – 559.

［38］ YI H-S. The Actual Condition and Meaning of Media Leisure-centering on TV after 5 Days Work-week［J］. Korean Journal of Leisure & Recreation, 2005, 29(2): 133 – 142.

［39］ ISOAHOLA S E. Social Psychological Perspectives on Leisure and Recreation［M］. Springfield: Bannerstone House, 1980.

［40］ CSIKSZENTMIHALYI M. Flow: The Psychology of Optimal Experience［M］. New York: Harper Perennial, 1990.

［41］ HAAYIO-MONNIKA E. Satisfaction with Family, Work, Leisure and Life among Men and Women［J］. Human Relations, 1971, 24(6): 585 – 601.

［42］ BEARD J G, RAGHEB M G. Measuring Leisure Satisfaction［J］. Journal of Leisure Research, 1980, 12(1): 20 – 33.

［43］ KARLI U, POLAT E, YILMAZ B, et al. Reliability and Validity Study of Leisure Satisfaction Scale (LSS-Long Version)［J］. Hacettepe Journal of Sport Science, 2008, 19(2): 80 - 91.

［44］ WALKER G J, et al. A Prospective Panel Study of Chinese-Canadian Immigrants' Leisure Participation and Leisure Satisfaction［J］. Leisure Sciences, 2011, 33 (5): 349 - 365.

［45］ BERG E C, SCHNEIDER I E, ALLISON M T. Dyadic Exploration of the Relationship of Leisure Satisfaction, Leisure Time, and Gender to Relationship Satisfaction［J］. Leisure Sciences, 2001, 23(1): 35 - 46.

［46］ LAPA T Y. Life Satisfaction, Leisure Satisfaction and Perceived Freedom of Park Recreation Participants［J］. Procedia-Social and Behavioral Sciences, 2013, 93 (10): 1985 - 1993.

［47］ LYSYK M, et al. Translation of the Leisure Satisfaction Scale into French: a validation study［J］. Occupational Therapy International, 2002, 9(1): 76 - 89.

［48］ DUMAZEDIER J. Toward a Society of Leisure, Trans by S. McClure. New York, NY: The Free Press, 1967, 16 - 17.

［49］ SPIERS A, WALKER G J. The Effects of Ethnicity and Leisure Satisfaction on Happiness, Peacefulness, and Quality of Life［J］. Leisure Sciences, 2009, 31 (1): 84 - 99.

［50］ HOU J J, et al. Agreeableness and Leisure Satisfaction in the Context of Online Games ［J］. Social Behavior and Personality, 2007, 35(10): 1379 - 1384.

［51］ LU L, KAO S F. Direct and Indirect Effects of Personality Traits on Leisure Satisfaction: Evidence from a National Probability Sample in Taiwan［J］. Social Behavior and Personality: an International Journal. 2009, 37(2): 191 - 192.

［52］ LU L, HU C H. Personality, Leisure Experiences and Happiness［J］. Journal of Happiness Studies, 2005, 6(3): 325 - 342.

［53］ LIANG J, et al. Leisure Satisfaction and Quality of Life in China, Japan, and South Korea: A Comparative Study Using Asia Barometer 2006［J］. Journal of Happiness Studies, 2012, 14(3): 753 - 769.

［54］ BROWN B. A, FRANKEL B G. Activity through the Years-Leisure, Leisure Satisfaction, and Life Satisfaction［J］. Sociology of Sport Journal, 1993, 10(1): 1 - 17.

［55］ PINQUART M, SCHINDLER I. Change of Leisure Satisfaction in the Transition to Retirement: A Latent-Class Analysis［J］. Leisure Sciences, 2009, 31(4): 311 - 329.

［56］ KINNEY W B, COYLE C P. Predicting Life Satisfaction among Adults with Physical Disabilities［J］. Archives of Physical Medicine and Rehabilitation, 1992, 73(9):

863 - 869.

[57] LLOYD C, et al. The Leisure Satisfaction of People with Psychiatric Disabilities[J]. Psychiatric Rehabilitation Journal, 2001, 25(2): 107 - 113.

[58] CHEN Y C, et al. Relationships among Adolescents' Leisure Motivation, Leisure Involvement, and Leisure Satisfaction: A Structural Equation Model [J]. Social Indicators Research, 2013, 110(3): 1187 - 1199.

[59] NGAI V T. Leisure Satisfaction and Quality of Life in Macao, China[J]. Leisure Studies, 2005, 24(2): 195 - 207.

[60] AGATE J R. Family Leisure Satisfaction and Satisfaction with Family Life[J]. Journal of Leisure Research, 2009, 41(2): 205 - 223.

[61] ISOAHOLA S E, et al. Experience-Related Factors as Determinants of Leisure Satisfaction[J]. Scandinavian Journal of Psychology, 1982, 23(2): 141 - 146.

[62] PAIVA M F R, NETO F, SASTRE M T M, et al. Life Domain Satisfaction: A Portugal-France Comparison[J]. Social Indicators Research, 2009, 94(1), 173 - 181.

[63] CHICK G, HOOD R D. Working and Recreating with Machines: Outdoor Recreation Choices among Machine-tool Workers in Western Pennsylvania[J]. Leisure sciences, 1996, 18(4): 333 - 354.

[64] CELIK G, et al. Leisure Constraints and Leisure Satisfaction in the Recreational Activities of Employees with Disabilities[J]. South African Journal for Research in Sport Physical Education and Recreation, 2014, 36(2): 33 - 46.

[65] PEARSON Q A. Role Overload, Job Satisfaction, Leisure Satisfaction, and Psychological Health among Employed Women [J]. Journal of Counseling and Development, 2008, 86(1): 57 - 63.

[66] LAPA T Y, et al. A Comparison of Leisure Satisfaction Levels of Students from Different Universities in Relation to Some Variables[J]. Energy Education Science and Technology Part B-Social and Educational Studies, 2012, 4(4): 2559 - 2566.

[67] KABANOFF B. Occupational and Sex-Differences in Leisure Needs and Leisure Satisfaction[J]. Journal of Occupational Behaviour, 1982, 3(3): 233 - 245.

[68] TSOU M W, LIU J T. Happiness and Domain Satisfaction in Taiwan[J]. Journal of Happiness Studies, 2001, 2(3): 269 - 288.

[69] LOSIER G, BOURQUE P, VALLERAND R. A Motivational Model of Leisure Participation in the Elderly[J]. Journal of Psychology, 1993, 127(2): 153 - 170.

[70] RAGHEB M, GRIFFITH C. The Contribution of Leisure Participation and Leisure Satisfaction to Life Satisfaction of Older Persons[J]. Journal of Leisure Research, 1982, 14(4): 295 - 306.

［71］RAGHEB M, TATE R. A Behavioural Model of Leisure Participation, Based on Leisure Attitude, Motivation and Satisfaction［J］. Leisure Studies, 1993, 12（1）: 61－70.

［72］HAVITZ M E, DIMANCHE F. Leisure Involvement Revisited: Conceptual Conundrums and Measurement Advances［J］. Journal of Leisure Research, 1997, 29（3）: 245－278.

［73］SHIN K, YOU S. Leisure Type, Leisure Satisfaction and Adolescents' Psychological Wellbeing［J］. Journal of Pacific Rim Psychology, 2013, 7（2）: 53－62.

［74］CHENG H P. Serious Leisure, Leisure Satisfaction and Gardening by Older Adults［D］. School of Tourism, University of Queensland, 2010.

［75］LIU H M, YU B. Serious Leisure, Leisure Satisfaction and Subjective Well-Being of Chinese University Students［J］. Social Indicators Research, 2015, 122（1）: 159－174.

［76］YANG M F, et al. An Empirical Study of the Effect of Conscientiousness on Leisure Satisfaction When Playing Online Games［J］. Social Behavior and Personality, 2008, 36（5）: 659－664.

［77］LIN J H, et al. The Role of Work-to-leisure Conflict in Promoting Frontline Employees' Leisure Satisfaction［J］. International Journal of Contemporary Hospitality Management, 2015, 27（7）: 1539－1555.

［78］PINQUART M, SCHINDLER I. Change of Leisure Satisfaction in the Transition to Retirement: A Latent-Class Analysis［J］. Leisure Sciences, 2009, 31（4）: 311－329.

［79］RIDDICK C C. Leisure Satisfaction Precursors［J］. Journal of Leisure Research, 1986, 18（4）: 259－265.

［80］CHICK G, et al. Leisure Constraints, Leisure Satisfaction, Life Satisfaction, and Self-Rated Health in Six Cities in Taiwan［J］. Leisure Sciences, 2015, 37（3）: 232－251.

［81］NIMROD G. Retirees' Leisure: Activities, Benefits, and Their Contribution to Life Satisfaction［J］. Leisure Studies, 2007, 26（1）: 65－80.

［82］WANG E S T, et al. The Relationship between Leisure Satisfaction and Life Satisfaction of Adolescents Concerning Online Games［J］. Adolescence, 2008, 43（169）: 177－184.

［83］PEARSON Q M. Job Satisfaction, Leisure Satisfaction, and Psychological Health［J］. Career Development Quarterly, 1998, 46（4）: 416－426.

［84］AGYAR E. Contribution of Perceived Freedom and Leisure Satisfaction to Life Satisfaction in a Sample of Turkish Women［J］. Social Indicators Research, 2013, 116（1）: 1－15.

［85］HO J T S. Stress, Health and Leisure Satisfaction: The Case of Teachers［J］. International Journal of Educational Management, 1996, 10（1）: 41－48.

[86] HOLMAN T B, JACQUART M. Leisure Activity Patterns and Marital Satisfaction: A Further Test[J]. Journal of Marriage and the Family, 1988, 50(1): 69-78.

[87] JOHNSON H A, ZABRISKIE R B. HILL B. The Contribution of Couple Leisure Involvement, Leisure Time, and Leisure Satisfaction to Marital Satisfaction [J]. Marriage and Family Review, 2006, 40(1): 69-91.

[88] BERG E C, SCHNEIDER I E. ALLISON M T. Dyadic Exploration of the Relationship of Leisure Satisfaction, Leisure Time, and Gender to Relationship Satisfaction[J]. Leisure Sciences, 2001, 23(1): 35-46.

[89] ZABRISKIE R B, MCCORMICK B P. Parent and Child Perspectives of Family Leisure Involvement and Satisfaction with Family Life[J]. Journal of Leisure Research, 2003, 35(2): 163-189.

[90] KAUFMAN J E. Leisure and Anxiety: A Study of Retirees[J]. Activities, Adaptation and Aging, 1988, 11(1): 1-10.

[91] TRENBERTH L, DEWE P. The Importance of Leisure as a Means of Coping with Work Related Stress: An Exploratory Study[J]. Counselling Psychology Quarterly, 2002, 15(1): 59-72.

[92] PIGRAM J. Outdoor Recreation and Resource. Management [M]. London: Croom Helm, 1983.//(英) 史蒂芬·威廉姆斯.休闲旅游[M].杜靖川,等译.昆明:云南大学出版社,2006.

[93] STOCKDALE J. What is Leisure? An Empirical Analysis of the Concept of Leisure and the Role of Leisure in People's Lives[M]. London: The Sports Council, 1985.//(英) C. 米歇尔·霍尔,斯蒂芬·J.佩奇.旅游休闲地理学——环境·地点·空间[M].周昌军等译北京:旅游教育出版社,2007.

[94] [美] 托马斯·古德尔,杰弗瑞·戈比.人类思想史中的休闲[M].成素梅,等,译.昆明:云南人民出版社,2000.

[95] [瑞士] 若泽·塞依杜.旅游接待的今天和明天[M].冯百才,等,译.北京:旅游教育出版社,1990.

[96] [德] 约瑟夫·皮柏.节庆、休闲与文化[M].黄藿,译.北京:生活·读书·新知三联书店,1991.

[97] 凡勃伦.有闲阶级论[M].北京商务印书馆,2004.

[98] 楼嘉军.休闲学概论[M].上海:华东师范大学出版社,2016.

[99] 楼嘉军.论休闲与休闲时代[M].上海:上海交通大学出版社,2015.

[100] 楼嘉军.中国城市休闲发展研究报告(2014)[M].上海:上海交通大学出版社,2015.

[101] 金情,楼嘉军.武汉市居民休闲方式选择倾向及特征研究[J].旅游学刊,2006(1): 40-43.

［102］陈传锋,杨晶晶.城市化进程中村转居社区新居民的休闲方式[J].浙江学刊,2007,
45(2)：196-200.

［103］宋子千,蒋艳.城市居民休闲生活满意度及其影响机制：以杭州为例[J].人文地理,
2014,29(2)：53-60.

［104］邹循豪.农民休闲方式变迁的内容特征及引导机制[J].湖南社会科学,2013,26(1)：
112-115.

［105］李享,宁泽群,马惠娣,等.北京城市空巢老人休闲生活满意度研究——以北京市三大
典型社区为例[J].旅游学刊,2010,25(4)：76-83.

［106］赵莹,柴彦威,Martin Dijst.行为同伴选择的社会文化效应研究——中国北京与荷兰乌
特勒支的比较[J].地理科学,2014,34(8)：946-954.

［107］楼嘉军,徐爱萍,岳培宇.城市居民休闲活动满意度研究——上海、武汉和成都的比较
分析[J].华东经济管理,2008,22(4)：32-38.

［108］宋瑞.时间、收入、休闲与生活满意度：基于结构方程模型的实证研究[J].财贸经济,
2014,33(6)：100-110.

［109］宋瑞.休闲与生活满意度：基于全国样本的实证分析[J].中国软科学,2014,29(9)：
55-66.

［110］高燕,郑焱.中西部城市居民娱乐休闲场所选择影响因素比较研究——以长沙市和兰
州市为例[J].旅游学刊,2009,24(12)：46-53.

［111］黄向,保继刚,WallGeoffrey.场所依赖：一种游憩行为现象的研究框架[J].旅游学刊,
2006,21(9)：19-24

［112］蒋艳.居民社区休闲满意度及其影响因素研究——以杭州市小河直街历史街区为例
[J].旅游学刊,2011,26(6)：67-72.

［113］赵守谅,陈婷婷.城市休闲方式的若干现象及规划面临的挑战[J].规划研究,2010,
34(7)：23-27.

［114］赵鹏,刘捷,付玥.北京五类人群休闲方式的比较与分析[J].旅游学刊,2006,21(12)：
17-21.

［115］申广斯.论建国以来农村居民休闲方式变迁及启示[J].学术论坛,2010,20(5)：89-93.

索　引